THE PSYCHOLOGICAL INSTRUCTION
MANUAL ON MULTIPLE
MILITARY MISSIONS

多样化军事任务
心理指导手册

王金丽_主 编

北京师范大学出版集团
BEIJING NORMAL UNIVERSITY PUBLISHING GROUP
北京师范大学出版社

图书在版编目（CIP）数据

多样化军事任务心理指导手册／王金丽主编．—北京：北京师范大学出版社，（2020.12重印）
ISBN 978-7-303-19534-3

Ⅰ．①多… Ⅱ．①王… Ⅲ．①军事心理学－手册
Ⅳ．① B84

中国版本图书馆 CIP 数据核字（2015）第 243981 号

营 销 中 心 电 话	010-58802181 58802123
北师大出版社高等教育教材网	http://gaojiao.bnup.com
电 子 信 箱	gaojiao@bnupg.com

DUOYANGHUA JUNSHI RENWU XINLI ZHIDAO SHOUCE
出版发行：北京师范大学出版社 www.bnupg.com
　　　　　北京市海淀区新街口外大街 19 号
　　　　　邮政编码：100875
印　　刷：北京虎彩文化传播有限公司
经　　销：全国新华书店
开　　本：787 mm×1092 mm　1/16
印　　张：18.25
字　　数：311 千字
版　　次：2016 年 1 月第 1 版
印　　次：2020 年 12 月第 2 次印刷
定　　价：45.00 元

策划编辑：何　琳	责任编辑：齐　琳　韩　妍
装帧设计：卓义云天	美术编辑：焦　丽
责任校对：陈　民	责任印制：马　洁

打仗，是会伤人的，有人伤在身，有人伤在心。

战场，是放大人性的地方。人性，不只有恶意的杀戮，还有善意的救护。

有一群善良的人，在战场上，缝补心灵。他们不是白衣天使，因为他们不穿白大褂。他们是迷彩天使，穿梭于课堂、训练场、演习场、战场，穿着迷彩，守护心灵。

你并不知道的是，这有多难！

在一个崇尚刚强的地方，发现脆弱；在一群不惜命的人群中，疼惜心灵；在一种群居群宿的透明生活里，保护隐私；在一片忙得无暇睡觉的人海里，驻足屏息。

人们觉得学心理学的人是有威胁的，因为他可能看穿你的内心，而我们的内心并没有我们表现得那么强悍阳光，那里有虚弱、有焦灼、有偏执、有阴暗。所以，我们通过说学心理学的人"自己有病""瞎忽悠""不准""没用"来降低威胁感，仿佛这世界没有了心理学，就不会有人觉察到自己有心理疾病。有人听说我是学心理学的，马上声明，"我心理没病"，接着又马上问，"贺老师，你觉得我心理健康吗？"我怕他杀我灭口，只好说，"别听学心理学的人瞎说，你内心如此强大，怎么会不健康？"可是，即使你不是学心理学的，也能听出这其中此地无银三百两的信息。古人云："所言者，皆为异语。"

无论你喜欢不喜欢，心理学就在那里，自在生长，你不理她，她不理你。盛满奶的杯会溢出奶，盛满水的杯会溢出水。如果你对心理学有情绪，请问问自己情绪来自哪里，应多多关爱自己的心理。

可是，如果整个团队都在提防你呢？他们一定受到过伤害！这伤害要么来自别人，要么来自彼此，这里一定隐藏着秘密。我们不是心理揭秘者，也无须寻找这群人心里的秘密，但要知道在这样的团队中，一定有受伤很深的人。他们在观察你，看你是否可靠，是否安全，是否有能力帮他们，直到某天晚上，某个人会突然出现在你的房间里，痛哭流涕。

心理学的工作有两个特点：一是做了不能说；二是做好了就平安无事。别人干活，总可以告诉别人干了什么。心理学要为别人保密，不能说，不说就没人知道你在干什么。军中事，多秘者。我身边有一群现役的军事心理学博士、硕士教员，他们参加过汶川抗震救灾心理服务、新疆平暴维稳心理服务、上海世博安保心理服务、远海岛礁心理服务、新型舰艇分岗心理服务、新机型飞行训练心理服务、亚丁湾护航心理服务、国际维和心理服务等。他们做过很多事，做了，但不能说。

15年前，我和我身边这些年轻的心理学博士、硕士开始着手培养我军第一批军事心理学本科生，构建了"知心""强心""攻心"课程体系，开始了一段从无到有的创造历程。前无古人，他山玉隐，只能夜以继日，摸索前行，打造了20多门有我军特色的心理学课程。如今，我们又开始承接新的任务，打造新的课程。

15年后的今天，心理服务已整合进所有的军事行动中，心理训练已在全军全面展开，专职和兼职心理咨询师遍布全军。承蒙北京师范大学出版社何琳编辑之约，把我们这些年累积的一些东西，择不涉密的部分整理出版，以飨全军之需，供军事心理学爱好者借鉴，也算是我们这些军事心理学前行者的辙痕吧。

前路大好，幸与同行。

是为序。

贺岭峰记于上海五角场

乙未冬日

前 言 QIANYAN

作为一名军人，作为一名心理学专业的从业者，我有机会在 2008 年作为总政专家组成员参与了汶川抗震救灾的心理服务工作，2010 年作为顾问参与了上海世博会安保的心理服务工作，2012 年参与了为期 200 天的亚丁湾护航随舰心理保障工作，以此为契机，《多样化军事任务心理指导手册》（以下简称《手册》）应运而生。《手册》反映了我在参与多样化军事任务后的亲身感受与体验，同时也集合了多样化军事任务中可能遇到的心理状况，以及相应的应对方式。

本书穿插了执行多样化军事任务时对官兵心理状态进行评估的小测试和贴合实际的各种心理知识，作者尽量使本书行文风格活泼，既能体现任务的特点，又符合大众的阅读习惯，同时突出心理学科与心理服务的科学性与实用性，整本《手册》的撰写与设计从专业性与可读性出发，兼顾思想政治工作的特点，做到贴近任务实际、贴近部队实际、贴近官兵实际。

全书共 5 章，按照执行多样化军事任务之前、之中和之后的时间顺序展开，内容涵盖多样化军事任务与心理指导、任务前的心理准备、任务中的心理防护、任务后的心理恢复以及多样化军事任务中军队基层领导干部的"心"能力。

全书编写人员的分工：第一章，邵天鹏、黄宽、周雅玲；第二章，尹训荣、董薇、张晓艳；第三章，王金丽、王丽君；第四章，赵晓朋、殷杰、李晓锋；第五章，苟勇、岳谱、苏铭鑫。

全书集各方人力而成。陆军、海军、空军、武警、军事院校等多方人员的参与，使《手册》兼顾了各兵种执行任务中的共同特点。

在《手册》的资料整理与文字校对工作中，感谢陈晓华、刘洋、朱沭蓉、张严瑞、高宇、余鸿璋、杨庆、何晓东、陈佳、张扬、李泽琳的辛勤付出。

这本《手册》的编撰也存在不尽如人意的地方。比如，有些多样化军事任务的科研结论未能及时充实到手册中；由于军事任务多样、情况复杂，《手册》只注重共性的方面，在具体任务和细节之处需要加强等。不当之处也请各位读者不吝赐教。

起笔于冬末，成书于秋初，期间北京师范大学出版社编辑何琳的细致与敬业，也令人感念。

《手册》告一段落，向执行多样化军事任务的战友们致敬！

王金丽

2015 年 8 月 6 日

第一章
多样化军事任务与心理指导

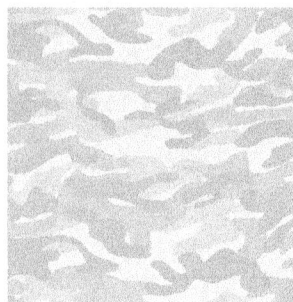

士兵李刚参加完国际维和任务，在维和行动中他凭借坚强的意志和出色的业务能力得到了联合国维和部队同行们的认可，为自己所在部队赢得了荣誉。这次，团里请他为官兵们做一次多样化军事任务的报告，他却犯了迷糊：上次参加抗震救灾做的是非战争军事行动的报告，怎么这次换了名字？难道有什么不同，还是换了种说法？

本章主要介绍多样化军事任务的基本知识，以及它和非战争军事行动的异同。了解了多样化军事任务的特点，官兵才能在执行任务时做到得当有利。

第一节 DIYIJIE

多样化军事任务小百科

一、多样化军事任务的缘由

多样化军事任务的产生要从非战争军事行动概念的缘起说起。非战争军事行动对我军而言，并不是一个新事物，只是这个概念的提出以及我军对这个概念的接受是比较晚的，但相关的实践却早已开始。

在新中国成立之前，毛泽东同志就明确指出了军队的"三大任务"，即人民军队是战斗队、工作队、生产队，大大促进了解放战争的胜利。

新中国成立初期，针对政权建立、经济恢复、社会改革等艰巨任务，中共中央和中央军委要求，军队必须一如既往地发挥工作队和生产队的作用。新中国成立初期面临的形势十分严峻，军队同时担负着军管、剿匪，以及协助政府镇反、建立基层政权、恢复发展经济等任务，重在建立和巩固政权及社会新秩序，自此开始了新中国成立后我军非战争军事行动的实践。1958 年 5 月，中共八大二次会议，在战斗队、工作队、生产队的基础上，明确地指出社会主义建设中我军担负着双重任务：既是社会主义事业的保卫者，又是社会主义事业的建设者。这一思想于 1963 年被写进了我军政工条例。1966 年至 1976 年，我军先后参加了河北邢台、河南驻马店、辽宁海城、河北唐山等地的大规模抗震抗洪行动，同时还参加了大量支援社会主义建设的行动，如参加筑路、建厂、铺输油管等重点工程项目，以及物资抢运、春耕抢种、医疗防疫等任务。

改革开放之后，随着军队建设总目标的确立，军队建设指导思想的战略性转变，以及军队建设总要求的提出，我军非战争军事行动步入调整期，军队重点参加和支援社会主义现代化建设的任务，如 1998 年抗洪抢险、驻军港澳等。

2001 年，新颁布的《军事训练和考核大纲》第一次引入"非战争行动"这个名词。2002 年，《中国人民解放军军事训练条例》第一次明确非战争行动的内容主要是抢险救灾、维稳维和等。2006 年，中国的国防白皮书又向世界公开提出赋予军队应对多种安全威胁、完成多样化军事任务的职能，这些为新的框架奠定了理论基础。2008 年，在南方抗雨雪冰冻、汶川抗特大地震、奥运安保等重大实践的推动下，我军非战争军事行

图 1-1 军事演习

动的新框架初具规模。2008年，中国的国防白皮书明确提出把非战争军事行动作为国家军事力量运用的重要方式，科学筹划和实施非战争军事行动能力建设，重视加强反恐、维稳、处突、维和、抢险救灾等非战争军事行动训练。2009年，总参有关负责人表示解放军已初步构建了以抗洪抢险、地震灾害紧急救援、核化生应急救援、交通应急抢险和国际维和等专业部队为骨干，与公安、武警部队紧密配合，与国家和地方专业队伍相互衔接的部队非战争军事行动力量体系。

2007 年 10 月，中共十七大明确把完成多样化军事任务作为我军战斗力建设的重要内容。至此，多样化军事任务的内涵正式形成。

二、怎样界定多样化军事任务？

中共十七大最早提出多样化军事任务。2007 年 10 月，中共十七大明确提出，要"提高军队应对多种安全威胁、完成多样化军事任务的能力"。自此，军队将完成多样化军事任务的能力作为部队战斗力建设的重要能力之一。

多样化军事任务能力分为核心军事任务和非战争军事行动任务。

军队的本职是打仗，军人存在的价值和意义就是打赢战争，守护和平。所以，我军核心军事任务就是打赢信息化条件下的局部战争和加强战争威慑力，以此围绕的一体化联合作战和信息化战争都属于这个范畴。核心军事任务所关注的核心问题就是如何使用武力应对主权独立、领土完整所面临的外部物理威胁。基于这样的认识，传统大国和一些地区性国家都十分重视自身军事力量的发展，主要关注战争军事行动的研究。这种手段也是各个国家面对主权和利益威胁的最有效或是最后手段。

对于我军目前和将要承担的非战争军事行动任务，目前还没有权威规范的界定。有的概括为军事外交、人道主义援助、军事危机处理，有的归纳为反恐、维稳、维和、处突、缉毒和抢险救灾等，还有的认为包括维和行动、抢险救灾、联合军演、撤运侨民等。结合当前我军的任务形势和相关资料，我们认为非战争军事行动，是指国家或集团为了达成一定的政治、经济和军事目的，运用军队有组织、有计划地运用战争以外的军事手段而实施的行动，以及军队直接参与社会事务、支援国家建设的行动，是多样化军事任务的重要组成部分。它主要包括突发紧急任务、国际维和、抢险救灾、执行安保、国家援助、反恐维稳、联合军演、远洋护航等内容。

因此，战士李刚的困惑就在于他没有明白非战争军事行动是包含在多样化军事任务之中的，混淆了多样化军事任务和非战争军事行动的概念。

小贴士

外军眼中的非战争军事行动

美国：1993年，美国陆军《作战纲要》首先提出非战争军事行动，认为其包括人道主义援助、国家援助、安全援助、训练外国部队、抢险救灾、反恐、缉毒、情报的收集与分享、联合与联军演习、撤离非战斗人员、强制实现和平、支持或镇压暴乱等。1995年出台《非战争军事行动联合纲要》，完善了相关概念。2001年出台《联合作战纲要》，将非战争军事行动分为军备控制、反恐、缉毒、实施制裁、强制隔离、人道主义援助、支援反暴乱行为、非战斗人员撤离、救援、护航、打击与袭击和支持叛乱等内容。

俄罗斯：没有直接提出非战争军事行动，但提出了特别行动和特殊行动，主要包括心理影响和反心理影响、人道主义行动、疏散救援行动、调节行动、在敌国境内组织持不同政见者的运动和疏散外交代表机构等，将特别行动和特殊行动作为俄军的重要职能。

日本：受制于和平宪法，军事力量的非战争运用一直是日本研究的重点，特别是加大相关军事法规建设，出台了《新反恐特别措施法》《国际和平合作法》《周边事态法》等法规，保持其行动的正当性。

三、核心军事任务和非战争军事行动任务有什么联系？

核心军事行动和非战争军事行动的联系主要体现在3个方面。

一是非战争军事行动是核心军事行动的基础和拓展。很多非战争军事行动都是从核心军事行动中逐步拓展和衍生出来的。例如，战时主要是作战，是对核心军事行动的检验，而平时主要是承担应对国家面临的安全形势和问题的责任，像反恐维稳、维和、处突、缉毒和抢险救灾等。

二是两者的目的和主体一致。两者虽然有着具体的行动目的，实现目的的手段也不尽相同，但是它们的最终目的都是实现一定的政治和经济利益，维护国家利益。两者都通过对国家武装力量的适度运用，来达成具体的行动目的。

三是两者互相影响，互相转化。首先，非战争军事行动以核心军事行动能力为依托，非战争军事行动以军队战争能力为基础，需要一定的军事实力才能开展。其次，非战争军事行动也是对核心军事行动能力的检验。通过完成各项非战争军事任务，军队各个方面的能力可以得到展示，尤其是军队的战争能力可以得到一定的检验和实际考核。最后，在一定条件下，核心军事行动可能会降级为非战争军事行动，而非战争军事行动也可能上升为核心军事行动，如 2008 年的俄格战争就很明显地突出了这个特点。

图 1-2　野外训练（一）

我国多样化军事任务研究的实践

为了适应多样化军事任务的需求，2011年12月非战争军事行动研究中心在军事科学院正式成立。据中国新闻社的报道，为了强化多样化军事任务的研究，突出非战争军事行动的作用，聚合军地两方人才和科研优势，非战争军事行动研究中心聘请了6位国家反恐行动、抗洪救灾行动和军队突发事件应急处置等领域的首席专家，以及其他非战争军事行动研究领域的22位专家，担任指导专家或客座研究员。围绕反恐维稳、抢险救灾、维护权益、安保警戒、国际维和、国际救援、联合军事演习等问题开展理论研究，参加国家、地方和军队、武警组织的非战争军事行动演习和评估等实践活动，从而掌握国内外最新研究成果和前沿动态，提高非战争军事行动理论研究的快速反应能力，丰富和深化非战争军事行动研究，培养高素质的非战争军事行动研究人才。

四、核心军事任务和非战争军事行动任务有什么区别？

核心军事行动和非战争军事行动的区别主要体现在4个方面。

一是两者的行动规模不同。一般意义上来说，核心军事行动规模要大于非战争军事行动的规模，因为战争是军事活动最激烈的对抗，而非战争军事行动则是偶发性的，强度和规模较小。

二是两者的实施手段不同。核心军事行动主要通过军事实力和战争手段来完成，而非战争军事行动则有综合性的、多样性的应对措施。

三是两者的对象不同。核心军事行动的对象一般是国家民族和政治集团，侧重强调军事和政治的利益，而非战争军事行动的对象不止这些，还包括自然环境。

四是政策约束不同。核心军事行动是以战争的手段来实现目的，受到的政策约束较小，凡是对我方利益损害较小，对对方利益损害较大的手段方法都可以考虑使

图1-3 野外训练（二）

用。而非战争军事行动涉及的关系和利益更为复杂敏感，受法律政策性影响更大。

五、多样化军事任务有什么特点？

战士小王刚刚参与了反恐演习，按照团里要求他要针对多样化军事任务讲一课，授课时难免要说到多样化军事任务的特点，这回他可犯了难。战友们，你们也有这样的疑问吗？

多样化军事任务既具有传统的战争行动的一些特征，也有很多新的特点，主要表现在以下几个方面。

一是复杂多样性。多样化军事任务中一些突发事件，如恐怖活动，牵扯的人员都十分复杂，有时不及时处理，情况会随着事态的发展而进一步恶化；自然灾害，如地震灾害，还常常伴随着疫情等次生灾害。另外，任务通常还会涉及地方政府和其他相关部门，组织协调较为复杂，再加上这些任务都是动态多变的，有些甚至会在极短的时间发生极大的变化。这就要求多样化军事任务的行动方式、任务目标和规模都具有多样性，组织协调具有快速应变性，来适应复杂多变的形势。

二是多方联合性。多样化军事任务既需要有国内各方的联合，有时也需要国外的多方联合。从国内联合来看，多样化军事任务单单靠军队的力量是远远不够的，要求参与行动的力量多元，要充分发挥国内公安、地方政府和人民群众的作用，同时整个任务指挥必须主次分明，计划行动周密，统一协调各方力量完成任务。从国外联合来看，国际维和、反恐行动、国际联合军演，这些都需要和国外军队、政府密切配合，既要以任务为导向，使各方力量按自身任务计划行动，也要以时间为导向，使各方力量在规定的时间内完成各项任务。

三是突出政治性。多样化军事任务的最终目的是实现自身的政治经济利益，但它实施的整个过程都与政治紧密相关，特别是反恐维稳等任务，各方矛盾利益交织，既有人民内部矛盾，也有敌我矛盾，还掺杂着民族和宗教问题，甚至社会各个阶层之间、集团组织之间的利益矛盾明显突出，给军队带来极大的考验。正是由于这种复杂性，任务的执行过程中涉及的法律政策较多，军队受到的政治约束力很大，加上新闻媒体实时跟踪报道，透明性高，这就要求军队的自身规范更为严格，要适时适度地开展行动，避免带来不必要的麻烦。

四是指挥灵活性。多样化军事任务复杂多样，既有战争时期的核心军事任务，也有和平时期的非战争军事任务，有时两者兼有。如果没有一个统一灵活的军地指挥关系，就有可能出现多头指挥的现象，影响任务执行的效果。因此，指挥关系需要灵活便捷。指挥关系灵活多样，既可以由军队指挥完成，也可以由地方政府协调指挥。例如，联合军演和反恐等，一般由军队统一指挥，地方政府配合；而抢险救灾则一般由地方政府统一领导，军队参与支援。多样化军事任务的复杂多样，要求其指挥关系灵活多变。

小贴士

强调多样化军事任务的背景意义

随着科学技术的不断发展，国际安全形势和我国面临的安全环境都发生了较大的变化，非传统安全威胁进一步加深，为国家安全与发展带来严峻的挑战。例如，暴力恐怖活动、宗教极端势力活动、民族分裂活动、重大自然灾害等，都给国家和人民带来了潜在的或现实的危害。另外，随着我国经济的发展壮大，海外利益不断拓展，海外企业的发展、海外人员生命财产安全、国家资源运输安全都需要强大的国家实力来保护。这时多样化军事任务的要求就显得迫切和重要。加之，世界各国都对非战争军事行动日益关注，我国综合国力的提升要求经济实力和军事实力相适应，维护国家经济利益，这些都极大地推动了多样化军事任务的发展。多样化军事任务的提出，正是应对当前形势和多种挑战的需要。

六、多样化军事任务对官兵心理素质有什么要求？

战士小李第一次和大部队一起参加联合军演，心里既激动高兴，又紧张焦虑。他翻遍了书柜，询问了很多战友：参加多样化军事任务对自己的心理素质到底有什么要求？

多样化军事任务类型多样，矛盾性质复杂，如突发紧急任务对官兵情绪影响较大，国际维和环境复杂恶劣，抢险救灾场面冲击力极大，安保任务易引起高度紧张，国家援助涉及人员混杂，反恐维稳危险性较强，联合军演和驻训演习易引发焦虑，远洋护航易产生单调无聊情绪，这些都要求官兵有较高的心理素质。

一是要求官兵具有良好的心理适应力。环境是影响人心理的主要因素，不同的环境对官兵心理有着不同的影响。多样化军事任务突发性强，任务地域大多陌生，既有地域气候的自然差别，又有人员文化等的社会差别。例如，倒塌的建筑，严重受伤的群众，失去亲人的哭嚎声，地域生活环境的艰苦和不适应等，都会直接对官兵的视觉、听觉、嗅觉、味觉等多种感知觉器官产生直接的冲击。如果心理适应力不强，再加上身体的疲劳，官兵就很容易产生负面的情绪，甚至引起心理疾病。

二是要求官兵具有较好的心理复原力。多样化军事任务执行中往往会遇到环境恶劣、交通不便、通信困难、后勤供给困难、体力消耗大等问题。这都是很强的应激源，给官兵带来巨大的心理压力，一旦处理不慎，就会引发各种不良的心理状态。例如，国际维和时，气候极端、语言不通、地区情况复杂，官兵很容易产生孤独、焦虑等情绪，并且很难借助他力来排解自身的不良状态。如果官兵具有较好的心理复原力，就能较快地从不良状态中走出来，及时恢复自身消耗的心理能量和资源，从而更好地投入到任务的执行中，提高任务执行的效率。

三是要求官兵具有较好的心理承受力。核心军事任务是血与火的交响，生存与毁灭的对抗，而非战争军事任务多是时间紧和压力大的双重考验，这些都极大地冲击着官兵良好的精神风貌和健康向上的心理状态，这对官兵能否保持情绪稳定，保持积极向上的心理状态是较大的考验。例如，反恐维稳时，面对恐怖分子的突然袭击，群体情绪失控的场面，官兵能否做到临场不慌，处理不乱，这对官兵的心理承受力是一大考验。再如，抢险救灾时，当任务执行从开始阶段进入瓶颈期，大多数官兵的心理承受力都已到达或是接近极限，这时是心理问题的集中爆发期。而具有较好心理承受力的官兵则能按照要求执行任务，自动规避负面状态，从而保证任务的完成。

四是要求官兵具有良好的心理凝聚力。一方面，多样化

图1-4 社会救援

军事任务的执行需要多方联合，既有军队、武警，也有地方政府、公安，要求官兵必须快速组建并积极融入新的团队，和多方力量做好组织协同，共同完成任务，这对官兵的心理凝聚力提出了较高的要求。另一方面，面对繁重的任务，部分官兵产生不良状态是正常的，需要借助团队的力量帮助克服，这个时候心理凝聚力就特别重要。情绪状态具有感染性，加之部队纪律严明，突出集体主义，心理凝聚力良好的军队心理复原力和心理承受力就较好。因此，良好的心理凝聚力对官兵完成多样化军事任务也至关重要。

★ 小测试

测测你的情绪稳定程度

请分析下列各题，并做出判断。（判断肯定的记1分；判断否定的记0分。）

① 即使发生了不快，也能毫不在乎地去思考别的事情。

② 不记小隙，经常保持坦然的态度。

③ 做任何事都制定具体可能实现的目标。

④ 遇到担心的事情，喜欢写在纸上进行分析。

⑤ 失败时也注意仔细思考，反省原因，不会愁眉不展。

⑥ 具有休闲自娱的爱好。

⑦ 发生问题时，常常倾听众人的意见。

⑧ 工作学习能有计划进行，遇挫折不气馁。

⑨ 无路可走时，往往改变生活的形式、节奏。

⑩ 在工作和学习上，尽管别人高于自己，仍然我行我素。

⑪ 常常满足于微小的进步。

⑫ 乐于一点点地积累有益的东西。

⑬ 很少感情用事。

⑭ 尽管很想做某件事，但不可能时也会打消念头。

⑮ 往往能理智周密地思考和判断问题，不拘泥于细枝末节。

结果分析

0～3分：情绪很不稳定，有可能是神经质，患得患失。

4～6分: 情绪不太稳定，常常拘泥于一些小事，总是忙忙碌碌耗费心机。

7～9分: 情绪一般化，时好时坏，对一些重大事情，自己不能做出决策。

10～12分: 情绪比较稳定，擅长处理问题，不拘细节胆大心细。

13～15分: 情绪非常稳定，能沉着大胆地处理任何事，而且从不畏惧困难。

第二节 DIERJIE
心理指导小讲堂

王指导员是连队里经验丰富的老手了，曾经执行过汶川抗震救灾任务，这次带领连队参加抢险救灾，他心里底气很足。但是这次按照文件要求，他既要指导好连队，又要及时地给需要帮助的官兵和群众进行心理指导。他边干活边想：到底什么是心理指导？这和过去我们讲的心理服务是一回事吗？怎么进行指导呢？

一、你知道心理指导吗？

心理指导类似于我们所讲的心理服务，但它着重强调心理知识和心理建议指导。相对于心理服务，心理指导主要是开展各项任务时给予的心理意见建议，更为积极主动，比我们所说的事前打预防针范围更广，但是效果很显著。

心理指导是利用心理学的原理、方法、手段和程序来指导人们的日常工作和活动，帮助人们建立积极乐观的正向状态和思维方式，减少消极不良状态的影响，达到平衡，进而促进心理健康，提升生活质量，提高工作效率。

对于军人而言，心理指导就是帮助官兵保持积极正向的情绪状态，达到积极和消极心理的平衡，减少军人在日常生活和执行任务时的不良心理状态，保证军人心理健康地投入工作，完成各项任务。它可以与军队命令指挥相互配合，既保证军队的纪律性和执行力，又突出军队的人文关怀，促进官兵身心健康发展，提升部队战斗力。

二、心理指导涵盖什么内容？

根据多样化军事任务的特点和任务周期，将心理指导涵盖的内容分为以下5个部分。

一是心理教育训练。这既包括任务执行前的心理教育训练，也包括任务执行中和执行后的心理教育训练。具体来讲，就是通过各种途径，帮助官兵掌握基本的心理学知识和技能，掌握基本的自我心理调节方式方法，明确可能出现的不良心理及其相关的判断方法，学会释放压力和调节不良情绪状态，强化相关情境和任务训练，提升官兵之间的

图1-5 集体心理疏导

心理支持和群体关怀，从而增强官兵的心理适应力、心理承受力和心理复原力，进而提升军队整体的心理素质，保证多样化军事任务的完成。

二是心理咨询辅导。多样化军事任务中的心理咨询辅导目前已经比较成熟，相关的论文和实践比较多。当前的心理咨询辅导已经和心理测评、心理诊断、心理治疗相结合，主要是任务前建立官兵的心理档案，明确心理问题的易感人群，强化易感人群的心理关注和心理支持；任务执行中适时进行心理调查，及时发现筛选处于心理问题边缘的人员，为有不良情绪和心理问题困扰的个人或集体提供心理咨询和心理辅导，把不良情绪和心理问题把握在一个可控的范围内，减轻其对任务执行的不良影响；任务执行后进行心理回访和心理咨询，解决部分官兵积累的不良心理问题，进而保证部队执行多样化军事任务的战斗力。

三是心理危机干预和援助。前面已经提到，多样化军事任务风险高、刺激强、压力大、环境恶劣，部分官兵会出现心理失衡，严重的甚至出现心理应激和心理创伤，加之部队管理具有集体化、纪律化的特点，如果不及时地进行心理危机干预，不良的心理状态和心理问题就会感染和扩散，影响到部队整体任务的执行。因此，心理指导必须涵盖心理危机干预的内容，利用心理教育训练和心理咨询辅导，做好心理危机预警，在心理危机出现后，及时地采取一系列的干预措施，把不良影响减少到最小。

四是军人团体心理防护。军队人员集中的特点也可以为心理指导所用，构建互相关心、团结友爱、互相协作、互相尊重的集体。心理指导利用团体的力量，进行心理防护指导，借助团体这个社会支持系统，官兵之间互相信赖、互相倾诉、互相帮助；合理引导官兵在团队中缓解压力，释放不良情绪状态，提升官兵积极乐观、希望支持等积极的心理状态，提升群体心理复原力和心理承受力，进而保持官兵积极正向的心理状态，尽可能地减少官兵非战斗减员的现象，促进多样化军事任务的完成。

五是合理安排任务和活动。心理指导不但要通过心理学原理方法进行，也要借助政治工作和文体活动的力量。多样化军事任务会随着时间而进行阶段性的转换，官兵在身心疲惫的突击工作之后，需要一个心理缓冲期。如果继续开展高强度的工作，官兵很容易产生松懈疲劳、愤怒抱怨等不良状态，也易产生心理问题。这时需要官兵充足的睡眠，开展条件允许的文体活动，转移官兵注意力，进行积极暗示，防止心理能量耗竭，同时帮助相关的其他人员走出心理阴影，恢复心理常态，进而完成多样化军事任务。

三、心理指导在多样化军事任务中的基本目标是什么？

前面我们已经提到，心理指导是要帮助官兵保持积极正向的情绪状态，达到积极和消极心理的平衡，减少军人在日常生活和执行任务中的不良心理状态，保证军人心理健康地投入工作，完成各项任务。由心理指导的概念，我们可以得出心理指导在多样化军事任务中的基本目标，即减压—恢复—平衡3个层次。

减压是心理指导在多样化军事任务中的首要目标，它既包括任务执行前紧张焦虑等不良情绪的缓解，也包括任务执行中巨大心理压力的合理释放和任务执行之后各种消极情绪状态的化解。心理指导帮助官兵在面对多样化军事任务和高强度刺激时，面对自身身心状态的变化和消极负面状态时，面对复杂、困难的任务要求和交往对象的失衡心理时，能够主动地调节自身心理压力，释放不良情绪，从而保证自身的心理压力处于适当的水平，不会影响到多样化军事任务的执行，进而保持较好的任务执行状态。

恢复是在减压之后官兵心理指导的一个中间目标，即官兵在任务执行中心理恢复到日常训练和生活的心理常态。在减压之后，官兵需要执行大量的、有一定难度的任务，而这些任务与官兵的日常训练密切相关。这时心理指导就要帮助官兵尽快进入执行任务的专注的、高效率的心理状态，使官兵保持精力充沛、反应迅速、注意力集中、思维清晰、判断思考准确，保证每个官兵的作用得到充分的发挥，使军队执行多样化军事任务的战斗力和常态能力得到有效的发挥。

平衡是恢复之后官兵心理

图1-6 心理训练

指导的最高目标。积极心理学认为,当前心理学的目标应该是让人更加快乐有意义地生活,保持积极正向的心理状态,同时接纳消极负面的状态,达到两者的平衡,而不是过分关注人消极负面状态的治疗。同样,在执行多样化军事任务时,心理指导能够帮助官兵做到积极心理和消极心理的平衡,这既是任务执行中的最佳状态,也是官兵在任务执行中充分发挥战斗力和创造力的必要条件。官兵如果在执行多样化军事任务时达到这种状态,就能最大限度地减轻环境刺激的不良影响,发掘自身的潜能,创造性地完成任务。

这3个层次的目标是心理指导的基本目标,它们是相互联系、相互衔接的目标。加压是恢复和平衡的前提,恢复是减压进一步发展的目标,也影响着平衡的产生,而平衡是官兵心理指导的最高目标,减压和恢复是其具备的前提条件。总的来说,心理指导就是帮助官兵减轻任务执行的压力,恢复到日常训练的状态,达到积极状态和消极状态的平衡,从而促进多样化军事任务高效率地完成。

四、心理指导在多样化军事任务中发挥什么作用?

心理指导帮助官兵保持积极正向的心理状态,达到积极心理和消极心理的平衡,它是一项指向性、专业性和技巧性较高的工作。在情况复杂、环境不利、人员混杂的多样化军事任务中,心理指导主要发挥以下几个作用。

一是保持官兵积极正向的心理状态。积极正向的心理状态不等同于心理健康,它的标准更高,并且积极正向的心理状态并不排斥和否认消极心理的存在,而是接纳消极心理。心理指导能够保持积极正向的认知、情绪情感、意志和行为的主导地位,引导官兵达到积极心理和消极心理的平衡状态。多样化军事任务突发性强,时间紧,压力大,对官兵的身心素质都提出了较高的要求。只有官兵保持积极正向的心理状态,才能很好地完成任务。例如,突发紧急任务时,官兵极易产生紧张焦虑等不良情绪,大大影响任务执行的效果,如果对官兵进行有效的心理指导,就能降低任务执行中官兵不良心理状态的强度,及时控制官兵不良情绪状态的感染和扩大,使军队在应对突发紧急任务时能沉着冷静,行动协调,思维清晰地下达指令,高效率地克服困难,完成任务。

二是尽可能地减少官兵非战斗减员的现象。据有关数据统计,2003年伊拉克战争前期,美军士兵中有52%出现心理应激反应,19.1%出现心理障碍,美军非战斗减员的数量超过了战斗伤亡的数量。非战斗减员对多样化军事任务完成的不利影响可见一斑。非战斗减员分为心理原因减员和意外减员,在多样化军事任务的执行中,部分官兵受到高强度、高风

险环境刺激的影响，会产生紧
张、恐惧、焦虑等负面心理，
如果没有及时调整，就会进一
步恶化，出现心理原因的非战
斗减员现象。例如，调查发现，
2008 年我国"汶川"抗震救灾
期间，参加搬运尸体任务的救
援官兵发生急性应激性反应的
超过 90%，发生急性应激障碍
的达 35%；而负责转运物资，
疏散群众的救援官兵，发生急

图 1-7　汶川地震时，对民众的心理疏导

性应激性反应的仅有 50%，发生急性应激障碍的为 13%。因此，及时地进行心理指导，才
能保持部队人员的心理健康，减少心理问题的发生，从而保证军队任务的完成。

三是大大促进军队战斗力的发挥。军队战斗力是军队的硬实力和核心，也是完成多样
化军事任务的前提和保证。多样化军事任务复杂多样，部分任务完成的周期长，加上长
时间的身体疲劳，官兵的懈怠情绪会逐渐增加，部队士气会逐渐低落，官兵情绪稳定程
度会逐渐降低，心理能量会逐渐耗竭。这时就到了官兵心理问题的多发期，军队的战斗
力也会因此难以施展，最终影响到任务的完成。在多样化军事任务的执行中，开展有效
的心理指导，能够时刻关注官兵的心理状况，及时指导官兵进行自我心理调节，释放不良
情绪和压力，使心理失衡的状态处于可控的范围，进而促进官兵积极心理状态和消极状
态的平衡，提升官兵的心理素质，充分调动官兵完成任务的激情和积极性，促进官兵自身
作用的发挥，大大促进军队战斗力的发挥和高效率地完成任务。

四是尽量促进相关的其他人员恢复心理常态。多样化军事任务的执行中，既要有官
兵自身的心理指导，也要有相关人民群众的心理指导。例如，抢险救灾中，受灾群众情
绪的安抚，安保执行中过激人员心理情绪的疏导，反恐维稳中受伤群众悲伤痛苦的释放，
国家援助中被转移群众恐惧紧张心理的缓解等。面对战争、自然灾害和其他社会事件，
相关人员的生命财产会受到损失，他们的心理承受着受伤、失去亲人、家园被毁、环境
艰难、生活无望等多重压力，心理负担会很重，急切需要心理支持给予他们力量。在多
样化军事任务的执行中，给予相关群众一定的心理指导，帮助他们进行心理调节和疏导，

减轻心理压力，减少心理问题，从而帮助他们接受现实，直面痛苦，重建心灵家园，恢复心理常态，也是官兵完成多样化军事任务的目的之一。

五、心理指导在多样化军事任务中的作用机理是什么？

要想明白心理指导的作用机理，先要弄清引起官兵心理变化的主客观因素，并一一对照对应。同时参照心理咨询的作用机理，将心理指导的作用机理分为以下几个方面。

一是通过树立积极认知，减轻不良心理状态的影响。认知过程是人认识客观事物的过程，是人由表及里、由现象到本质地反映客观事物的本质及内在联系的心理活动，它包括感觉、知觉、记忆、思维和想象。人对事物的反应始于认知。在多样化军事任务中，官兵接触高强度的刺激，难免会产生认知的偏差，由于不了解、不清楚，进而产生紧张、恐惧等不良情绪，影响任务的完成。心理指导就要适时发布正面信息，进行积极的暗示，帮助官兵树立积极正向的认知，消除认知偏差，从而减少不良心理状态的影响。

二是通过激发正向情绪情感，平衡不良心理状态的影响。情绪情感是指人脑对客观事物是否满足自身物质和精神需要而产生的态度体验，它是人对客观事物要求的反应。情绪有消极和积极之分，积极心理学认为，积极正向的情绪能够激发人的潜能，提升人的幸福感。执行多样化军事任务时，官兵处于高风险的环境之中，负面的情绪状态很容易产生，这也是人的本能所决定的，并不能完全消除；但是积极正向的情绪状态可以通过鼓励、支持、表扬等方式激发，加之军人所固有的崇尚荣誉、勇于承担责任的价值观，也能够较好地表现出来，从而平衡消极不良心理状态的影响，促进任务的完成。

三是通过调动不怕苦累的战斗意志，克服不良心理状态的影响。意志过程是人自觉地确定目的，克服内外部困难，力求实现预定目的的心理过程。这也是人和动物的本质区别。军人由于职业性质的影响，具有自身职业特有的不怕苦累，尽一切可能争取胜利的战斗意志。执行多样化军事任务时，条件艰苦，环境恶劣，任务繁重，这些很容易引起官兵的身心疲劳，进而引发心理问题。这时适当目标的设置，能够激发官兵的战斗意志，引导官兵正确看待遇到的困难，尽最大努力达成预定目标，给予官兵巨大的精神力量克服和战胜困难。

四是通过强化和积极暗示，增强官兵积极的心理状态。强化来自于行为主义，行为主义认为给予目标对象一定的、有目的的刺激引导，就会产生想要的结果。暗示也是一种隐藏的强化，作用更明显。在多样化军事任务的执行中，指挥员要以身作则，冷静指挥，冲在前干在前，通过自身模范作用，稳定官兵心理，提高军队士气，从而强化官兵主动完成任务的意识。此外，任务的执行中要适时运用积极话语鼓励官兵，表扬官兵，多引导官兵从积极的视角看问题，从而强化官兵的积极心理状态，高质量地完成任务。

五是通过社会支持系统和集体环境氛围，缓解官兵的不良情绪和压力。社会支持系统源于社会心理，认为每个人在生活中都会建立起自己的危机应对系统，这个系统一般由自己的亲人、家属、战友、同事等具有较好关系的人构成。在自身出现不良心理状态和心理问题时，人会借助社会支持系统的物质或情感的支持，从而渡过难关。多样化军事任务中，当刺激强度超出官兵的心理承受力之后，社会支持系统的意义就十分重大。这时朝夕相处的战友的积极鼓励和交谈，周围群众、媒体的精神支持，官兵集体良好环境氛围的塑造，就可以释放官兵的不良情绪，减轻官兵压力。

六、心理指导和任务管理有什么联系？

两者的联系表现在：一方面，两者互为补充。心理指导的重心在人身上，强调对人员心理的把握和指导帮助，而任务管理则是以任务为导向，强调对事的处理和把握。人和事正好是部队教育管理的两大块，互补互联：把握好人员心理，会促进任务的高效完成；事的导向正确，会大大提高人员的积极性和工作效率。

另一方面，两者都突出强调指挥管理的整合。心理指挥和任务管理的实质都是更高层次职务或知识的人员对大众的指导帮助和管理指挥，帮助大众以更好的心理状态、更明确的任务流程和目标投入到工作中，克服任务中的不利因素，高质量、高效率地完成任务。

图 1-8　集体心理训练

.... 小游戏 ....

情有千千结

游戏规则：现场所有官兵分两组，手牵手围成两个大圈，主持人站在圈外指挥。每个官兵要记住自己左右两边的人，听到主持人说解散的口令后开始随便在圈内走动。然后主持人叫停，大家停止运动，找到刚开始在自己身边的人，保持原地不动，重新牵手。紧接着每个小组要想尽一切办法恢复到正常的牵手状态。（最快恢复原状的小组为胜者，落后的小组则要受到惩罚，可集体表演节目或者派代表表演。）

游戏意义：考察官兵的团队协作能力，考察部分官兵具有的组织领导能力。

七、心理指导和任务管理有什么区别？

心理指导和任务管理有联系也有区别，区别在于 3 个方面。

一是两者的侧重点不同。心理指导的侧重点在于人员心理，了解人员心理状况，进而提出建议，帮助人员以积极正向的心理状态去迎接挑战，达到积极和消极的平衡状态。任务管理的侧重点则在于任务的把握，了解任务的需求和目标，根据人员状态，制定合适的任务流程，激发人员的积极性和活力，克服任务完成的不利因素，按照要求高效率地完成任务。

二是两者的目标指向不同。心理指导目标强调保持人员积极正向的心理状态，帮助人员发现并减少不良的情绪状态，突出的是帮助人员保持良好的心理素质。任务管理强调任务保质保量地完成，帮助人员充分利用各种有利条件，克服不利条件对任务完成的干扰，突出的是帮助人员按照任务要求完成任务。

三是两者实施手段不同。心理指导关注的是人员心理良好状态的保持，多是运用心理学、宣传学、思想教育的原理，手段较为灵活多样，既有命令式的，也有参与式、指导式的。任务管理关注的是任务的执行情况，加之军队纪律性强等特点，手段多是命令式、指令式的，强调任务结果的完成，手段较为单一。

八、心理指导和任务管理如何结合才能发挥作用？

前面已经提到，心理指导侧重人员心理的关注，任务管理侧重任务目标的完成。结合多样化军事任务的特点要求，在具体实行中，心理指导和任务管理的结合主要做到以下几点。

一是任务管理是前提，心理指导服从和服务于多样化军事任务的完成。所以在具体任务的执行中，要首先明确多样化军事任务的具体分配，明确每个人执行任务的目标和方法，首先将大家的注意点放在任务上。心理指导在任务执行前主要是进行心理的调查和建议，给予官兵一定的心理预期，同时防止多样化军事任务中的高强度刺激直接打破官兵的心理承受力。任务管理则是给予官兵心理上的支持和鼓励，调动官兵的积极性和干劲儿，提升官兵克服困难完成任务的勇气。

二是在任务攻坚期，心理指导要及时给任务管理补位，强化官兵任务执行的信心。任务执行的前期，由于官兵精力充沛，心理积极向上，效率较高。但是随着时间的推移，官兵身心进入疲劳期，负向心理开始产生，任务开始进入攻坚期，紧张、恐惧、懈怠等不良情绪开始出现，单纯的任务管理效率开始下降。这时心理指导要及时跟上补位，为官

图1-9　抗震心理辅导

兵创造一个积极的环境氛围，相互支持，相互鼓励，提升军队士气，激发官兵斗志，释放官兵的压力，从而减轻消极心理状态的影响，保证任务执行的进度和效率。

三是发挥任务管理的刚性，用心理指导平衡官兵心理，促进任务保质保量地完成。任务管理强调任务的分配和完成，是硬性的指标，命令式、指令式的指挥比较多，与军队高度集中统一的纪律性相结合。它关注的是任务的执行力和执行效果，会督促官兵任务的完成。但是仅仅靠这方面是不够的，特别是在任务攻坚期，官兵心理和情绪都处在疲劳期，单纯的任务管理很难使任务高效率地完成，甚至会造成非战斗减员。所以心理指导就起到平衡调节官兵心理的作用，一方面关注官兵的心理，促进他们自我调节，减压恢复常态，另一方面以爱和关怀的力量促进官兵任务的完成，从而达到任务管理和心理指导的结合，保证任务的完成。

小贴士

如何克服拖延的不良习惯

要想克服拖延的不良习惯，可以试试下面两个方法。

1. 积极的心理暗示

在做一件事情的时候，心中默念：今天一定要克服拖延症。

2. 恰当的目标

在训练和工作中，确立一个符合自己的清晰的目标，为完成目标一步步地行动，也是克服拖延的不良习惯的方法。制定恰当的目标要注意下面几点。

第一，制定的目标和计划符合自己的实际情况，不要一下子就想吞掉一条大鱼，要一步一步地来。目标越细致、越好操作越好。

第二，和自己做比较，不和别人做比较。当自己有进步的时候，及时鼓励自己，不要拿自己和别人比，要知道永远都会存在比自己强的人。

第三，成功的时候，分析自己成功的原因，再接再厉；如果失败，则分析失败的原因，以后改进和完善。

第四，做行动的巨人。只有不断地、大胆地行动，才会实现目标。

九、执行多样化军事任务需要什么心理品质？

多样化军事任务类型多样，矛盾复杂，面临的刺激强度大，突发性强，条件环境恶劣，因而，对官兵心理品质的要求比一般的指挥训练更为严格苛刻。执行多样化军事任务需要官兵具备以下的心理品质。

（一）乐观

积极心理学家赛里格曼认为，乐观是一种归因风格，乐观的人倾向于把积极实践归因于内在的、持久的、一般性的原因，把消极事件归结为外在的、不稳定的、与情境相关的原因。乐观的人心理承受力更强，面对困难挫折，更能发挥自身作用去克服它。多样化军事任务的执行中困难重重，官兵仅仅靠熟练的体能和技能是远远不够的，还需要乐观的心理品质。积极归因的思维方式，能缓解心理压力，强化积极情绪，弱化消极心理状态的影响，达到积极和消极的平衡，从而较好地完成任务。

（二）自信

这是源于班杜拉的理论，自信又称自我效能感，是指个体在特定情境中是否有能力成功地操作某种行为的预期、感知、信心或信念，它与个体行为选择和行动的持久性密切相关。高自信的人行动更为积极主动，遇到挫折时也会维持自身较好的状态继续努力。多样化军事任务的执行中，在面对客观的、不可避免的困难时，官兵需要积极主动地作为，发挥自己的主观能动性。在任务执行难以进行时，官兵仍能保持自身较好的主动性，坚持不懈地完成。所以，自信对于多样化军事任务中的官兵而言尤为重要。

（三）希望

积极心理学认为，希望是个人对目标能够实现的察觉，它是一种目标导向的认知过程。希望有3个互相关联的要素，即目标、意愿信念和路径意念。希望较高的人具有高目标性、意愿信念强烈、意志坚强等特点，足以影响结果的成败。执行多样化军事任务时，官兵面对的困难挫折可能超出预期，难度大，时间紧，压力大。官兵需要具备高希望的心理品格，在危急关头听从指挥，发挥自身主观能动性，克服各种困难，相互支持，相互帮助，尽一切可能完成任务。

（四）坚韧性

路桑斯认为坚韧性是人们从逆境、失败、冲突，甚至是一些积极事件中快速恢复的心理能力。坚韧性能够增强人的生理机能，与职业绩效和环境适应力高度相关。在充满不确定性因素的多样化军事任务中，除了要求官兵能够以充满正向的心理完成任务，更需要官兵具备从逆境中迅速恢复的心理能力和品质。执行多样化军事任务时，官兵面对的环境极其复杂，变数多，风险大，执行过程中难免会出现超出预期的意外情况，官兵也难免会遇到失败和艰难，这就需要官兵具备坚韧性的心理品质，不畏艰难，越挫越勇，从而完成任务。

（五）团结

社会心理学认为，团队是由具有共同目标、共同利益，并在一起活动的人组成的结合体。团队具有统一群体认识，指引群体行为，形成群体归属感和认同感，给予个体力量的作用。团结是团队维系的关键。军队这个集体高度集中统一，具有高效率团队的先天优势，在执行多样化军事任务时更加需要团结的力量，相互配合，高效率地完成任务，同时在个体出现不良心理状态时，给予其团队的关怀和精神支撑，提高官兵个体的心理适应力、承受力和复原力。

（六）果断

果断是意志的品质之一，它是指个体根据客观环境的变化，迅速而合理地做出决定，并实现这个决定的心理品质。在多样化军事任务的执行中，具有果断特点的人能够全面而深刻地考虑行动的目的，以及达到预定目的的计划与方法；即使在完成某项具体任务时，会出现复杂的、剧烈的内心冲突，依然能够沉着冷静，明辨是非，当机立断，及时地做出决定，高效率地完成任务；在情况发生变化时，也能够立刻停止或者改变已做出的决定，避免任务执行的死板。

第三节 DISANJIE
心理服务情境课堂

一、突发紧急任务情境再现

2014年，海军组织突然战备拉动，372潜艇支队长王红理作为指挥员，带领372潜艇海军官兵紧急出航。这本来是一次常规的远航战备巡逻任务，但是命运却给予了372潜艇一个大大的考验。在深海中，372潜艇悄然无息地前进，艇内官兵各司其职，支队长王红理检查值班情况，官兵有的操纵设备，有的观察仪表，还有的来回穿梭，巡查管线。

突然，潜艇急速下落，掉得又快又深，失去浮力，大洋暗流涌动，这极有可能是遭遇了海水密度突变形成的断崖。这时潜艇内的气氛立刻紧张了起来，大家都明白，现在面临着生与死的考验，在岗官兵立刻向指挥员报告情况，指挥员刘涛迅速下达一系列的指令，但是潜艇还在加速掉深，官兵们都听到了海水形成的巨大压力压缩潜艇的一阵阵闷响。

"潜艇管道破损，发现进水！"在岗官兵一声急促的报告，再度让潜艇官兵感到命悬一线。所有官兵都明白，潜艇一旦进水，就会造成动力瘫痪，而在大洋中瘫痪，无异于艇毁人亡。支队长王红理凭着过硬的技术素质，沉着冷静地开始了一系列条件反射式的反应指挥。这时舱内水雾迷蒙、噪音很大，什么也看不见，什么也听不清。正在值更的电工区队长、轮机兵和电工班长瞬间就站了出来，条件反射般地关停了主电机和部分设备，并在第一时间进行封舱处理。一旦堵漏失败，舱内的人就没有生还的机会。然而，他们当时一心只想着快速堵漏，其他的都没有来得及考虑。位于舱底的人员

图1-10 潜艇出现紧急情况

迅疾扑向破损的管路，却被高压海水一次次冲了回来，飞溅的海水打在身上如针刺般疼痛，后背撞到舱壁上，被螺杆划得血流不止，他们全然不顾，拼尽全力终于将阀门关闭。官兵们跌撞着从前跑到后，从上跑到下，一路摸索着关闭大小阀门，并成功向舱室供气建立反压力，延缓了进水速度，高压气体将他们挤压得呼吸困难，耳膜刺痛，脑袋嗡嗡作响。10 秒钟后，气阀打开，潜艇开始供气；1 分钟后，设备关闭；2 分钟后，全艇各舱室封舱完毕，但是潜艇还在掉落，每个官兵的心都提到了嗓子眼里；3 分钟后，潜艇停止掉落，开始上浮。官兵们明白他们抓住了战胜死神的最为关键的 3 分钟，取得了初步胜利。

但是危险依然还在。在潜艇快速上浮的过程中，如果上面有水面船只，就会一头撞上去；如果出水姿势不对，很可能倾覆或砸到水面上造成艇体断裂。然而，由于官兵过硬的素质，潜艇出水后虽然反反复复震荡了好几下，舱内一片狼藉，但 372 潜艇成功脱离了险情。

潜艇成功浮起后，官兵们又展开了一场抢修受损设备的接力赛。官兵们在狭小的空间里，在充满海水的岗位上，不断地维修设备，累晕了，醒了接着干，终于恢复了潜艇的基本运转，372 潜航数千海里凯旋，官兵们创下了同类潜艇大深度自救的新纪录。

二、突发紧急任务的心理服务有什么特点？

突发紧急任务一般超出预料，时间紧迫，压力巨大，甚至是生与死的较量。上述案例中，由于官兵们过硬的技术能力和心理素质，成功地排除了险情，完成了任务，平安而归。但是在任务执行的过程中，官兵们所承受的心理压力是不可估量的，甚至部分官兵因此陷入应激性创伤的旋涡中。结合上述案例来看，突发紧急任务的心理服务有以下 3 个特点。

一是任务的执行中心理服务干预少，并且以应急干预为主。突发紧急任务时间紧迫，官兵们需要十分的精力进行处置。这时心理服务要让位，给予官兵处置突发紧急任务的时间和精力，以初步完成任务为重，但是心理服务也要考虑到可能出现的情况，给予部分官兵心理支持和应急干预。比如，官兵紧张过度，无法工作；官兵恐惧过度，惊慌失措。这时指挥员既需要沉着冷静，稳定军心，同时对于进入异常状态的官兵也要及时进行应急干预，释放其巨大的压力，稳定其过激的情绪状态，帮助其恢复到正常工作的状态。

二是任务初步完成时，开展适时心理疏导，缓解其不良情绪。突发紧急任务初步完成后，官兵们从身心浸入任务情境的应激状态中出来，开始出现各种不良情绪和心理状态。轻者会出现焦虑、紧张、注意力下降、记忆力下降等现象，重者会出现失眠、暴躁、易激惹、情绪不稳定等现象。这都是在前期任务执行的过程中不良心理的积累，这时心理服务要及时根据军队官兵的实际情况，开展集体心理疏导，对于较为严重的个人，单独进行心理疏导，缓解官兵们的不良情绪。

三是任务完成后，心理服务要做好后续的官兵心理复原工作。突发紧急任务由于任务周期较短，官兵们很多不良心理和情绪问题在当时可能还没完全出现，大多处于潜伏期，多是任务完成一到两个月以后才出现心理问题，这时再做心理服务工作就比较困难。因此，做好心理服务的后续工作十分关键。在任务结束时，进行心理筛选，找出可能存在心理问题的官兵，予以关注，同时积极帮助他们释放内心积压的不良情绪，把执行任务所带来的不良的心理影响减到最小。

小贴士

克服恐惧小妙招

人的情绪是社会的产物，我们在生活中常常碰到这样那样令自己恐惧的事情，那么怎样克服恐惧的情绪呢？

1. 树立正确的人生观

人生观不同，对事物的看法也就不同。有些人把个人的名利地位和物质利益看得太重，就可能经常产生不安全感。当这些东西受到威胁时，人们会以为一切都完了，惊恐万分，难于自持。"无私才能无畏"，只有以天下为己任，把个人融化在人民之中的人，才能临危不惧，泰然处之。

2. 学习相关知识

人对某些事物产生恐惧心理，是因为缺乏这方面知识，不明其理，如打雷、闪电。当你知道这是自然界正常现象时，恐惧情绪自然就会缓解。

3. 强化训练直接动作

这是自己主动地、积极地去接触恐惧的东西，从而达到消除恐惧的方法。例如，如果害怕在人前讲话，那么偏在人前讲话。

4. 回避可怕情境

碰上能引起恐惧的景物时，要尽量避开或排除，恐惧的情绪很快会缓和下来。

5. 习惯可怕情境

对所惧怕的事物，要敢于去碰它、接触它，对那些事物习惯了，知道它不过如此，也就不怕了。比如，很多人开始时怕在会上发言，后来硬着头皮去讲，受到大家鼓励以后，会上发言不仅不会忐忑不安了，表情动作也自然了。

三、国际维和情境再现

2013 年底，中国首批赴马里维和部队编入联马团，为荷兰工兵连续执行安全防卫任务 8 个月，这是由沈阳军区某步兵旅抽组 170 名官兵组成的赴马里维和安全部队。部队抵达的第一个晚上，中国军队的哨位全部上岗执勤，并划分相应的任务责任区。不到半个月，就组建了非盟第一支部署到位、第一时间接受任务、第一个处置恐怖事件的部队。

马里是当时形势最危险、条件最艰苦、环境最恶劣、伤亡最严重的任务区，联马团超级营地频繁受到袭击。有时一天遭遇两枚火箭弹袭击，最近一处弹着点距离作业区不足 200 米，而当时的任务区东邻机场，三面环灌木丛，70% 的火箭弹袭击都发生在周边，防卫如同在"靶心跳舞"，天气炎热，当地还有近 60℃的酷暑高温。

中国维和部队首先遇到的挑战是大规模暴力游行示威。处于战乱之中的马里，因为北部再度恶化的安全形势造成的恐慌和愤慨，爆发了大规模暴力游行示威，企图施压联马团放弃中立，卷入战火。千人的示威民众逐渐失去控制，营门笼罩着愤怒的情绪，探照灯被砸烂，监控头被击碎。千钧一发之际，中国警卫分队士兵只得扣上角门铁锁，支好圆木，然后用身体死死地顶住。石块如暴雨般倾泻而来，一名战士的头盔和防弹衣被砸得砰砰作响，颈部被石块砸破血流不止，身上也多处受伤。这个刚满 20 岁的战士没有退缩，一直坚持到危机化解，才撤离了自己的哨位。

中国维和部队安全防卫工作也会遇到意外情况。一天晚上 10 时，一名不明身份的当地青年趁着夜色，扒开维和部队营地外围的铁丝网，企图强行闯入营区。中国哨兵发现后，按照武力升级原则，先进行口头警告，又拉枪栓示警，但这名青年仍未停止行动。快反排排长立即通过夜视器材进行观察，初步判断其并未携带枪支，但不能判断是否带有炸弹、手雷等，考虑到联合国规定的"非对称不使用武力"原则，官兵们迅速报请上级批准，对其开展抵近侦察。在哨兵掩护下，排长冒险伪装抵近观察，最终确认这名青年是一名难民。维和官兵帮其处理伤口后，按规定将其送至当地警察署。

中国维和部队执行任务时，始终遵守当地的法律法规和风俗习惯。针对当地民众信仰不一、风俗迥异的社会状况，维和部队制定《涉外交往行为规范》，教育官兵严格遵守法规制度和外事礼仪，尊重当地民族、宗教习俗。出国前，官兵们就人人熟知诸如"接递物品不能用左手"等当地风俗习惯。

凭借过硬的素质，中国维和警卫分队经受 31 次火箭弹袭击，遏制了多次近达 300 米的可疑武装攻击，有效地化解了大规模暴力游行、武装冲突交火波及等 60 多起突发事件，无一伤亡。联马团司令卡祖拉少将给予中国维和部队"完成任务最多、施工质量最优、工作效率最高、纪律要求最严、整体形象最好、做出贡献最大"的评价。

四、国际维和的心理服务有什么特点？

国际维和是多样化军事任务中重要的一项，中国作为联合国常任理事国，有责任有义务参加多种多样的国际维和行动。国际维和既是为了完成任务，更是中国形象的展示，官兵的一举一动都代表着国家形象，加上官兵在国外大多语言不通，而与外国人直接接触比较多，因而其心理服务具有自身的特点。

（一）国际维和环境不同国内，语言不通，决定了心理服务的重点在于环境的适应

参加国际维和任务，一般都是处于与我国气候温度、语言、风俗习惯、文化大大不同的环境。官兵们刚进入任务地点难免会出现各种身体和心理不适应的现象，这时心理服务的重点就在于尽快地帮助官兵适应新的任务环境。我们可以通过与当地军民进行交流，根据需要开展相应的联合文体活动，利用部队中熟悉当时当地情况的、有经验的官兵向大家讲授基本常识，向当地的其他维和部队请教等方式，帮助官兵尽快地融入环境。

（二）代表国家形象执行任务，决定了心理服务的难点在于任务压力的释放

参加国际维和任务的每一名官兵都是国家形象的标签和符号，受这种观念的影响，官兵自然会在任务的执行中有着较大的心理压力，出现焦虑、紧张等现象，严重的甚至会失眠。这时心理服务应帮助官兵减轻心理焦虑和紧张，要通过任务间歇进行放松训练、心理减压游戏、相应的军队文体活动，提升官兵的压力承受力。另外，我们也要做好部分失眠官兵的心理恢复工作，帮助其查找原因，进行心理疏导减轻其失眠症状。

（三）与国外军民的交流，因语言不通出现冲突时，心理服务要安抚好官兵的心理困惑

参加国际维和任务，由于自然环境和人文环境的差异，加之语言不通，在具体的任务执行中，官兵难免会遇到小矛盾和小冲突，我们一方面要通过政治工作进行双方的协调，另一方面也要及时安抚官兵的心理困惑。在发生冲突时，官兵难免会出现疑惑、愤怒、愧疚等情绪，我们要及时进行心理疏导，将冲突引起的不良情绪控制在一个可控的范围内，防止不良情绪在军队集体中的蔓延，再辅之政治教育，安抚好官兵的心理困惑。

小贴士

心情不好怎么办？

1. 拥有一两个知心朋友。

2. 犯错误后不过度内疚。

3. 正视现实，因为回避问题只会加重心理负担，最后使得情绪更为紧张。

4. 不必事事、时时进行自我责备。

5. 有委屈不妨向知心人诉说一番。

6. 少说"必须""一定"等硬性词。

7. 对一些琐细小事不妨任其自然。

8. 不要怠慢至爱亲朋。

9. 学会"理智"地待人接物。

10. 把挫折或失败当作人生经历中不可避免的有机组成部分。

11. 实施某一计划之前，最好事先就预想到可能会出现坏的结果。

12. 在已经十分忙碌的情况下，就不要再为那些分外事操心。

13. 常常看相册，重温温馨时光。

14. 常常欣赏喜剧，更应该学会说笑话。

15. 每晚都应洗个温水澡。

16. 欣赏最爱听的音乐。

17. 去公园或花园走走。

18. 回忆一下一生中幸福的经历。

19. 结伴转转。

20. 力戒烟酒。

21. 邀请性格开朗、幽默的伙伴一聚。

22. 做 5 分钟的遐想。

五、抢险救灾情境再现

2008 年 5 月 12 日 14 时 28 分，四川汶川发生里氏震级 8.0 级地震，这是一场罕见的巨大灾难。灾情发生时，受灾地区一片废墟，到处都是倒塌的建筑、破碎的物品和失声痛哭的群众。在如此严重的灾难面前，中国人没有屈服。在党中央、中央军委的一声号令下，军队集结出发了。

灾情如战情。5月14日11时24分，一架大型运输机从成都某军用机场起飞，飞向此次地震重灾区四川茂县。这是空军首次在高原复杂地域，无地面指挥引导、无地面标识、无气象资料条件下运用伞降方式参加抗震救灾。由于茂县为高山峡谷地形，境内山峰多在海拔4000米左右，伞降难度很大，平时训练中只需在数百米高度跳伞的空降兵，今天要在4999米高空实施伞降。11时47分，飞机飞临茂县上空，空降兵研究所所长第一个跳出机舱，伞花迅速绽放，消失在白云之中，第一批7名伞兵离机后，第二批8名伞兵也接着实施了伞降，原本计划的第三批空降人员由于不断变坏的天气情况，被迫取消任务。

由于灾区通信和交通中断，此次伞降人员主要担负通信联络、灾情勘察、情况上报等任务，为上级决策提供依据。参加伞降的官兵都是空降兵骨干，有100次以上跳伞经验。5名空降兵成功着陆后，迅速与茂县县委、县政府取得联系，于15时第一次传回了茂县灾情，打通了孤城与外界的联系，让无数生命有了生还的可能。空降前，他们写下了请战书，被媒体传为"遗书"。

汶川大地震发生后，武文斌所在部队紧急赶赴四川地震灾区抗震救灾，武文斌被连队安排留守，但是他主动请战赶往灾区。到达灾区后，他和战友们始终奋战在第一线。转移群众，他肩扛背驮走在前面，和战友们走遍了都江堰市玉堂镇的12个村7816户人家，把食品和饮用水及时送到受灾群众手中；搜救失事直升机，他不畏山高路险，一直走在最前面，3次滚下山，被树木拦住；灾后安置重建，他一个人干几个人的活，搬石头、卸板材，身上多处被划伤。"这是我们连平时最听话，但在抗震救灾中，最不听话的兵。"武文斌的连长说，每次劝他休息，武文斌总是不肯休息，一转身，就到别处找活干去了。从5月15日到6月17日的32天里，武文

图1-11　抢险救灾

斌没有休息过一天，他两次虚脱，连队干部、战士劝他休息，每次站起来，他都说："没事，没事。"

6月17日傍晚，劳累一天的武文斌和连队70多名战友一起，冒雨再次执行8车活动房板材的卸载任务。武文斌和战友们干完活后，连队干部安排他歇息，但他却又去帮助别的战友们卸车。晚9时，武文斌卸下了他生命中的最后一块板材。一份由19名参与抢救的医学专家和医生联合签名的医学报告上这样写道——"死亡诊断：肺血管畸形破裂出血引起猝死。诱因：过度劳累。"

类似的感人事迹还有很多，在灾难中军队承担了联系外界，打通道路，救援安置群众，消除隐患，及时防疫等多方面工作，充分展现了解放军应有的本色。据国外报道，中国军队在这次汶川地震中集结速度、到达灾区速度、救援的速度，世界罕有。

六、抢险救灾的心理服务有什么特点？

抢险救灾和人民的生命财产安全息息相关，它面临的危险性较高，刺激强度很大，并且时间紧迫，要求严格，还要官兵时刻注意险情灾情的发展、与外界的联系、打通道路、安置群众和防疫防灾等方方面面，对官兵的身心都是巨大的考验。因而，抢险救灾的心理服务具有不同于其他任务的特点。

一是现场冲击大，对心理承受力要求极高，心理服务重点要做好预防和治疗应激创伤的工作。抢险救灾场景既有破损毁坏的建筑，也有受伤的群众，官兵要面对群众身体伤痛和精神伤痛双重不良心理状态，很容易引发心理问题。根据心理学应激反应理论，应激一般分为警戒反应阶段、抵抗阶段和疲惫阶段，不同的阶段具有不同的心理特点，并易引发心理问题，需要根据任务周期和灾害严重程度来进行相对专业的心理咨询、心理治疗和心理疏导，时刻关注官兵的身心状态。

二是任务压力大，时间紧，受情绪的感染强，心理服务平时要做好心理放松调节和情绪的管理疏导。抢险救灾任务的执行中，部分官兵责任心较强，会忍受疲劳、坚持工作。对此类人员要做好重点关注，防止其身心能量耗竭导致的心理问题。大部分官兵由于任务的影响会出现失眠多梦的现象，心理服务要及时引导，做好相应的心理放松和心理调节工作。同时，任务现场群众情绪失控较多，感染性很强。心理服务一方面要做好群众情绪的安抚工作，另一方面要帮助官兵进行不良情绪的管理和疏导。

三是任务持续时间比较长，心理服务的难点在于做好后续的心理恢复工作。抢险救灾任务要求比较多，既有群众救援和安置，也有外界通讯和防疫防病，加之任务持续的时间比较长，官兵很容易进入心理能量的耗竭期，短期内很难快速恢复，灾害的阴影会给部分官兵的心理留下很深的影响，部分心理问题还会反复出现，不利于官兵身心的长远发展。因此，心理服务工作难点在于长期的坚持关注和调查，心理问题的长期的咨询辅导和治疗，心理恢复工作的长期运行。

小贴士

如何宣泄不良情绪？

人人都有烦心事，人生总有郁闷时。医学研究显示，人对不良情绪忍耐克制，甚或郁闷压抑时，会对健康带来重大伤害。

倾诉是常用的宣泄法。找亲人、知己，把苦衷、烦恼尽情诉说，越淋漓尽致，越如释重负。不吐不畅，一吐为快。

哭叫也是宣泄良方。眼泪能把体内的有毒物质排出，人在痛哭一场后，如同暴雨倾盆后的晴空万里，气平心静。此时，男儿有泪也该弹。

书写也是有用的宣泄法。遇到挫折或心理压力，不便或不能向人倾诉时，你可以写日记，尽情地把忧心事倾泻在纸上，写完气消，顿感畅快，又不伤害他人。

运动是有效的宣泄法。你可以打球、游泳，甚或无目的地奔跑。当你汗流浃背、精疲力竭时，气消心亦平。不少女性在气闷时大干家务，家务做好，不良情绪也得到释放，一举两得。

七、执行安保情境再现

中国 2010 年上海世界博览会（以下简称世博会），是第 41 届世博会，于 2010 年 5 月 1 日至 10 月 31 日举行，此次世博会也是由中国举办的首届世博会。世博会期间有地方政府、民警、专业志愿者和军队人员参与安全保卫工作。

这次世博会因其自身的特点而对安保的要求比较高。首先，时间长。世博园区从开园到闭园一共半年时间，如果加上之前的试运行阶段和之后的免费开放阶段，则要跨越 3 个季度，这也是对安保的一个很大的考验。世博会期间正值上海高温、台风多发的季节，这也对安保人员应对突发情况的能力提出了较高要求。其次，地理环境复杂。由于上海世博园区集中在黄浦江两岸，含浦东、浦西两个园区，附近又有众多高楼大厦，如此复杂的地理环境，就要求世博安保要防范来自园区周边、水域、高层的安全威胁，其工作难度可想而知。最后，参观人员多。世博会目标观众为 7000 万人，预计（累计人数）将达到 1.2 亿人。如此开放的环境和高密度的人群，就要求世博安保工作不能破坏宽松和谐的参观氛围，这也给工作带来更多不可控的因素。

参加世博会安保的人员进行了严格的选拔，艰苦的训练。早在世博会开始之前，数百里之外的海上，海警部队早已开始开展以海上反恐为背景的实兵演练。高强度、高难度的特殊训练，早已紧锣密鼓开展起来，以提升世博会安保的技能。这些选拔出来的人员都是些身怀绝技的高手，有些一发命中，百步穿杨；有些擒拿格斗，样样精通。

当然，开始执行安保工作的过程也并不是一帆风顺，部分官兵出现了一些想法和情绪。世博会期间，有些部队官兵全程参与 8 个月备勤，而部队所在的屯兵点处在闹市区，窗外就能看到外滩和东方明珠。但是根据军队纪律，部队官兵除了集体去世博园执勤，哪儿都不能去。有的官兵反映："那种感觉，太压抑了。尤其是晚上，落差特别大。外面车水马龙、灯红酒绿，可是却和我们无关，这份寂寞，只能自己独守……"部队的一位女兵抱怨自己每天蹲下站起无数次，单调枯燥，这其中还要忍受来自游客的抱怨，甚至辱骂。有些游客排队久了，直接向给自己安检的士兵发脾气，非要携带打火机进园区，对新兵开骂"小保安"等。由于大家对世博会的热情，部分展区出现了拥挤现象，官兵们维持秩序时，被小部分拥挤人员推搡辱骂。由于世博会前教育到位，心理服务及时，官兵们才及时缓解了不良情绪，最终安全顺利地完成了任务。

有关媒体评价，这是一届规模空前的人类盛会，246 个国家和国际组织参展，超过 7308 万人的海内外游客参观，单日最大客流达到 103.28 万人。184 天会期未发生重大责任事故和食品安全事故，各类场馆及配套设施运转良好，展示、活动和论坛顺利举行。在国际恐怖活动日益猖獗、各类安全事故频发的形势下，举办这样的世纪性盛会，其安全性之高引人注目。

八、执行安保的心理服务有什么特点？

执行安保是保证重大活动安全的要求，也是多样化军事任务的内容之一。执行安保前的训练强度大，选拔人员严格，执行任务的内容比较单一，与不同类型的人员直接接触比较多，这都是该任务所独有的特点。因此，执行安保的心理服务也具有不同的特点。

一是安保训练时，心理服务的重点在于官兵心理动力的激发。安保任务的特殊性要求万无一失，因而在训练中科目多、难度大、休息少，久而久之，官兵很容易产生消极懈怠等不良情绪，不利于安保训练较好地进行。这时心理服务的重点在于激发官兵的训练热情，我们可以通过仪式的引导、荣誉的激励、榜样的作用和言语的鼓励等多种方式方法，也可以通过任务背景的介绍，激发官兵的荣誉感和责任感，从而激发官兵安保的心理动力，进而促进安保任务的顺利完成。

二是执行安保时，心理服务的重点在于官兵无聊单调和落差心理的化解。如前面的案例所说，安保驻地外车水马龙、灯红酒绿的热闹和驻地内安静、单一的任务环境的对比，容易引起官兵心理的失落感，加之任务的执行内容单一无趣，也容易引起官兵无聊的情绪，这不利于任务的持久执行，长此以往，会给安保任务带来安全隐患。这时心理服务要关注官兵的心理变化，开展多种多样的心理团体活动和心理游戏，及时消除官兵无聊单调的情绪状态，从而促进安保任务的完成。

三是执行安保时，心理服务的难点在于调整好官兵和部分情绪失控人员的心理认知。执行安保多是在重大活动之中，必然会有很多人员参加，并且层次混杂，可能由于长时间的焦急等待和嘈杂环境的影响，部分人员会出现情绪失控，急于达成自己的目的的情况，进而和安保人员发生冲突。为了维护官兵安保的良好形象，大多安保会要求安保人员不得和参加人员发生言语或肢体冲突，就会出现安保人员被参加人员推搡辱骂的现象。事后多数安保人员会出现困惑、愤怒等情绪，需要心理服务调整官兵认知，释放不良情绪。

小贴士

愤怒控制术

战术一：纠正认识上的误区。要控制那些不理性思维，它会导致我们丧失判断力和分析能力，也更容易对他人发火。比如，某人迟到了，我们认为他肯定是什么原因，而根本不考虑实际情况。

战术二：耐心倾听。完全投入地倾听他人，包括你的身体表现。看着对方的眼睛，跟着对方说话的节奏，这能帮助你找到你们之间的分歧。耐心倾听是为了掌握正确的信息，如果先给别人解释的机会，也许结果会不同。

战术三：艺术地批评。给对方建设性的意见，要求现实、准确，而不是给他"上一课"。

就事论事，不跑题，不要给对方下结论。强硬的建议通常会伤害别人，使他产生抵触心理，无法建立对话，受挫的对方甚至会产生报复心理，而无辜的你还一直以为你对人家好，人家该心存感激。

战术四：建立非对立关系。避免当面冲突，可以等双方都冷静后再次尝试交流。

九、联合军演情境再现

在国内外各方的高度关注下，成体系、成规模、成机制的"和平使命——2014"联合反恐军事演习拉开帷幕。2014 年 8 月 24 日上午，"和平使命——2014"上海合作组织成员国武装力量联合反恐军事演习正式开始。此次联演围绕震撼"三股势力"，打击恐怖活动，按照"联合反恐战役准备与实施"课题，分战役筹划与实兵行动两个阶段，演练多边联合决策和多方联合行动。这次演习是自"和平使命——2005"军演以来上海合作组织举行的最大规模的军演，上海合作组织成员国除乌兹别克斯坦之外的 5 个成员国共7000 多名军人，在朱日和基地开始为期 6 天的实战化演习。

此次联合军演以影响广、规模大、要素全、兵力多、科目新而广受关注。除 5 个参演国外，上海合作组织秘书处、地区反恐机构以及伊朗、巴基斯坦、阿富汗、蒙古、印度 5 个观察员国，斯里兰卡、白俄罗斯、土耳其 3 个对话伙伴国，60 多个国家的驻华武官团观摩实兵演习。5 个参演国的 7000 多兵力涵盖我方陆军、空军和特战、空降、电子对抗等部（分）队及俄罗斯东部军区陆军、空军、战略火箭军等军兵种，共出动歼 -10、 歼 -11、歼轰 -7、空警 -200、苏 -25 强击机、米 -8MT、直升机、伊尔 -76 运输机、无人机等多型武器装备，其中部分装备是首次亮相国际军演舞台，如武直 -10 和武直 -19。其中，无人机首次作为参演装备进入演习场，成为此次演习的一大亮点。科目新也是此次联合军演的一大看点。此次演习围绕"联合反恐战役准备与实施，组织多边

图 1-12　联合军演

联席决策和多方联合行动，研究深化联合组织指挥、兵力混编联演的组训方法，探索构建战略战役体系支撑、精兵联合作战的运用模式，创新设计正规作战与非正规作战相结合的行动样式，着力体现信息主导的联合作战、精确作战、非对称作战特点要求"展开。

此外，此次演习有多个第一次。第一次中方担任总导演，第一次全程科目在我国境内举行，第一次有无人机参演，第一次有女子特战连全程参加，第一次实行人员混编，各国指挥员实施联合指挥。这几个第一彰显了"和平使命"联合军演从联合反恐走向"深度磨合"，也凸显了当前世界反恐形势日趋紧张的情况下，上海合作组织反恐力量的强大威力。

通过联合军演，成员国表明了共同应对新威胁、新挑战，维护地区安全与稳定、促进共同发展与繁荣的坚定意志，展示了成员国共同打击"三股势力"的坚定决心和行动能力，对于震慑恐怖分子，提高成员国的反恐能力有着重要作用。

十、联合军演的心理服务有什么特点？

联合军演是近年来我军多样化军事任务的重要内容。在联合军演中，新环境的适应、新编组团体的配合、新战友的了解和新领导的指挥等一系列的新情况，对官兵的心理适应力是一大挑战，特别是语言不通的问题。因此，联合军演的心理服务具有其自身的特点。

一是演习中，心理服务的重点在于缓解官兵焦虑、紧张等情绪。联合军演不同于军队内部的自我训练，它既是演习探索，也是能力素质的展示，更是相互之间的配合比较。由于联合军演的这种特点，军队在演习前会对官兵进行嘱咐和强调，很容易加深官兵紧张焦虑的情绪，加之演习规模大、科目多，环境和人员的不熟悉，官兵的紧张焦虑程度会不断增加，甚至会影响到其日常休息和注意力的集中。这时心理服务要关注官兵的心理变化，及时开展心理放松训练和活动，缓解官兵的焦虑紧张等情绪。

二是演习中，心理服务的难点在于不同国家地区官兵的心理凝聚。联合军演，关键在于联合，军队原来熟悉的团体改变了，指挥的领导换了，身边的战友换了，武器装备也变了，官兵们还能不能尽快地融合成一个具有战斗力、高效率的团体？这时心理服务要跳出为自己服务的框框，为新团队服务，通过心理暗示、心理激励和一些心理小游戏尽快地促进新的团队成员之间的熟悉和融合，增进大家的信任和默契，提升相互之间的心理凝聚力，从而更好地完成任务。

三是演习中，心理服务还要关注不同国家地区官兵之间小冲突的处理。不同的国家和地区的官兵在一起，由于自然环境和文化环境的不同，对于同一任务目标有着不同的思维方式和理解方式，就可能导致个体之间的小冲突和小矛盾。这时心理服务要站出来，帮助官兵树立任务第一、效率至上的认知，及时化解和调节不同国家和地区官兵的心理隔阂，促进其相互体谅、相互理解、相互支持，增进他们相互之间的心理亲密度。这既是建立新团队的前提，也是维持团队运行的必要条件。

小贴士

如何减轻你的心理压力？

第一，掌握必要的心理健康知识。如正确地自我评价，合理地制定目标，量力而行；科学地安排时间，尽量减少工作量；生活有规律，体育运动适度，以健康的体魄来对抗压力。

第二，形成张弛有度的生活方式，及时调节情绪和宣泄不良情绪。心胸开阔，保持乐观的心态和积极的处事态度，以缓解和消除紧张情绪。

第三，通过饮食来缓解某些不适。如焦躁、心悸、失眠等情况出现后，可多吃豆类、五谷杂粮、蔬菜水果等食物，减少红肉类的摄取，避免喝咖啡、浓茶、酒等刺激性饮料。少食辣椒、芥末、花椒、大蒜、葱、姜等辛辣燥热之物。不要过分依赖营养保健品。

第四，学点自我安慰和自我放松的技巧。培养广泛的兴趣爱好，工作之余欣赏音乐、练习书法、绘画、打球等，可以怡人情志、调和气血，利于健康。

十一、驻训演习情境再现

战士小王第一次参加部队的驻训演习，来到了海拔 3000 多米的高原。

驾驶员告诉他这里气候异常，路况复杂，物资缺乏，在这里开车一定要十分小心，关键时刻决不能掉链子。为了这次驻训，驾驶员先后多次向地方交警人员请教经验，进行安全行车教育。他多次来到高海拔地区进行复杂路况驾驶、雨天驾驶、夜间驾驶训练，有效地锤炼自身的综合适应能力。另外，连队也帮了大忙，连队结合驻训点分散、车勤人员无法集中管理的实际，专门制定了驾驶员跟踪管理实施办法，加强对小散远直单位车勤保障人员的教育管理，着力提高其自身素质能力。因为这样驾驶员才敢向小王说：

"我没问题！"

炊事员告诉他，驻训不比在单位里，单位物质条件比较好，锅碗瓢盆灶台一套，应有尽有，使着也顺手。但是在这海拔3000多米的高原，路途遥远，一些食材不能带上来。为了符合连队的驻训要求，做饭的家伙也不可能一一带齐，同时高原气压低，沸点低，很多菜煮不熟，不能做，巧妇难为无米

图 1-13 野外驻训

之炊，再加上有时候水资源奇缺，大家难免要将就一两顿饭。但是作为老炊事员，他可是有很多点子，充分利用现有条件，想尽一切办法让大家吃好吃饱。

卫生员告诉他，驻训和在单位不一样。单位里医疗施舍齐全，药材充足，条件卫生方便。但是由于驻训要求，医疗设备和药材主要带了驻训常见病的用药，其他药材不多，而且驻训的环境不同连队，没有温暖的大房子，晚上睡觉可能会着凉，感冒是外出驻训的常见病，还很顽固。另外，由于在外驻训饮食、穿衣等方面不够卫生，官兵很容易腹泻，自己可要小心，吃穿住用都要注意，才不会生病。要是有什么不舒服的感觉，要及时去找他。

班长告诉他，驻训就那样，习惯就好了。平日里不懂不会的要及时来问他，训练时要小心，掌握动作要领后再进行，不要受伤，生活里有什么困难要说出来，大家集思广益就能帮大忙，生活朴素要习惯，部队都是这么干。另外，山里、草丛和树林里面要小心，蛇虫毒物有很多，应在鞋面和裤脚抹上雄黄或驱蛇药，帐篷四周撒上药粉，以防毒蛇来袭，再给你一些硫黄来预防。

小王听了以后好像懂了，但是现在他心里很紧张。

十二、驻训演习的心理服务有什么特点？

驻训演习是军队多样化军事任务的一种。由于驻训离开单位，到一些环境条件较为恶劣的地区去锤打部队。同时还要开展日常的训练，环境的陌生，加之野外条件的复杂，

驻训演习心理服务也有着自己的特点。

一是心理服务要以经历少的新成员为重点。驻训演习是军队日常工作的一种，老同志经历的次数比较多，相对而言经验比较充足，训练、生活反差不会太大，因而心理不会有什么太大的起伏。新成员由于经历较少，心中自然会有一些恐惧和想法，加上野外环境的复杂，条件的恶劣，吃住的不适应，很容易引起新成员心理的焦虑、紧张和不舒服，比较严重的会出现失眠。这时心理服务要和思想政治教育相结合，以老带新，积极关注新成员的心理变化，及时地给予帮助，增强其心理的稳定性。

二是心理服务要与思想政治教育紧密结合。驻训演习中，思想政治教育始终是日常的要求和活动，并且有着较好的效果。心理服务要借助思想政治教育的形式和时间，适时给官兵提出心理的小建议，同时开展各种各样形式的文体活动和趣味游戏，一方面丰富官兵的驻训生活，另一方面了解每个官兵近期的身心状态。这些都有利于后面的心理服务和指导，帮助官兵调整自身的情绪状态，增加积极正向的认知，强化积极的心理状态，减轻消极心理状态的影响。

三是心理服务要关注官兵的驻训生活。驻训演习不同于其他多样化军事任务，每个官兵的吃、穿、住、用、行都会影响到自身的情绪状态和心理状态，甚至会引发官兵近期心理和情绪状态大的改变。了解官兵的日常训练、生活，就会了解官兵近期心理状态改变的原因，知道原因就能找到改变其心理状态的方法。驻训的心理服务在于日常化，在于细节。多了解官兵，多和官兵聊天，互相帮助，互相支持，了解引起官兵心理起伏的点在哪里，改变它，进而促进任务的完成。

···················· 小游戏 ····················

扮时钟

游戏规则： 在白板或墙壁上画一个大的时钟模型，将时钟的刻度标识出来。

找 3 个人分别扮演时钟的秒针、分针和时针，手上拿着 3 种长度不一的棍子或其他道具（代表时钟的指针）在时钟前面站成一纵列（注意是背向白板或墙壁，扮演者看不到时钟模型）。

主持人任意说出一个时刻，如现在是 3 时 45 分 15 秒，要 3 个分别扮演的人迅速地将代表指针的道具指向正确的位置，指示错误或指示慢的人受罚。

可重复多次，亦可一人同时扮演分针和时针，训练表演者的判断力和反应能力。

游戏意义： 该游戏非常适合在晚会上或休息时间进行，可以活跃气氛，同时可以训练人的反应能力。

....

十三、远洋护航情境再现

2009年，亚丁湾、索马里海域海盗日益猖獗，作案数量逐年递增。2009年年初至11月，有40多艘船只被索马里海盗劫持，涉及船员600多人。2009年的前11个月，我国就有1265艘次商船通过这条航线，20%的船只受到海盗袭击。该海域频繁发生的海盗袭击事件，严重危及我国过往船只和人员的安全，对我国的国家利益构成了重大威胁。针对亚丁湾、索马里海域的海盗行为，联合国安理会先后通过了4项决议，呼吁和授权世界各国到亚丁湾海域打击海盗。

1982年通过、1994年开始生效的《联合国海洋法公约》第100条到107条专门规定了关于制止海盗的内容。公约规定，在领海以外的海域里，任何国家的军舰或得到政府授权的政府公务船舶都有权打击海盗。中国于1996年正式批准这一公约。中国政府派遣海军舰艇编队赴亚丁湾、索马里海域护航，是根据联合国安理会决议，并经索马里过渡政府同意做出的决定。主要任务是保护我国航经亚丁湾、索马里海域的船舶、人员的安全，保护世界粮食计划署等国际组织运送人道主义物资船舶的安全，积极为外国商船提供人道主义救助。护航行动将以伴随护航、区域护航和随船护卫等方式进行，不上岸执行任务。

中国海军第一批索马里护航编队于2008年12月26日从海南三亚军港启航，并于2009年1月6日到达索马里亚丁湾海域，正式开始护航。截至2012年12月底，中国海军护航编队已完成500余批、5000余艘中外商船的护航任务。目前正在亚丁湾索马里海域护航的，是由东海舰队、济南号导弹驱逐舰、益阳号导弹护卫舰、千岛湖舰综合补给舰组成的中国海军第二十批护航编队。

十四、远洋护航的心理服务有什么特点？

远洋护航由于航行距离远，任务周期长，海上遇到的因素复杂且难以预料，官兵守着茫茫大海很难有注意点，长期的离岸生活单调乏味。因此，远洋护航的心理服务有着自己的特点。

图1-14 远洋护航

一是远洋护航任务周期长，心理服务重点在于海上生活的适应。参加远洋护航，首先的考验就是晕船。由于海面风浪大，船体晃动幅度较大，即使平常不晕船的人，也会晕船。部分官兵会因为晕船而恶心难受，出现难以入睡的现象，甚至产生恐惧等情绪。远洋护航的饮食以罐头为主，新鲜蔬菜较少，淡水资源宝贵，因而部分官兵会因吃不好，影响到自身的心理状态。这时心理服务要积极发挥作用，分散官兵的注意力，通过引导官兵关注自己的兴趣点等方法，促进官兵的适应。

二是海上生活单一，心理服务的难点在于缓解官兵无聊、烦躁等不良情绪。海面景色单一，一望无际，官兵们可能几十天看不到任何东西，再加上船上生活单调，官兵很容易产生无聊的情绪，久而久之，就会变成莫名的烦躁和苦闷，甚至出现失眠多梦等现象，不利于海上任务的完成。这时心理服务就要开展多样的活动，如心理聊天室，促进官兵倾诉近期烦躁的情绪；心理游戏，缓解官兵单调无聊的情绪；听音乐，放松自身的心情，放空自己的想法等，从而缓解官兵的不良情绪。

三是心理服务的关键在于重视社会支持系统，发挥家属、朋友心理支持的作用。远洋护航由于任务周期很长，大多数官兵很少能见到自己的家属、朋友，与身边的战友相处的时间反而更长。任务的执行除了目标的激励，纪律的要求，更重要的是情感的支持。心理服务要充分利用官兵的社会支持系统，特别是官兵家属、朋友的心理支持，可以利用有限的条件和家人通讯交谈，可以准备心理信箱，把在海上想对家人说的话写到纸上，装在信封里，回去交给家人。

···················· 小游戏 ····················

衔纸杯传水

游戏规则： 8人一组，交替配合。共选16名人员，分2组同时进行比赛。另有2名人员辅助第一名人员倒水至衔至的纸杯内，再一个个传递至下一个人的纸杯内，最后一人的纸杯内的水倒入一个小缸内，最后在限定的 5 分钟内，看谁的缸内的水最多，谁就获胜。

游戏意义：增进亲近感，考验成员配合、协作能力。

十五、国家援助情境再现

也门紧张局势自 2014 年以来持续升级，美国、英国、法国和德国等 10 多个国家已经关闭使馆，要求本国公民撤离也门。2015 年 3 月 26 日起，由沙特阿拉伯和埃及、约旦、苏丹等其他海湾国家参加的国际联军在也门发动打击胡塞武装的军事行动。沙特等国对也门展开空袭后，当地局势变得更为紧张。

2015 年 3 月 26 日深夜，接到上级命令后，海军立即组织临沂舰、潍坊舰、微山湖舰向也门亚丁港海域机动。同时，编队连夜部署各舰迅速由护航状态转入撤离任务准备状态，完善舰艇靠泊、人员核准登舰、舰艇安全警戒、生活保障、卫生防疫等方案，在最短时间内完成了一切准备。

2015 年 3 月 29 日中午，海军第十九批护航编队临沂舰抵达也门亚丁港，在中国驻亚丁总领事馆的积极配合下，撤离了中国驻也门的首批 122 名中国公民，其中包括 7 名妇女和 1 名儿童。2 名来自埃及和罗马尼亚的中国企业聘用的外籍专家一同随舰撤离。临沂舰经过近 8 小时的高速航渡后横跨亚丁湾，顺利抵达位于非洲东部的吉布提共和国吉布提港，124 人得到了中国驻吉布提大使馆的妥善安置。

3 月 30 日，第二批 400 多人乘坐中国海军军舰离开也门荷台达港，至此，需要撤出的中方人员已全部撤离也门。2015 年 4 月 2 日，中国海军临沂舰搭载巴基斯坦等 10 个国家在也门的 225 名侨民自也门亚丁港平安驶抵吉布提。据初步统计，撤离人员中有巴基斯坦 176 人、埃塞俄比亚 29 人、新加坡 5 人、意大利 3 人、德国 3 人、波兰 4 人、爱尔兰 1 人、英国 2 人、加拿大 1 人、也门 1 人。此前，中国政府在也门撤离中国公民的行动中，还协助罗马尼亚、印度、埃及等国的 8 名侨民平安撤离。

此次撤离是中国政府应有关国家请求开展的人道主义救援行动，也是中国政府首次为撤离处于危险地区的外国公民采取的专门行动，充分体现了中国政府"以人为本"的理念和国际主义、人道主义精神。在撤离行动中，中国外交部协助有关国家精心组织撤离工作，中国海军第一时间调派军舰赴亚丁港执行撤离任务，中国驻也门、亚丁、吉布提等使领馆克服重重困难，及时办妥相关手续，全力组织有关国家的侨民安全撤离，行动取得圆满成功。

十六、国家援助的心理服务有什么特点？

国家援助是层次较高的国家行动，既是国家救援，也是展示国家实力和国家形象的机会。由于国家援助跨越的区域大，援助的对象一般数量较多，需要耗费的资源也比较多。因此，国家援助的心理服务有着自己的特点。

一是国家援助的心理服务的重点在对被援助对象的心理安抚。国家援助是帮助他人，可能是本国公民，也可能是友好国或者处于困难的国家。以上述也门紧急撤侨为例，撤侨前，我国公民在也门面临着各种意外和危险，心理紧张、恐惧的情绪蔓延，见到撤侨军队后，欣喜若狂，不良情绪得到缓解，但是部分人员的紧张情绪、担心其他亲人的焦虑情绪还会继续蔓延。这时心理服务

图 1-15 国家援助

就要及时关注和鼓舞被援助对象，从物质或者是精神上给予其心理支持，安抚其情绪。

二是国家心理援助的难点在于官兵和被援助者心理关系的处理。国家援助代表的是国家层面的行动，要防止被援助方对官兵个体形成心理依赖。危急关头的助人行为，会给被援助者的心理带来巨大的改变，严重的会对负责援助的单个官兵形成心理依赖，进而影响到任务的完成。这时心理服务要及时干预，帮助官兵和被援助者形成良好的互动关系，保持正常的心理关系，既不过于亲密，也不过于疏离，以保证任务的完成和被援助者的心理安抚为目标和限度。

·········· 小游戏 ··········

猜猜是谁

道具：一些名片贴纸，或是任何纸加胶带。

游戏规则：给每个人一张名片贴纸，要求大家把自己的名字写在上面。

主持人收集所有的名片贴纸，然后在每个人背后贴一张贴纸（不能是同一个名字贴在

同个人背后），不能让他们知道他们背后的人的名字。

　　游戏开始，每个人必须去问别的人任何是或不是的问题来猜他们背后名片上的名字。（人数多的话，只限问个人一个问题。）

　　游戏意义：借着猜背后的名字认识对方。

第二章

任务前的心理准备

这几天战士晓飞的心情有些激动，又有些紧张，因为前几天团里刚刚召开了动员大会，并且在大会上宣布了参加本次联合国赴非洲的维和任务的人员名单。正像晓飞所期待的那样，他如愿以偿地被选入参与本次维和任务。"果然是有梦想才会有机会！自己这两年的努力总算得到了组织的认可！"——然而在兴高采烈之际，晓飞的内心仍然有一点担忧："怎么办呢，自己没有参加这种任务的经验，到时候千万不要第一次出去执行任务就出丑。对了，我们班长高扬可是参加过不少的大型活动，不论是汶川抗震救灾还是到非洲维和。自己为什么不问他呢？说不定班长会有很多好的经验。"想到这里，晓飞小跑向班长高扬那里……

亲爱的战友，本章将为你介绍一些执行多样化军事任务，如维和、救灾、反恐维稳以及安保等任务前的身心适应策略，希望能够为你圆满完成任务插上"心理"的翅膀，助你做到有备无患，解决后顾之忧。

第一节 DIYIJIE
任务前的工作准备

一、即将执行任务，你准备好了吗？

俗话说"有备方能无患"，这里的准备不仅是物质上的准备。当我们面对未知的任务、陌生的地域、陌生的风土人情的时候，心理上的准备更加重要。那么执行任务前，我们心理上究竟应该做好哪些准备工作呢？

愉快地接纳即将发生的事情。不论在接受任务之前发生了什么事情，也不论在你的身后还有多少未完成的事项，或者你的心中还存留有一些恐惧，但是当你接受这个任务的时候就应该从心底愉悦地接纳这个任务。从这一刻开始你需要告诉自己：勇敢的士兵，这可能是你生命中最光辉灿烂的一页，也是你为自己的祖国和人民贡献自己力量的时候。你要勇敢地接受即将到来的任何挑战，无惧一切风雨和险阻；你要坚定地和你的战友站在一起，用彼此相连的臂膀撑起一片蓝天白云；你要抛掉一切消极的想法和观念，从此刻开始拥抱一个新的旅程。

第一，自信地应对任务挑战。没有意义的人生是不值得过的，而人生的意义正在于我们所面临的那些挑战。所谓"自信人生二百年，会当击水三千里"，那么当面对任务的挑战时，我们需要做的就是坚定信心，坚持自己的信念，相信所有的艰难险阻都必将被我们踩在脚下，所有的困难都将成为我们军功章上浓墨重彩的一笔。面对挑战，我们要大声呼喊：我喜欢挑战，我享受挑战，我有能力应对所有的困难。既然如此，那么请让暴风雨来得更猛烈些吧！

第二，做好自己的任务规划。不同的军事任务有不同的特点，因此我们需要根据任务的实际情况做好自己的任务规划。比如，执行护航任务的过程中会有大量的闲暇时间，此时你需要准备一些书籍或者别的

图 2-1　自信应对

东西给自己充充电；如果执行的是撤侨任务，那么你在执行任务之前需要好好地熟悉一下当地的风俗人情；如果执行的是反恐维稳任务，那么你需要做好日夜执勤，睡眠不足的准备等。总之面对不同的任务，我们需要做一些不同的规划，不但是为了圆满完成任务，同时也是为了让自己更好地成长。

第三，自我减压。执行任务前，特别是如果预计到有些任务可能会带来生命危险时，我们都会产生较大的压力，有的时候还会产生焦虑、紧张、恐惧等情绪。当然还有一部分人会抑制不住地兴奋，甚至激动得睡不着觉。我们应该认识到这些都是正常的，这是一个正常人面对压力事件时正常的心理反应。这些情绪都是我们的机体在调动自身机能准备应对即将出现的危险因素，因此我们需要接受这些情绪。同时，我们也应该意识到，如果这些情绪持续时间较长的话则会给自身带来较大的能量损耗，因此我们也需要有意识地采取一些方法来调节自身的压力，可以采取的方法有运动减压、宣泄减压、音乐放松减压以及想象放松减压等。当我们有意识地调节自己心理压力的时候，就能轻松地应对这些压力。

第四，三个信念。在执行任务前，我们还需要在心理坚定"三个信念"。第一个信念就是：包括我们自己在内的大部分人都是健康的。我们要相信心理疾病的发生率毕竟是非常小的。我们需要坚定的第二个信念是：存在心理困扰是正常的，但那不是心理疾病。心理困扰和心理疾病是存在非常严格的界线的。对于大部分人来说，因为各种各样的现实问题或者认识问题会产生心理困扰，甚至会伴随一些生理上的反应，比如失恋了，会心里难过、郁闷，产生失眠等问题，但是这并不意味着你得了心理疾病。我们需要坚定的第三个信念是：心理问题并不可怕，不接受、不关注心理问题才可怕。很多人谈"心"色变，将心理问题等同于精神病，唯恐避之不及，更加害怕接受心理服务。但是正如我们前面所说的那样，心理问题不等于心理疾病，更加不等于精神病。因此，我们应该正确认识心理问题和心理服务，将心理问题与一般疾病同等对待。

第五，保持耐心。我们有的时候太过急躁，任务还没开始就急着去参加任务，执行任务时又迫不及待地想要完成任务，结果总是使自己处于一种烦躁、紧张、不耐烦、急迫的状态，最终的结果反而是任务没有完成好。一个典型的例子就是小孩子希望蛹快点化茧成蝶，结果用剪刀将蛹剪开，最终却导致蝴蝶死亡。事物的发展都有自己的规律，我们应该保持足够的耐心。同样，执行军事任务也是如此，好的猎手从来都是最耐心的猎手。因此，我们需要保持耐心，安住当下，耐心地等候每一次任务的到来，在正确时间和地点完成任务。

你足够自信吗?

1.如果迷了路,问路时你是否犹犹豫豫?

2.一般来说你认为站着更洒脱吗?

3.你常常希望事物能多样化吗?

4.你是否觉得衣柜不太整洁?

5.假如我们听不到自己的声音,你是否感觉到自己讲话声音低沉、浑厚、适度?

6.你在众人面前紧张胆怯吗?

7.你常常锁门窗、箱子吗?

8.你喜欢照镜子吗?

9.你愿意和随意挑中的人约会、结婚吗?

10.你是否丢三落四?

11.你能正确对待别人的取笑或批评吗?

12.如果你三次被留级,你是否对自己的能力产生怀疑?

13.你是否对领导角色津津乐道?

14.遇到问题时,你一般都独立解决吗?

15.你认为部分授权是必要的也是适宜的吗?

16.你喜欢将个人问题讲出来同他人共同商讨吗?

17.你认为父母很喜欢自己吗?

18.你常被不愉快的梦困扰吗?

19.你觉得别人的眼睛总是盯着你,讥笑你或议论你吗?

20.你有时想把自己的性别同别人换一换吗?

评分规则

第 2 题、第 5 题、第 7 题、第 11 题、第 14 题、第 15 题、第 17 题答"是"计 1 分,答"否"计 0 分;第 1 题、第 3 题、第 4 题、第 6 题、第 8 题、第 9 题、第 10 题、第 12 题、第 13 题、第 16 题、第 18 题、第 19 题、第 20 题答"否"计 1 分,答"是"计 0 分。

结果分析

16～20分：你是位成熟、冷静、心理平衡且十分自信的人，能练达地处理各种问题，并能在悲伤时节制自己，别人求教于你，你也心甘情愿，毫无索求地去帮助别人。

6～15分：你是一位正常的人，在多数情况下有自信心，但在某种情况下也胆怯。生活对你来说不成问题。

1～5分：显然你是一位聪明而好奇的人，比如，你能毫不费力地回答问题，但你缺乏自信，你不妨外出一次，看看别人都是如何处世的。

二、临行前的准备事项有哪些？

凡事预则立，不预则废，也就是说做任何事情之前都应该有所准备，然后才有可能成功，不然必然会遭遇失败。我们在军队中也常讲"不打无准备之仗"，可见提前的准备对于完成军事任务是多么的重要。那么我们在执行多样化军事任务之前，应该做好哪些准备呢？

（一）物资准备

所谓三军未动，粮草先行，说的正是物资准备的重要性。我们作为一个单独的个体虽然不需要考虑武器装备、饮食保障等问题，但是我们应该关注自己随身携带的物资，同时针对不同的任务灵活调整所携带的东西。而这也是我们做好任务前的心理准备的关键环节。一些人之所以在执行任务的时候心慌意乱，手足无措，一个重要的原因是出发之前没有准备好需要携带的物资，急用的时候发现没有自然会心急如焚。那么一般情况下我们应该随身携带哪些东西呢？

图2-2　开会做准备计划

首先，浮现在我们脑海中的自然是铺盖和衣物。被子、褥子以及迷彩服、作战靴等自然不用多说。有必要提醒的是，我们应该带够换洗的内衣裤，有的时候可能因为任务险、重没有时间洗衣服，我们可以准备一些一次性的内衣裤。这些都是很重要的，毕竟我们首先要有一个良好的身体状态才能够更好地完成任务。我们还应该根据季节和天气的变化决定是否要携带雨衣、蚊帐、花露水等防雨、防蚊器具。

其次，我们可以考虑携带的物资是食品。我们并非担心伙食保障的问题，但是有的时候一些必要的能量贮备还是必需的，特别是预见到要执行紧急任务时。因此在执行任务之前准备一些巧克力、士力架等体积小、能量高的食物有助于我们更好地保持体力和精力应对即将执行的任务。这也是我们进行心理准备的重要方面，正是"手中有粮，心中不慌"。不论任何时候未雨绸缪虽然未必会起作用，但是带给我们的心理感觉却是不一样的。

最后，还有一些物资需要我们根据具体的情况进行准备。因此，每一次执行任务前，我们都应该有针对性地列一个物资清单，以备随时核验物资准备情况并且及时调整补充。

（二）制订个人计划

这里的个人计划是针对执行任务期间的空闲时间，因此我们在执行多样化军事任务前，并非都要制订一个详细的个人计划，而是只需要针对一些个人空余时间较长的任务，如护航、撤侨等。像抗震救灾、反恐维稳等紧急任务我们并没有太多的时间休息，因此不需要特别制订自己额外的计划。那么当我们执行护航、撤侨等任务的时候，应该如何合理地安排自己的空余时间呢？这就需要我们制订一个详细的计划并且提前准备一些东西。这些计划可以是读书、绘画、雕刻、摄影、写诗、学习外语、练习书法、学习电脑技术操作等。我们在制订个人计划的时候需要注意以下几点：我预计有多少空余时间，我想要学习什么东西，我希望达到的目标是什么，我需要在出发之前准备哪些东西或是资料等。当把这些都计划好时，我们就能够在顺利完成任务的同时也使自己得到成长和发展。看到这里，亲爱的战友，你想好你想要学习什么了吗？

（三）检查自己的身体情况，为出发做好准备

身体是革命的本钱，是我们完成任务的根本保证。因此，在出发之前，检查自己的身体状况是非常重要的一项准备工作。特别是临近任务出发的一段时间里，我们每个人都在为任务做准备，进行设备检修、迎接检查、与亲朋好友告别等，而这样的忙碌会让人进入应激状态。在事情多、任务重、压力大的应激状态下，我们的身体会调动更多的资源来应对事情。这个时候我们容易忽视身体的情况，导致身体消耗过大。而往往任务开始的一段时间也是我们身体、心理压力最大的时候，因此就会导致一些身体疾病的出现。那么我们应该怎么做呢？

首先，给自己的身体做一个全面的检查。如果时间允许的话还可以到医院做一个全面的评估和检查，条件不允许的情况下，我们则要自己对自己的身体状况进行一个评估。这些评估的内容包括：自己最近的身体情况怎么样，有没有生病，严重程度如何，对任务有没有影响。特别是要预见到一些长期的慢性疾病，如腰肌劳损、筋膜炎、气管炎等对完成任务的影响程度。

其次，根据自己的身体情况有针对性地准备一些药物。我们相信一些常见疾病的药物准备和防控，单位已经做好了充分的准备和保障。我们要做的就是针对自己身体健康的评估，有针对性地准备一些药物，以备不时之需。

最后，就是安排好出发前的生活，尽量保持以往的生活节律。习惯了的生活节律一旦被打破就容易引发身体疾病。在任务准备阶段，由于事情多、压力大，我们的生活节律很容易出现混乱和失序，因此我们应该计划好出发前的生活，尽可能做到高效有序。

（四）技战术准备

打铁还需自身硬，顺利完成任务离不开我们自身过硬的技术和战术能力。因此，在开始任务征程前，我们需要对自己的技战术能力有一个清晰的认识和评估，同时利用有限的时间进行一些准备。我们需要提前预见到任务执行的过程中可能遇到的情况，并且根据自身的实际设想如何处理这些情况。这样当我们真正执行任务时遇到了问题也不会感到意外和突然，能够从容不迫地处理好问题。

（五）放松心情，与自己和解

我们在平时的生活中积压了很多的不满、愤怒、忧伤以及委屈等负面情绪。平时也许这些负面情绪只是让你不高兴，但是执行任务的时候，面对巨大的压力、持续的高度紧张、免疫力下降等情况，这些内心积淀的不良情绪就会以身体症状表现出来，因此，我们有必要在出发之前把自己的负面情绪做一个清理，与过往的自己和解，与自己过往的生活和解，将那些一直以来不能放下的事情放下，带着一个轻松的心情出发。保养好自己的心情是我们每个人送给自己最好的礼物，带着放松的心情和一颗与自己和解的心，我们轻松前行。

小贴士

物资准备清单

应该准备的物资	准备情况	备注

三、如何通过晕船晕车这道关？

执行任务难免坐车坐船，特别是执行护航、撤侨等任务时需要长时间乘坐舰船，因此，要提前做好晕车、晕船的准备。

（一）转移注意力

晕车晕船有部分原因是心理作用，特别是你越是将注意力集中于这个方面，越是会感觉晕车、晕船很严重。因此，我们不妨通过听音乐剧、看电影、玩游戏、做运动、去通风好的地方找人聊天等方式转移注意力。

（二）适量饮食

乘坐车船应该注意控制饮食，不要过饥或是过饱，一般来说只要吃七八分饱就可以了。同时应该注意不要吃高蛋白和高脂肪的食物，否则容易产生恶心、呕吐等症状。

（三）保持通风

车船内空气污浊容易引起晕车、晕船等症状，因此在执行任务的过程中，条件允许的情况下，尽量保持车船内通风，保持空气清新。

（四）保持充足的睡眠

充足的睡眠是抗衡晕车、晕船的有力武器，因此在乘坐车船之前要保持充足的睡眠。对于护航、撤侨等需要长时间乘坐舰船的任务来说，一个简单的抗晕船口诀如下：不困不睡，一醒就起；边吐边吃，一顿不少；没事找事，以忙抗晕。

（五）学会自我暗示

自我暗示可以有效地缓解晕船、晕车症状。我们可以对自己说"我叫不晕船（车）""我很享受摇晃""我现在感觉很舒服"，把自己想象成船或车，你就会觉得晃动是很自然的。

（六）服用晕船（车）药

如果你确实认为晕船或者晕车是不可避免的，那么不妨在出发前半小时服用晕船（车）药。这样可以有效地预防晕车或晕船症状的出现。

小贴士

预防晕车或晕船的小窍门

胃复安：胃复安1片，晕车严重时可服2片，于上车前10～15分钟吞服，可防晕车。行程2小时以上又出现晕车症状者，可再服1片。途中临时服药者应在服药后站立15～20分钟后坐下，以便药物吸收。此法有效率达97%，且无其他晕车片引起的口干、头晕等副作用。

鲜姜：行驶途中将鲜姜片拿在手里，随时放在鼻孔下面闻，使辛辣味吸入鼻中。也可将姜片贴在肚脐上，用伤湿止痛膏固定好。

橘皮：乘车前1小时左右，将新鲜橘皮表面朝外，向内对折，然后对准两鼻孔用手指挤压，皮中便会喷射带芳香味的油雾，可吸入10多次，乘车途中也照此法随时吸闻。

风油精：乘车途中，将风油精搽于太阳穴或风池穴。亦可滴两滴风油精于肚脐眼处，并用伤湿止痛膏敷盖。

食醋：乘车前喝一杯加醋的温开水，途中也不会晕车。

伤湿止痛膏：乘车前取伤湿止痛膏贴于肚脐眼处，防止晕车疗效显著。

指掐内关穴：当发生晕车时，可用大拇指掐内关穴。（内关穴在腕关节掌侧，腕横纹上约二横指，二筋之间。）

四、你明确任务前的目标了吗？

目标犹如人生航行中的灯塔，指引前进的方向。目标缺失就会导致我们在一些无谓的事情上浪费太多的精力和时间。执行多样化军事任务也是如此，在执行任务前，我们应该根据具体的任务情况，给自己确定一个合理的目标。

（一）明确任务情况

知己知彼才能百战不殆。目标的确立要建立在对任务和自身情况的深入了解的基础上。否则，要么就是好高骛远，难以实现；要么就轻而易举，没有挑战。因此，执行任务前尽可能多地了解一些任务情况，对我们确定目标具有重要意义。多样化军事任务类型多样，危险程度和面临的考验也不一样，如执行抗震救灾等任务，面临的主要威胁来自于自然环境以及疾病，同时因为任务繁重，面临的场景惨烈等原因，容易造成个人应激障碍；执行护航、撤侨等任务，面临的主要问题在于海盗威胁，同时由于长时间在海上航行，可能引发压抑、无聊、烦躁等情绪，因此我们应该格外留心这些情绪问题的出现；对于执行反恐维稳任务来说，主要的威胁来自于暴乱分子的武装袭击以及长期执勤带来的紧张和疲累，因此我们应该注意及时休息，恢复体力。此外，重大任务安全保卫、国庆阅兵等任务面临的情况各不一样，需要我们提前做好准备，尽量预见到可能发生的各种情况。同时，我们也应该对个人的身体、心理情况有一个准确的认识，既要发扬"不怕苦，不怕死"的精神，又要做到"不打无准备之仗"，不做无意义的牺牲。

（二）合理确定目标

我们应该如何合理地确定一个目标呢？从目标管理的角度来看，一个好的目标应该包括 5 个要素，也就是我们常说的 SMART（聪明、智慧）原则。SMART 是 5 个英文单词首字母的缩写：S 就是 specific（具体的）；M 就是 measurable（可测量的）；A 就是 attainable（可达到的）；R 就是 relevant（相关的）；T 就是 time-based（有时限的）。具体如下。

1.设定目标一定要具体化

只有具体化了，才具有可操作性，才容易控制。所谓具体，就是目标要明确，要能够用语言清楚地说明要达到的行为标准，不能笼统，不能模棱两可，不能有两义性。比如，你给自己

图 2-3　军人面对党旗宣誓

某次执行任务的目标是要立功受奖。这虽然是一个好目标，但是并不是一个具体的目标。因为你没有设定自己想要立什么功，受什么奖。因此，目标一定要具体。

2. 目标应该是可衡量的，即目标应该是可量化的

所谓量化，应该有一组明确的数据，作为是否达成目标的依据。如果制定的目标没有办法衡量，就无法判断这个目标是否实现。

3. 目标应该是可达到的

既然是目标，就一定是我们希望能够完成的，希望达到的。制定的目标可以有挑战性，有一定的难度，但决不能达不到。当然，有些人认为上天都成为现实了，还有什么达不到的目标？没有做不到，只有想不到。我觉得应该这样理解：你所制定的目标根据你自己目前的现实条件能够达到，或者在短期内能够达到。

4. 目标应该是相关的

也就是说我们个人的目标应该和集体的目标一致。比如，参加抗震救灾任务，我们的任务就是抢时间救人，那么我们设定的目标就应该是自己想要救多少人，怎么做才能更好地救人。

5. 目标必须是有时间限制的

任何一个目标，都有一定的时间限制，以便于衡量和考核。还是说你自己立功受奖这件事情，你只是确定自己想要立功受奖，但是时间限制呢？如果没有一个时间的限制，这就不是一个好目标，因为有可能你直到脱军装退伍都还没有实现自己的目标。

（三）随时调整自己，让自己的身心始终处于最佳状态

目标确立之后并不是一成不变的，而是随着实际情况的变化而变化，因此我们应该随时调整自己，使自己的身心始终处于最佳的状态。放松身心，放弃成见，放下执着，让自己的身心始终处于开放状态，随时准备接纳可能出现的一切。对于自然出现在自己面前的一切，不排斥，不拒绝，不轻信，不盲从，而是坦然地接纳它，剖析它，考察它，以善恶的标准判断它，然后消化它（取舍、放下）。得不喜，失不恼；来，不迎不拒；去，不恋不逐。一切顺其自然。同时根据集体的需要、任务进行的程度以及自己的身心状况，随时调整自己。努力，而又不执着于努力；不执着于努力，而又不是不努力。即不放弃，不执着；为而不为，不为而为。这样自己的身心始终处于空灵的状态，灵感的火花会时时闪现，然后根据灵感思维的提示随时调整自己，使自己的身心始终处于最佳工作状态。

游泳的故事

1952年7月4日清晨,加利福尼亚海岸下起了浓雾。在海岸以西33.8千米的卡塔林纳岛上,一个43岁的女人准备从太平洋游向加州海岸。她叫费罗伦丝·查德威克。

那天早晨,雾很大,海水冻得她身体发麻,她几乎看不到护送她的船。时间一小时一小时地过去,千千万万人在电视上看着。有几次,鲨鱼靠近她了,但被人开枪吓跑了。

15小时之后,她又累,又冻得发麻。她知道自己不能再游了,就叫人拉她上船。她的母亲和教练在另一条船上,他们都告诉她海岸很近了,叫她不要放弃。但她朝加州海岸望去,除了浓雾什么也看不到……

人们拉她上船的地点,离加州海岸只有0.8千米!后来她说,令她半途而废的不是疲劳,也不是寒冷,而是因为她在浓雾中看不到目标。查德威克小姐一生中就只有这一次没有坚持到底。

评析

这个故事告诉我们目标一定要看得见、够得着才能够成为一个有效的目标,才能够产生动力。如果我们制定的目标缥缈难寻,自己都看不到,那么我们就会失去努力的动力和坚持到底的勇气。人生没有目标固然可惜,但是如果制定的目标让自己都看不到完成的希望,那么终究也会是一场空,甚至比没有目标更加让人惋惜。

石匠的故事

有个人经过一个建筑工地,问那里的石匠们在干什么。3个石匠有3个不同的回答。

第一个石匠回答:"我在做养家糊口的事,混口饭吃。"

第二个石匠回答:"我在做整个国家最出色的石匠工作。"

第三个石匠回答:"我正在建造一座大教堂。"

评析

3个石匠的回答给出了3种不同的目标，第一个石匠说自己做石匠是为了养家糊口，这是短期目标导向的人，只考虑自己的生理需求，没有大的抱负；第二个石匠说自己做石匠是为了成为全国最出色的匠人，这是职能思维导向的人，做工作时只考虑本职工作，只考虑自己要成为什么样的人，很少考虑组织的要求；而第三个石匠的回答说出了目标的真谛，这是经营思维导向的人，这些人思考目标的时候会把自己的工作和组织的目标关联，从组织价值的角度看待自己的发展，这样的员工才会获得更大的发展。

德鲁克说，第三个石匠才是一个管理者，因为他用自己的工作影响着组织的绩效，他在做石匠工作的时候看到了自己的工作与建设大楼的关系，这种人的想法难能可贵！

中松义郎的"目标一致理论"讲的就是这一点，一个人的目标与组织的目标越一致，这个人的潜能发挥得就越大，就越有发展！

我们作为革命军人，确定什么样的目标不仅仅取决于自己的需要，更多的时候需要考虑组织的需要，特别是我们所执行的任务的需要。因此，我们确立的目标越是与组织需要、任务需要保持一致，我们越是能够取得成功，也越容易获得更大的发展。

五、如何安排身边事，全然地投入工作？

作为一名革命军人，我们满怀激情，一腔热血，只要祖国和人民一声召唤，我们将随时准备牺牲和奉献自己的一切。我们有"侠骨"，亦有"柔情"。在我们的心中有祖国和人民，同样也有父母和妻儿。因此，将要执行任务，舍身为国时，我们也应该拿出时间安排好身边事、枕边人，让他们能够在我们离开的这段时间里感到安心。那么即将远行执行任务的我们，应该做好哪些安排呢？

（一）做好与配偶的沟通工作

1.确保你的妻子理解支持你的工作

家庭的理解和支持对于军人安心执行任务，做好工作具有重要意义，特别是会给予军人心理上极大的支持和鼓励。因此，在我们执行任务之前一定要在条件许可、不违反军队保密规定的基础上，坦诚地向自己的配偶说明自己要执行任务的期限、危险性等，获得对方的理解和支持。

2. 向你的配偶表达你的歉意和关心

由于军人职业的特殊性，军人在平时就很难照顾家庭，因此，军人家属的辛苦和付出远远要超过其他人。在军人执行任务期间，家属的付出更是远超过平时。因此，军人这个时候应该利用这个时机向自己的配偶表达歉意，并且对对方辛勤的付出和无怨无悔的奉献表示感谢。

3. 与配偶沟通执行任务期间家庭可能遇到的困难和挑战，以及应对方式

虽然平时军人家庭也面临一些具体的困难和挑战，但是家属仍然能够通过各种方式联系到军人，因此，还能够获得一些心理上的支持和帮助。但是在军人执行任务期间，军人家属面临的情况可能是一连几个月或是半年的时间联系不上军人。比如，军人执行护航任务时，可能连续半年甚至一年的时间与家人联系不方便，同样军人执行抗震救灾等紧急任务时，因为任务繁重、通讯受损等原因也不能及时与家人联系。因此，军人在执行任务前，要有预见性地与配偶就家庭可能遇到的困难、挑战进行交流沟通，并且提出一些应对困难的有效方式和求助方式，这对减轻配偶压力和负担，维持军人家庭稳定具有重要意义。比如，家里老人突然生病应该怎么办，可以向哪些人寻求帮助等。

4. 做出你的承诺

与一般情形不同的是，军人执行任务时会面临各种各样的危险，很多时候会危及生命。当我们执行这些任务的时候，我们的配偶、家人会十分担忧，但是往往我们在执行任务的时候并不能及时联系他们，因此，在临行之前向自己的配偶做出一个郑重的承诺，既可以让他们在等待中有一些寄托和安心，也可以让自己在执行任务的过程中更加小心谨慎，减少生命危险。

（二）安排好家庭财务问题

家庭财务收支状况良好对于保持军人家庭的稳定具有重要意义。对于已婚的军人来说，赡养父母、照顾孩子和配偶的压力需要军人安排好家庭财务问题；对于未婚的军人来说也面临着赡养父母的压力，同时也应该为以后脱离单身汉队伍而有所筹划，所以不论是未婚还是已婚的军人都应该安排好自己或者是家庭的财务问题。因此，我们在踏上任务征程之前，有必要与自己的配偶协商，制订好家庭财务计划，从而可以使我们在执行任务期间，配偶可以妥善地管理家庭事务。

同时，我们制订军人家庭财务计划又不局限于这个短暂的时期，更应该借助执行任务这个机会了解和制订自己整个职业生涯的财务计划。因此，我们接下来的讨论会建立在

一个较长的人生发展阶段的基础上。那么，对于军人家庭来说，如何制订一个良好的家庭财务保障计划呢？制订一个家庭财务保障计划需要以下几个步骤。

一是了解制订家庭财务计划的各个要素。这些要素包括工资、财产、储蓄、住房、娱乐、日常开支、保险等各个方面。

二是检查当前家庭的财务状况。主要是家庭的收入、支出、负债或是财产状况等。同时，对自己今后的收入和支出有一个大致的预期。

三是确定自己财务计划的长期目标和短期目标。我们制订计划需要考虑到物质性的因素和一般的非物质性的因素。物质性的因素主要是个人的家庭财产、收入、支出等。而一般的非物质性的因素则包括配偶的生活态度、人生观、健康状况，子女的数量，子女是否上学、工作等。考虑这些因素有助于我们制订一个实际可行的目标和财务计划。同时为了做出更加英明睿智的决定，我们可以将人生划分为各个阶段，而后预测每一个阶段可能具备的条件。例如，自己的服役期限，计划最早在什么时候、最晚在什么时候退出现役；如果是单身军人，那么打算什么时候结婚，父母家庭状况如何，何时生孩子；子女接受教育以及开始自己独立，预计要到什么时候；刚刚退出现役，地方重新安置的过渡期；退役后自己可以享受的待遇如何等。考虑这些问题都有助于我们制订一个切实可行的家庭财务计划。

四是明确你的服役津贴和工资等。

五是建立合理的保险项目，并且通过家庭投资来增加自己的财产。

六是对众多可以提供帮助的政府或者社会机构有所了解。对于现役军人来说，一般家庭遇到困难，可以申请军队组织救助；对于退役军人来说，则主要是由地方政府负责。

（三）安排好父母和子女

军人常年在外，难以照顾家人。特别是执行任务期间，更是会让父母和子女担心。因此，我们要做好与他们的沟通，安排好他们的生活。对于父母来说，军人执行任务时的安全问题是他们最关心的，正所谓"儿行千里母担忧"。因此，在出发前，如果条件允许的话要向他们做好解释工作，向他们保证自己会注意自身的生命安全，一定会按时返回。对于军人的子女来说，由于军人职业的特殊性导致父亲长期缺席子女的教育，容易导致父子或者是父女之间的沟通不畅，因此，作为父亲要尽量保持耐心，向子女说明执行任务的荣耀和军人的责任，让他们也感受到作为一名军人子女的荣耀，当然最重要的是要通过各种方式让子女感受到父亲的爱，使他们感觉到即使父亲会缺席自己的成长和教育，但是父亲的爱不会缺席。

小贴士

你真的会和你的配偶沟通吗?

婚姻的长久，离不开夫妻两个方面的能力：有效沟通、化解矛盾冲突。其中沟通又是最基础最重要的一项能力。那么夫妻之间要沟通什么，什么时候沟通，怎样沟通呢?

1. 沟通什么?

（1）说得多，不如说得好

谈到沟通，不少人误以为必须把心里的想法和感受全部讲出来让对方知道。其实，夫妻双方必须过滤说话的内容，对伤害夫妻关系的话就不要说或者少说为好。夫妻相处的时间长了，对于配偶的喜好应该有一定程度的了解，若此话题是对方的禁忌，就别再去触碰这个话题。如果丈夫的学历不高，对有关学历的谈话比较敏感，做妻子的就不要以此为话题，以避免伤到丈夫的自尊。如果丈夫的收入较低，就不要每天谈钱，否则，这无形之中会增加丈夫的心理负担。

（2）要坦白，不如留点余地

常见的婚姻误区是：夫妻之间必须绝对地坦白，不可有个人隐私。说话毫无保留，结果却使得对方产生负面情绪，负面情绪累积多了，将不利于婚姻关系。例如，妻子说："我今天遇到你以前交往过的陈小姐，她还是那样的迷人。"丈夫说："她本来是很迷人，像她这样的女性不多，我想很多男性都会喜欢她。"这位丈夫如此坦诚地把他的想法讲出来，恐怕会让妻子怀疑他仍旧怀念着旧情人，将使夫妻关系蒙上阴影。

2. 何时沟通?

许多人只顾自己的情绪，一吐为快，却忽视了对方是否听得进去。当一个人心中郁闷的时候，将不再有心思去倾听配偶的诉说，反过来也会使诉说者因不受重视而心生不满。所以夫妻双方相互沟通的时间，最好选择双方心平气和的时候，才能产生好的结果。

3. 怎样沟通?

（1）倾听比说更重要

在沟通时，许多人往往急着表达自己的意见，忽视了别人在说什么，而各说各的，使沟通效果大打折扣。倾听是指站在对方的立场上，用心去了解对方所表达的意思。在沟通中，语言只占有1/3的分量，更多的信息是来自表情和肢体语言。因此，不要只听对方说什么，还要观察对方话语里蕴含的意义，注意到其手势、表情、声调、身体语言，当一个人心口不一时，往往可从中感到真正的含义。然后对于你所听到、观察到的，给予适当而简短的反应，如"原来如此……""是……"以及点头，让对方知道你在听，也会让对方感受到被尊重。

（2）接纳

不论你听到什么，不管对方表达的内容是对是错，先别急着辩驳或去指正，试着去承认对方的真实感受，才能够使他愿意放下防卫，弱化个人的坚持，进而聆听你所说的话。认可对方并非代表同意对方的观点，只是表示你能够体会到他的个人感受。假若丈夫表示："我受够了你老是对我挑三拣四。"若妻子回答："我不是挑剔你，只不过是想要告诉你如何正确地保持干净罢了！"这一番听起来无伤大雅的话，可能会引来一次争吵，因为这句话否定了另一半的实际感受。应能认可对方的感受而回答："我看得出来我的唠叨、挑剔令你心情不好，真的很抱歉让你这么难受。"另一半唯有感到你接纳他之后，才会愿意聆听你的心声。另外，通过观察另一半传达的信息及其背后的真正用意，我们才能逐渐接纳对方。

（3）澄清

学习在沟通过程中给对方反馈，将你所听到的告诉他"你的意思是……""你是说……吗？"可避免因听错而产生不必要的误会。

（4）运用以"我"开头的语言

许多人常喜欢用"你……"开头的语言来沟通，如"你不准这样……""你难道不能……""你以为家里只有你一个人吗？"这容易让对方感到受威胁，而引起反抗心理，或者激怒对方而引发矛盾。若运用以"我"开头的语言，后面接感受的词汇，如"我觉得……""我认为……"则无攻击性，让听者有较大的心理空间来思考你所说的话，而且用"我"当开头，表示说话者自己负起这次沟通的责任；若用"你"来叙述，则把过错丢给听者，容易激起听者的负面情绪。例如，"我很难过，因为我原本以为我们早就约好今天要一起吃饭的。"就会比"你每次都说要忙公司的事情，到底是公事重要还是我重要！"这样的表达方式能让对方更清楚地了解你的感受，而不是遭受批评而已。

（5）表里如一

想法与表达出来的信息一致时，一方面可以让你照顾到自己内在的需求，不会有委屈、压抑的情绪或有戴面具的感觉，另一方面能够让配偶知道你到底要什么。这样的沟通，才能顾及双方感受。例如，有些配偶表面上回答"没关系、都可以、看你想怎么做"，实际上其内心另有其他想法，这样的沟通是无效的。

六、即将执行任务，你和你的团队准备好了吗？

军人是一个战斗集体，不仅依靠个人的技战术能力，还依靠团队的合作。因此，在执行任务前，我们必须学会如何与自己的战友和团队共同完成战斗任务。

（一）进行详细的心理预想

团队中的每个人都应该在执行任务前进行详细的心理预想，在脑海中对整个任务行动的目标、计划和方案等放一次心理"电影"，预想可能出现的各种情况，如自己或者是战友受伤、自己心理紧张、行动受阻、陷入险境等，并且针对每一个问题预设可以采取的方案，坚定自己可以应对这些问题的信心。

（二）进行深入的团队沟通交流

执行任务前，团队中的所有成员坐在一起进行一次团队的心理激励活动，每个人说出团队中其他成员的两个优点，并且不允许重复，然后所有人告诉大家我们将始终在一起，不抛弃、不放弃，最后再为自己的团队起一个激励人心的名字和响亮的口号，大家一起喊出来。最终让大家带着对团队的信心和信任参与到任务行动当中。

（三）积极正向的心理激励

在执行任务的过程中，我们只有和自己的团队在一起才是安全的，同时大家因为集中于任

图 2-4 集体心理授课辅导

务，没有办法关注自己的感受。因此，我们应该记住，如果条件允许的话，要鼓励大家大声地交流，相互鼓励或者是调侃以放松气氛，当然也可以倾诉对敌人的愤怒等。这种大声说话的方式可以让大家宣泄心中的紧张和恐惧，同时，也能够让大家感受到其他人的存在，从而鼓起更大的勇气。

小贴士

减压行动

每个人都有不同的生命课题，也承受着不同的压力形式，找到一个适合自己舒解压力、放松心神的良方，其实就是对自己生命、生活最好的投资。冥想现在已是深受大众欢迎并流行的一种解压与放松的方式。

贴心小建议：

以布幔、绿色盆栽等物品布置出让视觉、嗅觉、触觉感到舒适的环境；

布置让自己放松，或让自己情绪稳定下来的物品，如柔软的毛毯；

温暖舒服的灯光，舒适的温度；

营造被支持包容的环境，选择有安全感的地方；

拥有一个不被打扰，较独立的空间；

穿着宽松、舒服的衣物；

安静下来，关照呼吸和身体，将俗事、烦恼都丢掉；

尽量勿以耳机聆听音乐或者冥想引导，而是让它自然融入整个空间氛围中。

在进行音乐冥想时，以下3个简易的冥想音乐选择，能够让你享受音乐冥想过程。

怡情：可让心情保持愉悦的音乐。

调身：声音的波动与身体的频率共振的音乐。

养性：引发想象能力，拓展灵性深度的音乐。

音乐的选择资料更说明：每天进行10分钟的冥想，能卸下身体的压力与疲惫，让身心安定，精神放松、愉快。许多科学研究显示：冥想是停止大脑皮质理性与知性的作用，进而达到"忘我"的心灵境界；意识其实并未"消失"，反而清醒清明，并转而让潜意识的活动更加灵敏，使自身与宇宙的波动更加和谐；全身的肌肉、细胞以及血液循环等作用都将缓慢下来，源涌而出的，是创造力、想象力与灵感。

启程——

现在，你可能已经为自己准备好了一个舒适的空间，一个可以暂时不被干扰的空间。你舒服地坐或躺下来，让自己进入这一趟神奇的大自然的旅程。

你可能已经闭上眼睛，开始将注意力放在呼吸上。注意着自己的吸气、吐气，慢慢地，我们发现身体用它现在的姿势，放松下来。

山——

随着鸟叫声，我们仿佛走进了山林，在温暖的早晨的阳光当中，我们似乎看见温柔的光线透过头顶上的树木，一束一束地穿透下来，带着温暖和祝福，穿透森林，洒在我们的身上、脸上。

我们来到一片山顶上的空旷草原，这里开满了黄色、粉色、紫色的小野花；淡蓝色的天空，飘着明亮、雪白的云朵；微风送来草原特有的清香，我们伸出手指，邀请微风穿过。我们欣赏着这片开阔的美景。

随着微风，我们的呼吸也自然地渐渐深入到我们的身体。然后，慢慢地，我们想象自己在这片草原上躺下来，和树木、花、草一起休息着。

海——

我们休息在这片大地上，觉得身体是这么的放松，觉得大地似乎像温暖的羽毛一样，整个包覆着我们，我们在里面放松地呼吸着。我们像在母亲的子宫里面，被温暖的海水包覆着、承载着，这是温暖、安定、自在的海洋！我们享受着让海水托住的感觉，忽然，我们发现自己像一只快乐的海豚，悠游在这片自在的海洋。

我们开始探索这个海洋世界。我们看到了光线穿透海水，在海中形成光晕，也看到各式各样彩色的珊瑚。我们继续往海里的最深处探索，就在光线几乎消失的时候，我们似乎看到海底有一座发亮的城堡。

城堡的大门为我们打开。我们往里面探索，里面堆满了各种天上、人间、水底世界的珍宝。接着，我们知道是该离开的时候了。我们开始往海面游去，一面和鱼群、珊瑚亲切地打招呼；一面往头顶上，海面的光亮直冲上去，我们突然增加了许多力量，直直地、往上、快速地冲向海面的光明。

天空——

突然，我们发现我们冲出了水面，变成了一只巨大的海鸥，这只海鸥深深地吸一口海面上的空气，然后往上直飞到空中，我们轻拍一下翅膀，就可以翱翔好远、好远。

强劲的风在我们的翅膀底下，承载着我们，带我们去任何我们想去的地方，辽阔无际的天空和绵延无边的大地，都在我们的眼前。

终点——

我们乘风翱翔了一阵，享受着自己的力量和自由，同时，在这趟想象的旅程中，我们收到了大自然给予我们的爱和支持的力量。现在，让我们一起深呼吸，将注意力带回自己的身体，伸展一下手脚，做一个深呼吸。我们知道这份学习在潜意识当中会继续地运转。现在让我们一起再一次地深呼吸，让自己伸伸懒腰，回到这里，回到现在你正在休息的这个空间里！

好，再一次地深呼吸，请慢慢地把眼睛张开，大自然冥想的旅程，就到这里结束。

第二节 DIERJIE

任务前的身心准备

一、如何舒缓执行任务前的过度兴奋情绪？

我们很多人都有一个共同的特点，那就是遇到重大的事情就会情绪兴奋，很多时候甚至是过度兴奋，就像我们平时经常说的那样："我已经激动得睡不着觉了。"面对这种情况，首先，我们应该认识到几乎每个人遇到自己人生重大事情的时候都会出现这种过度兴奋的情绪。因为我们都是普通人，不可能真正做到"泰山崩于前而面不改色"，特别是我们军人面对的任务总是存在某种危险性，甚至会危及自身的生命安全。因此，我们应该接受这种情绪的存在。但是，过度兴奋的情绪会导致机体能量的耗竭，不利于任务准备。因此，我们可以采取一些措施对情绪进行调节。

（一）给自己提个醒

有两种人容易激动：一种是与生俱来的，也就是生来神经系统兴奋与抑制的过程不平衡，特别是兴奋过程占优势，因此一遇到问题就容易激动；还有一种是因为从小缺乏控制情绪的教育和训练，这种情况下个体没有学会如何有意识地控制自己的情绪，因此，也会导致一遇到问题就容易兴奋。这些人应该特别注意警惕自己的情绪，每当意识到自己情绪兴奋得难以抑制时就给自己大声提醒一下：嗨，伙计！冷静一下！

（二）冷处理

冷处理就是遇到问题的时候不要急于解决，而是让自己冷静一下，将问题暂时放在一边，当自己的情绪已经冷静下来时，再去处理那些问题。

（三）脱离那些引发自己激情的情境

人的情绪总是由某些具体的情境引发的，而控制自己情绪最好的办法自然就是脱离那些引发我们情绪的情境。比如，因为某些具体的原因你和战友吵了一架，这时候你很生气，那么你应该如何做呢？最好的办法应该是暂时离开你的战友和你们吵架的地方，然后好好地冷静一下，等自己情绪平复了之后再回来处理具体问题。

图2-5 拔河娱乐

（四）用幽默或是超脱的方式对待引发自己激情的事和人

　　世人笑我太疯癫，我笑世人看不穿。本来问题也没有我们想象的那么严重，那么为什么不能洒脱地一笑，将那些不愉快的事情和让自己感觉有压力的事情抛诸脑后呢？毕竟生活还很美好，生命中的每一秒钟都应该放在那些有意义的事情上。

（五）6秒钟健身法

　　这种方法是美国心理学大师凯斯门罗提出来的。具体做法是，抓住你可以利用的一点点空闲时间——哪怕仅有的6秒钟，什么也不要想，赶紧收缩腹部，收拢下颌，扭动身子，打哈欠。只要把这几个动作连接起来做，就能收到自我放松的效果。天天坚持，养成习惯，还可以增进健康。心理学上讲究身心互动，身体放松了，心理上自然也就放松了。

★ 小测试

你最近感到焦虑吗？

请仔细阅读每一条，然后根据你最近一星期的实际感觉，选择最适合的答案。

（1—没有或很少时间；2—小部分时间；3—相当多时间；4—绝大部分或全部时间。）

1.我觉得比平常容易紧张和着急。	1 2 3 4
2.我无缘无故地感到害怕。	1 2 3 4
3.我容易心里烦乱或觉得惊恐。	1 2 3 4
4.我觉得我可能将要发疯。	1 2 3 4
5.我觉得一切都好，也不会发生什么不幸。	1 2 3 4
6.我手脚发抖打战。	1 2 3 4
7.我因为头痛、颈痛和背痛而苦恼。	1 2 3 4

8. 我感觉容易衰弱和疲乏。   1　2　3　4

9. 我觉得心平气和，并且容易安静坐着。   1　2　3　4

10. 我觉得心跳得很快。   1　2　3　4

11. 我因为一阵阵头晕而苦恼。   1　2　3　4

12. 我有晕倒发作，或觉得要晕倒似的感觉。 1　2　3　4

13. 我吸气呼气都感到很容易。   1　2　3　4

14. 我的手脚麻木和刺痛。   1　2　3　4

15. 我因为胃痛和消化不良而苦恼。   1　2　3　4

16. 我常常要小便。   1　2　3　4

17. 我的手脚常常是干燥温暖的。   1　2　3　4

18. 我脸红发热。   1　2　3　4

19. 我容易入睡并且一夜睡得很好。   1　2　3　4

20. 我做噩梦。   1　2　3　4

结果分析

正向计分题按 1、2、3、4 分计; 反向计分题 (题号: 5、9、13、17、19) 按 4、3、2、1 分计。总分乘以 1.25 取整数，即得标准分。

低于 50 分者为正常;

50～60 分者为轻度焦虑;

61～70 分者为中度焦虑;

70 分以上者为重度焦虑。

二、怎样自信地应对任务期的各种变化?

执行任务的过程中会遇到各种各样的不利因素，而在执行任务之前很多官兵会过多地想到这些负面因素，从而导致自己产生压抑、紧张、自卑等心理反应。这样的心理反应不但不利于任务准备，反而会给团队的士气带来沉重打击。那么我们可以采取哪些措施来增强自己的自信心，从容应对任务期的各种变化呢?

(一)客观全面地认识自己

我们要善于发现自己的优点，同时也要客观地评价自己的缺点。特别是为了增强自己的自信，我们可以采取以下一些做法：一是优点列举法。采取写日记的方式，每天列举自己的一条优点，日积月累以后就会发现自己还是有很多优点的，我们的自信就会增强，自然自卑感就会消退。二是征求意见法。请自己周围熟悉的战友来评价自己，当然要虚心接受别人对自己的批评，同时也要接纳别人对自己的表扬。别人的肯定对于我们增强自信心尤其重要。三是学会同过去的自己比较。同过去的自己比较，关键是要发现自己的优点和成绩，发现的优点越多，成绩越多，就会越自信。

（二）修正理想自我

我们每个人心中都有一个理想自我，我们每个人都希望理想自我能够做到高、大、全，化身真、善、美。但是现实告诉我们"金无足赤，人无完人"。一个人即使表面看着再完美，但终究还是有缺憾。理想自我与现实自我的差距越大，越是会让人觉得自卑和惭愧，有的时候甚至导致自我悲观和绝望。因此，我们需要有一个理想自我指引自己前进，但是理想自我的确定应该从实际出发，确立的标准应该是通过自己的努力能够实现，只有这样才能在实践中不断取得成功，增强自信。

（三）积极的自我暗示

积极的自我暗示是提高自信的重要方法。我们可以通过积极的语言暗示自己，也可以通过积极的身体动作和表情暗示自己。你可以将想要暗示自己的语言默默地在心里对自己念，也可以写在书面上，还可以将积极语言贴在墙上，如"我已经取得了很多的成就，新的任务是我建功立业的好机会。""只要我努力，就一定能够圆满地完成任务，相信自己。"而积极的自我暗示主要通过一些积极的身体动作和表情暗示自己，如最常见的"挺胸抬头，面带微笑"就是一个最简单的积极暗示。

图2-6　打靶训练

（四）改变不合理的信念

不合理的信念具有3个显著特征：第一个特征是绝对化，也就是我们常常以自己的意愿为出发点，认为某事物必定不发生或一定要发生。比如，"我必须要成功，别人必须对我好。"

第二个特征是过分概括化，也就是以偏概全，只见树木不见森林。比如，某个战士最近战术考核没有及格，结果就认为自己一无是处，干什么都不行，拖大家后腿。这种因为一件事情就全盘否定自己的想法就是一种不合理信念。不合理信念的第三个特征是糟糕至极，认为发生一件不好的事情就会产生非常糟糕和可怕的后果。比如，某个战士因为没有考上军校就认为自己的整个人生都完了。具有这些不合理信念的人往往就会缺少信心，产生自卑心理。因此，我们应该改变那些不合理的信念，从心里接受一个并不是那么完美的自己。

小贴士

你有哪些不合理信念？

美国心理学家埃利斯创立了情绪 ABC 理论，认为事情发生的一切根源缘于我们的信念、评价与解释。他认为常见的不合理信念主要有以下 11 条。

1.在自己的生活环境中，每个人都绝对需要得到其他重要人物的喜爱与赞扬

埃利斯不否认人需要别人的称赞与喜爱，而且认为能够得到生活中重要人物的喜爱与称赞是一件好事。但他认为，如果把这当作是绝对需要的话，就是一个不合理信念了。因为它是不可能实现的。假如一个人相信这个信念，就会花很多的心思与时间曲意取悦他人，以求得对自己的赞赏。这样不但会使人丧失自己，使自己没有足够的时间去追求其他快乐，也会使人丧失安全感（如时时担心能否被别人接纳或接纳的程度如何等），结果只能令自己感到失望、受挫、沮丧。

2.一个人必须能力十足，在各方面至少在某方面有才能、有成就，这样才是有价值的

埃利斯认为，一个有理性的人，凡事会尽力而为，但不会过分计较成败得失，因为重要的是参与过程而不是结果。如果要求自己十全十美，或过分要求自己在某一方面有成就，为自己制定不能达到的目标，只能让自己永远当个失败者，在自己导演的悲剧中徒自悲伤。

3.有些人是坏的、卑劣的、邪恶的，他们应该受到严厉的谴责与惩罚

埃利斯认为，每个人都会犯错误，责备与惩罚不但于事无补，而且会使事情更糟。所以对犯错误的人，要做的是接纳、帮助他，使之不再犯错误，而不能因此否定他的价值，对其采取极端的排斥与歧视态度。

4.事不如意是糟糕可怕的灾难

一个有理性的人应该正视不如意的事，寻求改善之法；即使无力改变，也要善于从困境中学习。

5.人的不快乐是外在因素引起的，人不能控制自己的痛苦与困惑

埃利斯认为，外在事物并不能伤害我们，倒是我们自己对这些事物的信念与态度让我们自己受到了伤害。所以，只要我们尝试改变自己有关的非理性思维内容，就可以有效地改变自己的情绪状态。

6.对可能（或不一定）发生的危险与可怕的事情，应该牢牢记在心头，随时顾虑到它会发生

埃利斯认为，考虑危险事物发生的可能性，计划如何避免，或思虑不幸事件一旦发生如何补救，不失为明智之举。但过分忧虑，反而会扰乱一个人的正常生活，使生活变得沉重而缺乏生气。

7.对于困难与责任，逃避比面对要容易得多

埃利斯认为，逃避困难与责任，固然可以得到暂时的解脱，但问题并没有解决，而且会因贻误时机而使问题变得越来越难以解决。所以，理性的人会通过实际的行动增加自信，使生活过得更加充实。

8.一个人应该依赖他人，而且依赖一个比自己更强的人

埃利斯认为，由于社会的分工、个人经历的多寡、闻道的先后等原因，有时我们确实需要他人的帮助，此时，如果为了证明自己的所谓价值而拒绝他人的帮助，反而是不明智之举。但这并不是我们时时事事都依赖他人的理由。在生活中，任何人都是具有独特价值的个体，在大多数时候，他需要独立面对生活中的种种问题，所以，独立自主能力的发展对一个人的成长至关重要。

9.一个人过去的经历是影响他目前行为的决定因素，而且这种影响是永远不可改变的

埃利斯认为，无可否认，过去的经历对人有一定的影响，有的影响还比较大，但这并不是说它们就此决定了一个人的现在与未来。因为人是可以改变的，只要我们客观地分析过去对现在可能存在的限制，善用自己的能力和机会，就可突破这种限制，使自己的现在与未来充满希望与生机。

10.一个人应该关心别人的困难与情绪困扰，并为此感到不安与难过

关心别人是人的一种美德，但我们无须为别人的困难与不安感到难过，而是帮助他们面对自己的困难与情绪困扰，并早日走出阴影。

11.碰到的每个问题都应该有一个正确而完美的解决办法，如果找不到这种完美的解决办法，那是莫大的不幸，真是糟糕透顶

埃利斯认为，世界上有些事物根本就没有答案，凡事都要追求完美的解决是不可能的。完美主义只能使自己自寻烦恼。

如何提升自信？

一、外表训练

通过外表和行为的一些练习，可以让人从外在上给别人一种自信的感觉，进而增加自信。

方法一：行走时抬头、挺胸，步子迈得有弹性。心理学家告诉我们，懒惰的姿势和缓慢的步伐，能滋长人的消极思想；而改变走路的姿势和速度可以改变心态。平时你从未意识到这一点吧？现在就可以试试看！

方法二：抬起双眼，目视前方，眼神要正视别人。心理学家告诉我们：不正视别人，意味着自卑；正视别人则表露出的是诚实和自信。同时，与人讲话看着别人的眼睛也是一种礼貌的表现。

方法三：当众发言。卡耐基说：当众发言是克服羞怯心理、增强人的自信心、提升热忱的有效突破口。我们应该明白：当众讲话，谁都会害怕，只是程度不同而已，所以我们不要放过每次当众发言的机会。

方法四：让自己在众人面前显眼。心理学家告诉我

图2-7　军姿带给人自信

们：有关成功的一切都是显眼的。试着在乘坐地铁或公共汽车时，在较空的车厢里来回走走，或是当步入会场时有意从前排穿过。

三、怎样使执行任务期间的生活变得更充实？

根据任务性质的不同，在执行任务期间个人所能自主支配的时间也不同。如护航、撤侨等任务中，个人能够自由支配的时间较多，因此，我们应该提前准备好应对空余时间的方法。而执行反恐维稳、安保、救灾等任务时，个人自由支配的时间较少，但是我们也应该有针对性地做一些规划。那么，如何让自己执行任务期间的生活更加充实一些呢？

（一）知心朋友不能少

人是社会性的动物，需要相互支持和帮助。而军人作为一个特殊的群体，彼此之间的联系更为紧密。在执行任务期间，军人个体面对着巨大的压力，因此，更加需要朋友之间的相互支持。当我们压力大的时候，与周围和自己过着一样生活的战友聊聊天、交流一下彼此的想法，听听别人是怎么想的，看看别人又是怎么做的，哪里是值得自己借鉴的地方？同时也把自己的困扰和别人说一说，听听别人的建议，从这些聊天中我们可以学会很多东西。

（二）兴趣爱好要广泛

兴趣爱好是指引自己生活的最好的教师，也是丰富自己生活的最好的调味剂。听音乐可以愉悦身心，还可以使人从中获得力量，调节情绪，激发生活的热情；看电影可以丰富人生体验，经历那些自己不曾经历的风景；做运动可以使人保持活力，放松身心；读书则会使人增长知识、调整心情、陶冶情操等。我们还有很多的兴趣爱好可以培养，如摄影、电脑技术、机械维修、战术研究等。有些人觉得自己没有什么兴趣爱好，那么你不妨多读一些书。古人曾经说"书中自有颜如玉，书中自有黄金屋"，这并不是简单低俗的物质欲望，而是读书读到一种高级的境界，能够从中感受到读书的乐趣。因此，如果你确实觉得自己没有什么兴趣爱好的话，就不妨多读一些书，总是有好处的。

（三）写日记，记录生活点滴

生活总是一段轨迹连着另一段轨迹，怎么证明我们曾经经历过那些事情，所以我们需要留下一些痕迹。写日记正是留下我们记忆的最好的方式。我们可以每天都写一点东西，记录下自己执行任务期间的点点滴滴，可以是有趣的事情，也可以是你觉得愤怒的事情，还可以是让你感觉很失败和得到深刻教训的事情。同时，你也可以记录一些自己执行任务期间的经验，反思自己的一些不足。这样你不仅保留了生活的痕迹，而且还在思想上有了升华。

图 2-8　培养兴趣爱好

（四）坚持学习

在执行任务的过程中，小的闲暇时间最好的处理方式就是学习。当前是一个知识爆炸的时代，多学习一些技能和知识，我们就可以为自己以后的人生多增加一些砝码，使人生的天平不断倾斜向我们希望的方向。所以，我们要用知识来武装大脑，不断充实自己的精神世界，这样我们的生活就不会再感觉无聊了。

（五）与自己无聊的情绪做一个告别

无聊时，你可以拿纸和笔记录下自己的心情，想到什么就写什么，不要在意自己写了什么，是否符合逻辑，只要将自己内心真实的想法写出来就可以。然后，在自己心里与这些情绪道一声："再见了，感谢你们陪伴我。但是我现在想让你们离开。"接着，将这张纸埋在泥土里或是装进瓶子里扔掉，这样你就从心底和这些负面的情绪进行了一次彻底的告别。最后，你就可以怀着轻松愉快的心情继续完成任务。

（六）保持正常的作息和生活规律

保证正常的作息和生活规律，有助于我们保持情绪的稳定，更快地适应任务生活。把工作安排得有条理，按时睡觉和吃饭，尽量减少影响作息习惯的外在干扰。

小贴士

当我内心足够强大

当我内心足够强大

你指责我

我感受到你的受伤

你讨好我

我看到你需要认可

你超理智

我体会到你的脆弱和害怕

你打岔

我懂得你如此渴望被看到

当我内心足够强大

我不再防卫

所有力量

在我们之间自由流动

委屈、沮丧、内疚、悲伤、愤怒、痛苦

当它们自由流淌

我在悲伤里感到温暖

在愤怒里发现力量

在痛苦里看到希望

当我内心足够强大

我不再攻击

我知道当我不再伤害自己

便没有人

可以伤害我

我放下武器

敞开心

当我的心，柔软起来

便在爱和慈悲里

与你明亮而温暖地相遇

原来，让内心强大

我只需要

看到自己

接纳我还不能做的

欣赏我已经做到的

并且相信

走过这个历程

终究可以活出自己，绽放自己

四、把事情往坏处想，出发前必要的危机防范意识你有吗？

执行多样化军事任务时，官兵会面临各种各样的困难和挑战，有的是生理上的考验，如疲劳、疾病、受伤等，还有一些则是心理上的挑战，如孤独、紧张、恐惧等。而这些因素单独来看虽然并没有太大的危害，但是当这些因素叠加在一起就会对执行任务的军人造成严重危害，如果应对方式不当甚至会演变为个体危机。因此，本节我们针对不同的任务类型的一般特点，列举一些可能会遇到的困难和挑战，并且有针对性地提出一些应对的措施和建议。

（一）多样化军事任务常见的几种类型

多样化军事任务常见的类型是：打赢信息化条件下的局部战争，实施军事威慑，应对武装冲突，抢险救灾，打击恐怖主义，搜索与救援，参与维和行动，国外救灾等。根据任务的性质和危险性我们可以将任务分为三大类。

第一类是战争以及战争相关行动。该类型的军事任务具有高度的危险性、激烈性以及对抗性，往往会危及执行任务的军人的生命安全，这些任务主要包括打赢信息化条件下的局部战争、实施军事威慑、应对武装冲突、打击恐怖主义等。

第二类是救援行动。这类任务主要是在地震、洪水、泥石流等自然灾害发生时，保卫人民生命财产安全，协助地方政府做好减灾救人工作。这类任务本身的危险性较小，但是往往官兵面对的场景惨烈，容易引发心理冲击，同时由于任务紧急，救援压力大，因此，往往会导致过度疲劳、身心耗竭、应激后创伤障碍等问题。这类任务主要包括抢险救灾、搜索与救援等行动。

第三类是涉外军事任务。这类任务的主要特点是涉及国家和军队对外的形象以及与外国人员的交往问题。除了一般的军人任务所具有的危险、压力大等问题外，军人要格外注意军人形象和安全保密问题。

（二）可能遇到的危机

一般认为危机包含两层意思即危险和机会。对于我们来说遇到危机如果不能顺利度过，被危机所打倒，那么危机就是危险。但是任何事情都不是绝对的，我们也应该认识到危机积极的一面，即如果遇到危机顺利度过，那么危机带给我们的就是个人的成长和成熟。一般来说危机分为3类：正常发展危机，如大学毕业、退伍、小孩出生等；情境性危机，如车祸、灾害等；存在危机，如生活孤独、失去价值感等。军人执行军事任务时，最常遇见的危机就是情境性危机，如抗震救灾看到的灾难性的场景、战争中战友死亡或受伤等创伤性情境等。一般来说，在执行军事任务的过程中可能会导致的危机情境或事件包括以下几个方面。

1.生命安全受到威胁

军人在执行军事任务时，经常遭遇生命安全的威胁，特别是执行打赢信息化条件下局部战争的任务时，更是会造成大量人员的伤亡。其他任务虽然危险性较小，但是仍然会对军人的生命安全造成威胁。同时，不仅军人自身遭遇生命安全威胁会导致危机，身边的战友生命安全遭遇威胁也会造成军人自身的危机心理反应。

2.看到悲惨的场景

军人常常在执行任务的过程中看到一些悲惨的场景，特别是执行抗震救灾等任务时，人民群众妻离子散、流离失所等悲惨的场景很容易引发军人的危机心理反应。

3.任务压力大

需要军人执行的任务往往具有时间紧、难度大、危险性高的特点，特别是执行抗震救灾等任务时，军人更是需要分秒必争。因此，军人可以休息的时间极少，导致其休息不足、疲劳、精力耗竭等，容易产生心理危机。

4.身体疾病

身心一体，心理问题会影响身体健康，同样身体疾病也会影响心理健康。在执行军事任务时，身体疾病不仅会严重影响任务的完成，而且会导致军人个体产生心理上的问题。此外，一些因素也可能会导致军人在执行任务时产生心理危机，如任务失败、进入陌生地域、环境恶劣、情报失真等。

（三）可能会出现的危机反应

个体面对危机时会产生的一系列身心反应，一般会维持 6～8 周，危机反应主要表现在生理、认知、情绪和行为反应等方面。主要包括以下 3 个方面。

1.生理反应

肠胃不适、腹泻、食欲下降、头痛、疲乏、失眠、做噩梦、容易受惊吓、呼吸困难或窒息、哽塞感、肌肉紧张等。

2.情绪反应

常出现焦虑、恐惧、怀疑、沮丧、忧郁、悲伤、易怒、绝望、无助、麻木、否认、孤独、紧张、不安，愤怒、烦躁、自责、过分敏感或警觉、无法放松、持续担忧、担心家人安全、害怕死去等情绪反应。

3.行为方面

常出现注意力不集中、缺乏自信、无法做决定、健忘、效能降低、不能把思想从危机事件上转移、社交退缩、逃避与疏离、不敢出门、容易自责或怪罪他人、不易信任他人等。

以上这些行为表现既是我们判断自己是否处于危机状态的重要标志，也是我们识别他人是否处于危机状态的线索。同时，我们应该注意到严重的心理危机可能会引发抑郁、精神分裂、自杀等严重事件。

（四）简单的危机防范手段

1.我们应该了解一些关于心理危机的常识性知识

比如，心理危机发展一共分为 4 个阶段，即冲击期、防御期、解决期以及成长期。冲击期，个体会感到震惊、恐慌和不知所措；防御期，个体则会产生攻击、否认、退行以及物质滥用（如酗酒、吸烟等）行为；解决期，个体则会焦虑减轻、自信增加，社会功能重新恢复；成长期，个体心理危机得到解决，获得成长。

2. 我们应该树立一些关于危机的正确认识

正如我们前面所说的那样，危机不仅仅意味着危险，同时也意味着机会。没有绝对的好，也没有绝对的坏。因此，我们应该正确地认识危机。那么我们应该怎样认识危机呢？

第一个观念就是不需要也不必期待个体很快地从创伤中走出来。我们可以对那些处于危机中的战友表示美好的祝福，对他们的未来表示期待，但是没有必要急于让他们从那些创伤中走出来，我们需要做的就是耐心地等待和陪伴。

第二个观念是大家认为悲伤常常意味着病态、不健康和打击士气，其实这是错误的。对于那些经历过创伤事件的人来说，悲伤是他们正常情绪的流露，是个体应对负面事件的自然反应。接受这些负面的情绪意味着接受那些负面事件的发生。因此，我们应该接受悲伤等负面情绪，让我们为那些应该悲伤的事情悲伤一段时间。

第三个观念就是有些创伤事实可能一辈子都不会过去，我们更需要帮助那些人学会与这些创伤事件相处。正如在我们的生活中有些经历难以忘记一样，对于一些人来说有些创伤事件也是难以忘记的。因此，既然不能忘记，那么我们能做的就是学会与那些创伤事件相处，学会在岁月的慢慢流动中，感悟生命中那些沉重的存在与过往。

3. 学习一些减缓压力的技术和方法

学习一些减压技术和方法，可以有效地减轻军人执行任务的过程中的压力和负性情绪。常见的简便易行的减压手段有：渐进式肌肉放松法、深呼吸放松法、想象放松法等。这些方法既可以用来帮助自己减轻压力，恢复正常的生活节奏，也可以用来帮助别人恢复平静，减轻压力。

4. 学会识别危机线索

危机的发生并不是没有任何征兆的，实际上任何危机的发生都有一些非常明显的征兆。因此，识别和掌握这些征兆对于帮助自己和他人都是非常有意义的。

以自杀为例，我们可以通过一些外表、言语、行为、环

图2-9　接受团体心理放松训练

境等方面的线索来判断一个人有没有自杀企图。

（1）外表线索

体重减轻，表情平淡、疲倦、忧郁、悲伤，不想动，仪表不整，注意力不集中，有时候显得激动及坐立不安，当其情绪由悲哀转为正常或高昂时必须特别小心，此时为高度危险期。

（2）思想线索

感到无助、无望、空虚、无能以及强烈的孤独感，有丧失、羞耻、失望的感觉，没有价值感、心情低落，思考以及综合能力下降，有时候无法控制自己的冲动行为。

（3）语言线索

说话慢、不愿意与人沟通、表现出想死的念头，可能直接用话语表示，也可能表现在行为上。

（4）行为线索

突然、明显的行为改变；写遗嘱，交代后事；写告别信给至亲好友；清理自己的东西；将自己心爱的东西分赠给他人；阅读有关死亡的资料；对周遭食物失去兴趣；社会隔离，少与家人、战友、亲戚来往；抑郁等症状毫无理由地消失；突然出现酗酒或者其他不良行为。

（5）环境线索

重要人际关系结束，如失恋；家庭发生重大变故，如亲人死亡、财务困难；显示出对环境的不适应并因此失去信心。

5. 个人可以保持心理健康的措施

保持一日生活制度，按时休息，避免过度劳累；了解自己能力的有限性，也就是承认自己并非是无所不能的，欣赏自己能够做的那些事情，接受自己不能做的那些事情，尽力而为，同时应该认识到军队是一个集体组织，自己不能做到的事情要及时求助于团体；避免自责，如果自己已经尽力了，但是仍然未能阻止不好的事情发生，那么就要坦然面对，既不逃避责任也不过度苛责自己；加强锻炼，保持良好的运动习惯，特别是平时不执行任务的时候，要养成锻炼身体的良好习惯，在运动中增强自信，发泄负面情绪；维持均衡的饮食与作息，也就是尽量不要打破自己的饮食习惯，同时要均衡膳食，平衡营养；接受现实，即接受已经发生的一切，当然接受已经发生的一切并不意味着消极对待生活，而是看穿事情的本质，不执着于事情本身，以一种更加明智的方式与那些已经发生的事情和谐相处。

小贴士

危机发生之后有用的应对策略有哪些?

1. 提供宣泄机会会释放心理压力,如拍手操、保险箱。

2. 与他人进行比较,即与那些更糟的情况进行比较。

3. 建立恐惧边界,找到不会产生恐惧的地方。

4. 聚焦于自己的控制感,将自己的注意力放在自己能做的事情上。

5. 充分认识自身资源。

6. 寻求社会支持(这是创伤病人恢复的最有利的条件)。

7. 发现该事件对于自己生命的意义。

8. 分散注意力,也就是找一些自己喜欢的事情去做。

9. 锻炼身体。

10. 体验大自然。

11. 学习一些有用的放松技术,如音乐放松、冥想放松、催眠放松等。

五、你预估可能遇到的困难和应对方式了吗?

心理学家发现,对于一些人来说"凡事都往坏的方面想"反而能够起到非常大的作用。这些人可以称之为"防卫性悲观者",即他们将悲观当作一种管理焦虑的有效策略,但是他们与那些传统的"绝望性悲观者"不同。绝望性悲观者习惯凡事往坏处想,并且喜欢用钻牛角尖的方式将这些焦虑扩大化,这样一来就会导致其意志消沉,放弃努力。你如果也属于这种类型的悲观者,那么就需要尽快地重新调整自己。

预计会遇到哪些困难。我们在出发之前预计一些自己会遇到的不顺心的事情或者困难。比如,工作压力大、思念亲人、人际交往不畅、失眠、意外受伤、遇险等。尽量把可能发生的事情往坏处想,逐一担心一遍,看看可以采取哪些防范的措施。事实表明,事前的焦虑对于适应重大任务是有帮助的。事前担心的好处在于预防在先,准备在先。把困难想得多些,提前做好准备,就可以规避可能遇到的风险。同时,伴随着对这些事情的忧虑与担心,我们可以将一部分出行的负面情绪释放掉。做"最坏预期"要注意以下几个方面。

表 2-1　可能遇到的困难和应对方式

最坏的预期	我的应对措施

（一）只用在重要事项上

一般来说对于重大的事项可以采取这种防卫性悲观策略，而且我们要提醒自己，也只有这些重要的事情才值得自己大费周章地仔细思考，至于那些突发事件，那些琐碎小事就不需要如此了，否则容易搞得自己顾此失彼，筋疲力尽，失误连连。

（二）要避免引起误会

对于那些采取悲观性防御策略的人来说，因为常常把事情往坏的一面想，所以当别人咨询你的意见的时候你要格外注意，因为别人容易把你的忠告当作是批评。因此，在表达你的意见之前不妨加一句："这只是我个人的看法，我很相信你的能力，这些都只是我的啰唆提醒罢了。"

（三）运用在事前，不要运用在事后

防卫性悲观的策略一般用在事前，而在事情发生之后，我们就需要关掉自己脑中那些最坏的想法，否则我们就会变成绝望性悲观者。因此，只有适当地运用防卫性悲观，才能保持乐观向上。

小练习

写一封来自内在小孩的信

在《与自己和解：治愈你内心的内在小孩》这本书中，作者介绍了一个与自己和解的简单易行的方法：写一封来自内在小孩的信，具体如下。

写一封信，聆听内在小孩要告诉你的话。你在进行这个练习的时候，记得要问内在小孩这个问题："你觉得怎么样？"这个问题比回忆童年时候的细节更加重要。同时，你要记得问另一个问题："我们已经是成年人了，你现在有什么想要的？"聆听一下自己内在小孩想要说的话，然后，列一个长长的需求列表。当你拿起笔的时候，不要考虑怎么样写得好一些，只需要写出你脑海当中想的东西。这个练习主要是让我们和自己内在的小孩建立沟通，聆听自己的内心，与过去的自己和解。

六、如何利用超级镜子技巧应对任务压力？

镜子技巧是由美国心理学家布里斯托总结而成的，这一方法简单、有效，可以使你增加信心，强化激情。

具体做法如下：站在镜子前，看到身体的上半部分。笔直站立，脚后跟靠拢，收腹、挺胸、昂首，再做三四次深呼吸，直到对自己的能力和决心有了一种感受。然后凝视眼睛深处，告诉自己会得到所要的东西，大声说出它的名字。每天至少早晚各做一次，还可以用肥皂将喜欢的口号、精彩的格言写在镜面上，只要它们确实代表你曾设想，并希望实现的某些事情。如果你准备去访问一位极其固执的人，或拜见一位曾使你感到害怕的上级，那么请运用镜子技巧，直到你相信能够不慌不忙。如果邀请你去做演讲，那么务必

图 2-10　自信应对

对着镜子做一番练习，用拳头敲另一只手掌，或其他自然洒脱的手势来使观众接受你的观点。当你在镜子前站好时，就反复对自己说，你会获得巨大成功，世界上没有任何东西能够阻止。这样做并不可笑，因为，任何渗入潜意识的设想，都可能在生活中成为现实。眼睛作为心灵的窗户，它们不仅泄露你内心的思想活动，而且比想象的更能表达你的内心世界。一旦开始实践镜子技巧，眼睛就会产生一种你从未想到的你所具备的力量，你会获得一种锐利的目光，使别人以为你正在注视着他们的内心世界。眼睛会把信念的强度真切地表露出来，以赢得人们的赞赏。眼神能反映出一个人在现实生活中所属的阶

层、所处的位置。所以，要训练你的眼睛，使之充满信心，而镜子则能帮助你。镜子技巧在许多方面的运用，已经取得令人十分满意的效果。如果你走路的姿势很糟，或者无精打采，在大镜子前练习，将有神奇的功效，镜子可以向你显示别人看到的你的模样。你可以对着镜子改进姿势，塑造成任何符合审美标准的姿态。

第三章

任务中的心理防护

第一节 <small>DIYIJIE</small>
我的情绪我做主

一、何为情绪的"庐山真面目"？

心情不好时，你会发现也许是因为自己长期处在一种不安、急躁、沮丧的状态中，也许自己只是因为某一件事怒气就涌上心头。有时候情绪一来，你只感到心里难受，那种感觉却无从描述。

每个人都知道情绪是什么，但是当他想开口解释这两个字的意思时，才发觉不容易做到。研究情绪的专家们，至今对"情绪"二字没有一致的定义。简单地说，情绪是内心的感受经由身体表现出来的状态，然而从对人的作用，或者从"人生的意义"的角度看，情绪不只是上述定义那么简单。

（一）情绪是生命中不可分割的一部分

从生理学的角度分析，情绪其实是大脑与身体的相互协调和推动所产生的现象。因此，一个正常的人，必然是有情绪的。没有某些情绪的人，其实是有缺憾、不完整的人，其人生不是有欠缺，就是极其痛苦。

（二）情绪绝对诚实可靠和正确

除非我们内心里的信念、价值观和规则系统有所改变，否则，每次对同样的事我们都会自然地有同样的情绪反应。人在语言上有时可以说谎，而在情绪上则是很难表演和假装的。

（三）情绪从来都不是问题

情绪只是一种反应，并不是问题本身。情绪只是告诉我们，有些事情出现了，需要我们去处理。

（四）情绪是一种能力

不管是正面的愉快情绪，还是负面的恐惧、愤怒等情绪，都有其意义和价值。我们如果没有不甘心被别人看低的感觉，便不会如此发奋；我们如果没有痛的感觉，便不会把手从火炉上抽回；我们如果没有恐惧，就很难学会规避危险。

（五）情绪应该为我们服务，而不应成为我们的主人

如果情绪能被妥善运用，是可以使人生变得更好的。但有很多人在情绪的驱使下失去了自我的意识，沦为情绪的奴隶。情绪无所谓好坏，它所提

图3-1　闲暇游戏

供的能量能够让你战胜危险，同样也能让你歇斯底里、失去理智。关键看你如何面对它。

（六）不管是何种情绪，压抑都不是解决问题的办法

虽然你当时没有发脾气，克制住了自己，但愤怒的情绪仍然存在，日积月累，到最后实在压抑不住了，一旦发泄出来，就如同火山爆发，十分可怕，不但自己会受伤，对方更难以承受。这一点须特别引起注意。正如人们所说的，某先生脾气很好，但一旦发起脾气"地动山摇"。这就是人情绪的特点。因此，情绪日记法是人们控制自己情绪的一种有效方法。

小贴士

你会写情绪日记吗？

情绪日记是把人每天的情绪甚至一些微小的感觉记录在案。

例如，有天早上起床后，我发现天空晴朗，因此心情愉快，但我一到岗位，战友就说，领导对我昨天的表现十分不满，我顿时情绪低落下来。但自己并不完全清楚错在哪里。此时，我可以写情绪日记，仔细思考情绪低落的原因，是焦虑，是有挫折感，还是愤怒？如果我担心因自己的能力不足而受到领导的批评，是焦虑；若我想的是自己的事情办砸了，没有达到领导的要求，就是挫折感；如果我觉得是领导故意挑毛病，否定我的工作能力，这就是愤怒了。

在连续记录数周后，我们对情绪变化的原因进行分析，就可发现情绪低落的根源所在。然后，再找出疏解低落情绪的办法。

二、任务中面临的情绪有哪些种类？

情绪本身是非常复杂的，因此要对情绪进行准确的分类就显得尤为困难。许多研究者对此进行了长期的探索，其中有两种分类方法颇具代表性。

（一）情绪的基本形式

人类具有4种基本的情绪：快乐、愤怒、恐惧和悲哀。快乐是一种追求并达到目的时所产生的满足体验。愤怒是由于受到干扰而使人不能达到目标时所产生的体验。当人们意识到某些不合理的或充满恶意的因素存在时，愤怒会骤然发生。恐惧是企图摆脱、逃避某种危险情境时所产生的体验。悲哀是在失去心爱的对象或愿望破灭，理想不能实现时所产生的体验。

在以上4种基本情绪之上，可以派生出众多的复杂情绪，如无聊、厌恶、羞耻、悔恨、嫉妒、喜欢、同情等。

（二）情绪状态

依据情绪发生的强度、速度、紧张度、持续性等指标，可将情绪分为心境、激情和应激。

1. 心境是一种具有感染性的、比较平稳而持久的情绪状态

当人处于某种心境时，会以同样的情绪体验看待周围事物。如人伤感时，会见花落泪，对月伤怀。心境体现了"忧者见之则忧，喜者见之则喜"的弥散性特点。平稳的心境可持续几个小时、几周或几个月，甚至一年以上。

2. 激情是一种爆发快、强烈而短暂的情绪体验

如在突如其来的外在刺激作用下，人会产生勃然大怒、暴跳如雷、欣喜若狂等情绪反应。在这样的激情状态下，人的外部行为表现比较明显，生理的唤醒程度也较高，因而很容易失去理智，甚至做出不顾一切的鲁莽行为。因此，在激情状态下，人要注意调控自己的情绪，以避免冲动性行为。

3. 应激是在意外的紧急情况下所产生的适应性反应

当人面临危险或突发事件时，人的身心会处于高度紧张状态，引发一系列生理反应，如肌肉紧张、心率加快、呼吸变快、血压升高、血糖增高等。例如，当遭遇海上突发事件时，人就可能会产生上述的生理反应，从而积聚力量以进行反抗。但应激的状态不能维持过久，因为这样很消耗人的体力和心理能量。若人长时间处于应激状态，可能导致适应性疾病的发生。

三、怎样将负性情绪转化为正性情绪？

学习和情绪打交道是一门艺术。在这门艺术中，有一些很实用而我们都容易忽略的技巧。情绪给你带来的不仅仅是问题，更多的是问题背后的提示和指引。

不管是和有情绪的他人还是自己打交道，有一套技巧很有效果，不但能舒缓情绪，更能帮助有情绪的人在事情中有所学习，使事情更易解决，或者下次遇到同样的事情自己会处理得更好。这套技巧包括 4 个步骤。

（一）"接受"

你注意到对方有情绪，并接受有那份情绪的他。这可以用类似以下的话表示出来："我看到你有些不开心，愿意跟我谈谈吗？"或者"你的样子糟透啦！坐下来告诉我什么事吧。"假如你假装没有看到他的情绪，或者否定他的情绪，如"你不要闹情绪了！""什么事又发脾气啦？"等，会使他有被你排斥的感觉。

（二）"分享"

这一步，最重要的是先分享情绪感受，然后才是分享事情本身。

他总是先说事情：谁人不合理，什么事不如意等。你必须把他的注意力迁移到他的情绪感受或者身体的感觉上。例如，"那你现在感觉怎样？""原来你受到了委屈。上次我受到委屈的时候，我的胃部痛了，你的胃感觉怎样？""他这样对你，你感到愤怒还是悲伤？"当对方回答说是"愤怒"时，你继续问："愤怒的背后是什么情绪？失望或无力感？"

不断地把对方的注意力引向其身体的感觉或者情绪的感受上，待对方说出大约 6 个这样的词语时，你会发觉对方已经开始平静下来，或者声调降低了，身体的动作减少了。现在，你可以问对方引起情绪的事情了。当你明白了是怎么一回事时，就可以进入第三步了。

（三）"设范"

在这一步里，你先找出事情中你可以接受的地方，对之加以语言上的肯定。无论什么事，你都可以找到能够肯定的地方。例如，"你觉得他这样说很不合理，难怪你这么生气。"或者"你已经准备好这么多食物，天忽然下雨，你当然失望了。"肯定的行为会使对方说"是呀！""对呀！""就是嘛！"等语言，这说明在心理上对方已经认为你站在他的一边了。

接下来，你可以向对方指出事情中他需要改变的地方，但不要直接说出对方的错误，或者应该怎样做，因为这样你是把自己重新放在了与对方对立的位置，你可以从对方的利益出发指出他需要注意的部分。例如，"可你每天都要跟他一起工作，他每天这样不讲理你便每天生气，实际上还是你最痛苦啊！"或者"天气下不下雨你无法控制，但是你可以控制'怎样做才能够开心'这件事呀！"有了前面的肯定，你现在这样说，对方自然会容易接受改变了。

（四）"策划"

策划就是对未来的行动做些计划，目的是让自己有更好的表现。你可以用一句话做这个部分的概念基础："凡事都有三个解决办法嘛！"你也可说："想想你怎样做他对你的态度会改变？"或者"有些什么其他的选择，使你能够在雨天中也可与朋友有快乐的一天？"引导对方看到其他选择的可能性，对方的负面情绪便不会再出现，同时也会有更积极的表现，重新把事情的控制权掌握在手里。

小贴士

如何面对恐惧情绪？

如果你爬山时遇险，只要抓住山边一棵小树，你就能不坠落，但是小树上缠了一条蛇，你抓，还是不抓？

——我怕！我就是会被吓到！

——你当然会被吓到。可是我要告诉你，你要控制自己，不要被吓一大跳，因为"吓"不危险，真正危险的是"一大跳"！

每个人都会恐惧，但是面对恐惧做出过度反应，常常会出大乱子。假如发生了大地震，你最亲密的战友被压在了废墟下面。他知道你不可能帮得上忙，对你大声喊："快跑！快跑！"你会怎么做？你是留下来陪他一起等死，还是自己立刻往外跑？这样的例子或许有些残酷。但在我们的生命中，常常必须面对残酷的选择，在那一瞬间，你只能选择一个，不能两边都选；两害相权取其轻，你必须用理智克服感情，才能存活下来。

每个人都会有面对恐惧的时候，关键是在它面前，你是否还能保持清醒的头脑。

恐惧是人们企图摆脱、逃避某种危险情境而又苦于无助的情绪，它往往是人们缺少处理或摆脱可怕情境的力量和知识而造成的。

人们在恐惧状态下，精神和身体如同被冻结了的能源一般，不能听任意识的调用。这一身心过程的特征是：血管收缩忽急忽缓、战栗、心脏猛跳、脸色变白，心脏以外各处皆呈血亏现象，俗谓"胆战心惊""腿灌了铅"。如果刺激过强，可导致风瘫，严重者则会休克。

由于恐惧是一种企图摆脱困难而苦于无力的情绪，所以一旦寻得摆脱的途径，就会迸发出巨大的超常力量。

四、执行任务时，你有难以遏制的情绪马上要爆发怎么办？

第一，一个立竿见影的缓解方式是：深呼吸，舌头在嘴里转 3 圈，然后再开口说话。

第二，情绪"自我抽离法"。"抽离"看起来有些异样的色彩，但实际上，抽离情绪能够让你更好地看清情绪背后带来的收获，随着情绪的抽离，事情会变得明了，情绪带来的能量也能够很好地释放出来。

第三，"逐步抽离法"，它可以有效地消减事情带给我们的情绪。这个技巧，每次只能处理一件事情带来的情绪，具体方法如下。

第一步，找一个宁静的地方，坐下来，回忆事情中让你感觉最糟的一幕。当看到、听到和感觉到当时的情境时，你心中涌现出强烈的负面情绪。这时，站起来，走开 1 米左右的距离，看着刚才坐的椅子。

第二步，用你的方式，想象看到一个自己坐在那张椅子上，那便是你潜意识里面负责情绪的部分，叫作"情绪的我"。站在这里的你，是潜意识里面负责思考想办法的部分，但是你仍然感到心中有那份情绪。这时，你可以感觉一下这份情绪在身体里有多大，想象它的形状、体积。

第三步，你对"情绪的我"说："谢谢你常常照顾我。你是负责情绪的，而我是负责想办法的。当你把情绪全收过去时，我会想出更好的办法。也许你想用这份情绪来提醒我——这件事情很重要，叫我想想办法，做一些事。我已经知道了，我一定会想办法，无需这份提醒。"

图 3-2　呐喊宣泄

请你把情绪收回去。我需要你的合作，可以吗？"

第四步，绝大部分的情况下，你的潜意识会同意合作，愿意把情绪收过去。你会看到"情绪的我"点头，或者微笑，或者说"可以"。你就对它说："谢谢。"再感受一下内心那份情绪，往后退一步。想象当你往后退一步的时候，那份情绪并没有跟你一起后退，而是留在刚才站立的位置上。现在，你隐约地看到它的形状和体积。

第五步，你想象身边有一个隐形按钮，用手指按下，那份情绪忽然变成很多的微粒，几乎一起地飞向"情绪的我"。待它全部飞过去，问问自己：内心的这份情绪，现在还剩余多少？如果完全没有了，或者只剩下栗子般大小，你现在会感到很平静轻松，这次的处理也便可以结束。

第六步，如果你心中剩余的情绪还有一定的大小，你便可以做下一步的处理。你再想想那件引发情绪的事情，有没有对你有帮助的东西：一些你需要学习的地方、一些让你未来更成功快乐的教训（如下一次怎样能做得更好）、一些帮助你成长的价值和意义等。假如有的话，用你的方式把这份价值和意义从画面往右边分出来（什么方式都可以），然后伸出右手把它接下来，感受一下这份价值和意义在手掌里的质感、重量、温度，再把手收回来，把这份价值和意义放在胸口的位置，体验一下这份价值意义进入内心的感觉。这是一份很好的感觉，当你感受到的时候，大力吸气几次，让这份感觉膨胀，变得更大、更温暖。

第七步，再看看那件引发情绪的事情，里面还有没有对你有帮助的地方。若有，重复上面把价值和意义放在心中的过程；若无，你现在可以再按那隐形的按钮，让剩余的情绪变成微粒飞到"情绪的我"那边去。

这个技巧，成功率超过 95%。若效果不理想，请你细心检查每一步看看哪里被忽略了。

小贴士

可供使用的情绪"灭火器"有哪些？

"我时常会对我的战友发脾气，甚至对我的家人咆哮，但过后我又会非常后悔、内疚，这种状况循环往复，总是改不了，我每天过得并不快乐，我不知道我该怎么办。"

总体上讲，有两种健康的愤怒方式：自信型愤怒方式和沉思型愤怒方式。

如果你选择了自信型愤怒方式，你会直截了当地向惹烦你的人说出你的苦恼。你不会责备他人，你不会用挖苦或蔑视他人的方法对他人进行感情虐待，你不会在一件事上没完没了地纠缠，而是通过沟通来表明自己的立场，主动赢回事物的控制感。

如果你选择了沉思型愤怒方式，你关心的是你能从你的愤怒以及这份经历中学到些什么，你感兴趣的是你要如何防止相同的情况再次发生。你所学到的关于以健康的方式来处理愤怒的许多内容，都属于沉思型愤怒方式的某些方面。如果你打算选择这种健康的愤怒方式，请参考下列步骤。

第一，给自己一点时间平静下来。如果有必要的话，可以留出一段时间休息。

第二，问问自己："我的愤怒想要告诉我什么？"它是不是想告诉你，你已经积蓄了太多的压力？它是不是想告诉你，你已经被触怒了，还触动了你过去的记忆？或者，它是想告诉你与某人的关系存在问题，需要引起你的注意？

第三，问问自己："我需要做些什么或改变些什么？"这可能包含自信型愤怒方式的某些方面的内容，如与他人抗争。这也可能包含改变你自己的内容，如找到一个建设性的发泄方式来释放被抑制的愤怒，或者这还可能包含改变你行事或与他人交往的方式。

第四，问问自己："我内心潜在的情绪是什么？是什么样的感受触发了我的愤怒？我是被某人的言辞或行为伤害了吗？我对某人的言辞或行为感到恐惧（害怕）吗？或者我在那种情境下感到羞耻吗？在那种情境下被触动的不管是哪种情绪，我怎样才能最好地表达出来？"

第五，问问自己："我能从这一经历中学到什么？"例如，也许你会再次认识到"当问题出现时及时发现它，而不是任其在内心中膨胀"是何等的重要。也许你学到的是，你最好避开某人或避开某种情境。或者你学到的是，不要苛刻地评价他人，你需要更加设身处地来看待他人。

第六，问问自己："为了放下愤怒，原谅他人，我可以做些什么？又需要做些什么？"你可以将这些写在纸上，通过这样的思考，可以看出自己愿意付出什么来换取情绪的安定。

五、任务中的情绪和我的健康有什么关系？

情绪影响健康是非常普遍的，尤其是在多样化军事任务的特殊环境下，情绪和健康之间的相互作用表现得尤为突出。

（一）我的情绪给我的健康带来了什么？

我们最常见的官能性疾病就是情绪诱发病（EII），为什么说它最常见？因为目前大多

图3-3 开展战场谈心

数求医的人基本上都患有这种疾病。怎么能检测出自己是不是患有这种病呢？其实很简单：如果你感觉自己身体的某个部位非常不舒服，像是要生病了，或者你已经染上了疾病，那么你就很有可能得上了情绪诱发病。

现代医学研究认为，成人所患的疾病50%～80%都起源于精神创伤。关于情绪的原因，学者在研究中发现最多的就是：在一切对人体不利的因素的影响中，最能使人短命夭亡的就是不良情绪。长期情绪忧郁、恐惧悲伤、嫉妒贪求、惊怒激昂的人比精神状态稳定的人更容易患一些严重疾病，如高血压、冠心病、神经官能症、精神病、哮喘、慢性胃炎、青光眼、癌症等，妇女还容易引起月经不调，甚至闭经。

医学研究表明70%以上的胃肠疾患与情绪变化有密切关系，心理性因素引起的头痛在头痛患者中占80%～90%。医生们大都有这样的经验：胜利者的伤口，总是要比失败者的伤口好得快。

（二）我的健康给我的情绪带来了什么？

情绪对人的身体会产生影响，那我们的身体会不会对情绪产生影响呢？答案是肯定的。健康的身体能够为情绪提供充足的能量，你能够感觉到浑身上下充满了力量，精神也为之振奋。而当身体出现疾病时，除了身体有器质或功能损害外，自我的感觉和整个精神状态也会发生变化。

第一，病痛可以使人改变对周围事物的感受和态度，甚至可以改变对自己存在价值的态度。

第二，病痛经常让人脱离日常活动，使人处于人际关系的特殊位置，容易产生孤立感。

第三，一个人一旦知道自己得病以后，容易将注意力从外界事物转向自己的体验和感觉，兴趣范围也将相应缩小。

第四，情绪低落，是生病后经常出现的状况。身体能量大量用于对抗病痛，流失较快。

生病时人的心理状态容易紊乱，情绪低落，各类心理活动减少。

第五，当感到生命受到威胁时，人们对时间的感觉也会发生变化。不是感到时间流逝很快，就是感觉度日如年。人生病时容易陷入对往事的回忆之中，生病时所引起的各种心态都可以成为引起回忆的诱因。回忆强烈时，能够抑制病人对现在的感知和对将来的信心。

第六，生病后，人的精神状态可能会偏离正常的状态。日常生活规律被破坏，活动量降低，饮食、睡眠的节奏受到影响，会冲击到人的内心世界。再加上人们对病痛的独特感觉，经常能够让人在情绪、兴趣和思维方式上发生改变。

小贴士

如何预防"情绪中暑"？

执行多样化军事任务时的恶劣环境不仅会给人的身体带来不适，而且会使人的情绪烦躁，降低工作效率，甚至促发战友间的小冲突。预防措施有以下几点。

注意饮食：多喝水，少吃辛辣、油腻食品，多食用苦瓜、茶叶等清火食品，少饮烈酒，不抽烟。

心理调适：把恶劣天气当成锻炼自己意志品质的一次契机，要知道生命都是在磨砺中成长壮大起来的。我们不妨和太阳来个较量：任你当头高照，内心自在清凉——每顺利度过一个白天，我就赢你一次！

增添幽默感：幽默既可给生活带来快乐，又能淡化矛盾，舒展心绪，消除苦闷，使紧张神经在幽默话语中松弛，达到自我宽慰的作用。

六、如何缓解任务中的无聊状态？

无聊并非一无是处。许多研究人员发现，无聊是人思考和反省的好机会。

第一，无聊给了你用心感悟生活的机会，也给了你静下心来反思的机会。无聊期就像调理期，使得"心"空出来。接受无聊，和自己和解，问问内在，支撑自己的动力在哪里？它为何在这一刻消减了？

第二，诺贝尔奖获得者约瑟夫·布罗德斯基在《无聊礼赞》中写道："当无聊的大潮来袭，请伴它而去。让自己随波逐流，浸没于其中，慢慢沉底。总的说来，处理讨嫌之物的规律是，你越快沉底，便越快上浮。"

第三，无聊也是判断工作有无价值的标志。实际上，许多学者已将无聊感视为一种工作的催化剂。

第四，如果能够完全摆脱无聊的消极影响，它便可以化腐朽为神奇，使之转化成一股巨大的力量，成为我们前进的动力。

第五，接受和享受无聊，在无聊里感悟和提升，无聊就有益处；对抗无聊只会放大无聊的能量，越抵抗，无聊的力量就会越强大。

无聊感是我们必须面对的一个问题，在长时间的多样化军事任务中，一波波无聊感的侵袭或许无法避免，那么我们何不尝试敞开怀抱拥抱无聊？

面对无聊，我们可以尝试以下的方法。

其一，如果业余时间总是被无聊感占据，你就应该尝试培养新的兴趣爱好。比如，学习一项新的技能。

其二，参加有玩伴儿的体能锻炼可以帮助我们摆脱无聊。

其三，身体力行，向无聊开战。每天努力给日常事务增添点"佐料"，比如，改变行走的路线，转变一下观察周围的视角。通过自我训练，你会发现周围的环境其实很丰富多彩。只要用心去体会和发现周围的美，就不会感到无聊。

其四，内观训练可以帮助人们提高注意力，走出情绪的旋涡，从而减少无聊感的产生。美国心理学家认为充分认识自我和周边的环境是内观有素的关键。内观是指人关注并感知当下的一种状态，它源于东方哲学中的打坐冥想，要缓慢放松，专注于自己的呼吸吐纳和肢体感觉，并让思绪天马行空地穿行于脑海。

图3-4　游戏训练

其五，如果无聊源于单调重复的工作，那么我们可以尝试通过增加工作的强度和难度来改善工作环境，采用精细而有趣的各种方法，在工作中提高自己的兴奋水平。

其六，组织和鼓励大家参加激发思维和想象力的活动，包括文娱活动、团体心理训练等。避免消极、图一时之快的娱乐方式，也能够减少无聊感。

其七，无聊其实并不意味着一定要经受强烈的刺激才能解脱，吃上一点自己喜欢的东西，进行一次酣畅淋漓的运动，或者是全身心地投入一段音乐之中，都能让你摆脱无聊的感觉。快快尝试一下吧。

七、你知道愤怒的"六种错误表达方式"吗？

当我们通过报复或散布流言来表达愤怒，它就变成了一种负性的情绪。日常生活中，我们经常会有6种表达愤怒的错误方式。

（一）无故迁怒

我们往往都不会花时间去明确查出愤怒的原因出在哪里，相反，我们只是把怒气发作在我们周围的人身上。无故迁怒就是我们把因某人而起的愤怒发泄到另一个人身上。如果我们总是不与我们深感愤怒的人直接面对，而把愤怒发泄到无辜者的身上，那就真的成问题了。

（二）压抑愤怒

这实际也是不直接面对愤怒的结果，与迁怒不同的是，这次你把愤怒的对象转向了自己。如果一个人说得不对，你会跟他直接讨论事实吗？还是你会开始自己生闷气，而避免与人正面交锋？对于这种情况，压抑的愤怒将是非常负面的。

（三）滥施愤怒

滥施愤怒就是以攻击性的、怀有敌意的，或不恰当的方式直接将愤怒发泄到某人身上。如大喊大叫、骂人、砸东西、推推搡搡或者殴打某人等，都是滥施愤怒的方式。言语和情绪上的虐待与身体上的虐待给人造成的伤害程度相当。

（四）执着于愤怒

愤怒应当是一种偶尔出现的情绪，一旦问题提出来并解决掉，我们就应当放弃愤怒。不幸的是，很多人宁可执着于愤怒，积攒起怨怼，甚至开始憎恨起别人，而且还要继续惩罚那些冒犯了自己的人。

（五）用愤怒来代替其他情绪

有时候我们会因为想要避免其他的情绪，如恐惧、悲伤、愧疚或者羞耻等而变得愤怒。由于不愿意让自己因为在人际关系中的失去而感觉悲伤和痛苦，你可能会选择对转身离你远去的人保持愤怒之情。由于不愿意为了在替朋友开车时发生事故而感到愧疚，你可能会指责他让你分心。许多人用愤怒来抵御惶恐之情。他们用强硬的行为来掩盖自己的恐惧，以为只要这样别人就不会发现他们实际上多么脆弱。

（六）用愤怒来避免亲密关系

有时人为了制造自己和某人的距离，会故意发怒或者跟人吵架。比如，你和你的伴侣已经在一起很长一段时间了，你开始觉得有点闷，你没有对自己承认这一点，也没有向你的伴侣解释你需要一点自己的空间，却转而为了很小的事情而跟他吵架，或者勃然大怒。事实上，你仅仅是希望有自己的空间。

小贴士

如何改变任务中的烦躁情绪？

烦躁时，我其实有很多的想法，或察觉或未能察觉，有些想法有时还让我觉得羞愧难当。其实这些想法恰恰是每个人都有可能存在的。

下面列出了10种可能阻碍你面对自己烦躁情绪的自我观念，这些观念阻碍了你自信地表达自己。在每一种观念后面，都有可以替代的想法。

1. 别人比我强大，我永远无法在冲突中取胜

更正：这不是输赢的问题，即使你无法获得所期望的结果，尝试提出自己的想法也是非常重要的。如果你告诉自己必须赢，否则就毫无价值，那么你在没开始之前就先将自己击败了。如果你尝试提出自己的想法，至少你努力了。学会自信，意味着在未获得理想的结果时不向自己发怒。

2. 从小我就知道烦躁是很糟糕的

更正：你父母无法应付你的愤怒，并不说明愤怒是不好的。愤怒是人类情绪中的一种，它有它的功用。如果你从不对任何事物感到愤怒，你还会有动机去改变事物吗？尽管你父母告诉你愤怒不好，但他们没有教你学会如何自信，如何积极地应付冲突，很可能连他们自己都不会，你应当自己学习。

3. 我发火时，变得很糟糕，不讨人喜欢

更正：当然，我们宁愿永不发怒，但那是不可能的。说自己不讨人喜欢是全或无的

思维方式，是一种自我标识。你否定了生活中的积极方面。当你认为自己不讨人喜欢时，你实际上想的是你对某个人而言不好。那么，你感觉自己在谁眼里不好？如果你因自己的愤怒感到自己不讨人喜欢，说明你们的关系经不起风浪。事实上，拨开疑云，诚实、坦白地面对你的同伴，只能增强你们的关系，而不会破坏你们的关系。

图 3-5　情绪控制

4. 发火的时候，我不再忠诚

更正：有时，你把内心对他人的厌烦告诉他，会使你产生强烈的"不忠诚"感。然而，说出你的烦躁能够帮助你更加了解他。如果令你气愤的人真的伤害了你，那么隐藏不满，只会导致暗中钩心斗角，而不会显出你的忠实。你把秘密告诉别人，只是希望将自己的感受理出头绪，如果你只是表达自己而不是想恶意进攻，局面就会改变。

5. 我不应该伤害他人

更正：按照一般人的准则，故意伤害他人是不道德的。但我们此处谈论的烦躁与之大不相同。你发火只是提醒大家注意你受到了伤害，你想改变这种状况。你并不想利用发火伤害谁，而只是帮助他们认识到，他们正在伤害你，从而阻止他们的行为。并且，如果你尊重他们，将你的状况解释给他们，而不是攻击他们，那么他们不会因此受到伤害。

6. 我无法忍受烦躁感

更正：你如果不习惯发火，烦躁的情绪会令你感到恐惧。你如果害怕情绪失控，很可能会压抑自己的烦躁情绪。然而，你如果学会了自信，就不会这样做。

7. 我会失控而伤及他人

更正：你有责任不那样做，但是你需要考虑以下问题：首先，你是否夸大了你的愤怒可能造成的伤害？你是否私下认为除了你自己，周围的人都很脆弱，无法应付你的烦躁？如果是这样，请你找出令你这样想的原因，并找到支持和反对你想法的证据。猛烈抨击他人是不合适的，但你没有理由在他人面前丧失自信。

8. 我会失控，使自己看上去像个傻瓜

更正：你或许认为表达自己的情感会令你感到羞耻，因此你掩饰自己的感受。你也可能在气愤至极的时候，会表现得言语过激或变得张口结舌。问题的关键是，你要把注意力放在你所要传达的信息上，而不是愤怒本身。

如果你烦躁，请你查看自己是否有自我责备观念或自我标识，如"我真笨，我是个傻瓜"。若果真如此，你要认识到这是贬低了生活中的积极方面，提醒自己记住：愤怒只是你希望自己改变的一个方面，这并不能使你变成一个蠢人或傻瓜。

9.我必须有百分之百的把握证明自己是正确的，我才有资格发怒

更正：生活中没有多少事情可以百分之百的正确，很多事情并没有对或错，只是观点上的差异。允许不同见解的存在能促进我们的成长。

10.如果我发火，就表明我是一个忘恩负义、自私自利的人

更正："自私"是一种自我标识，你完全忽略了自己为他人奉献的时候。即使你对某人心怀感激，也不意味着你们之间毫无隔阂。在适当的情况下，你要表达自己的感激之情，但不要隐瞒自己的不同意见，这会对你大有益处。要小心，不要使自己的感激变成负担，因为这只会增加你的怨恨之情，而对他人来讲，也未必是种愉快的回报。

八、任务中的"紧张"和"恐惧感"是指什么？

紧张和恐惧经常会成对来到你的身边，无论是身处海上激烈的战斗中，还是到大众面前发言，或许你都会感到心跳加速，身体僵硬，手心出汗，甚至头脑一片空白。没错，这就是紧张和恐惧的状态。

在心理学中紧张是一种症状，是指一组精神运动和意志的质的紊乱，包括刻板、作态、自动服从症、僵硬、模仿动作、缄默症、违拗症、自动症和冲动行为等。这些现象可在运动过多、过少或运动不能的背景下出现。恐惧，是一种人类及生物心理活动状态，通常称为情绪的一种。恐惧是因为周围有不可预料、不可确定的因素而导致的无所适从的心理或生理的一种强烈反应，是只有人与生物才有的一种特有现象。

由于在任务行动中需要面对很多紧急状况，这就不可避免地给人带来许多紧张和压力。精神紧张一般分为3种：弱的、适度的和加强的。人们需要适度的精神紧张，因为这是人们解决问题的必要条件。但是，过度的精神紧张，却不利于问题的解决。从生理心理学的角度来看，人若长期、反复地处于超生理强度的紧张状态中，就容易急躁、激动、

恼怒，严重者会导致大脑神经功能紊乱，有损于身体健康。

紧张和恐惧是一种有效的反应方式，是应付外界刺激和困难的一种准备。有了这种准备，便可产生应付瞬息万变的力量。因此，紧张和恐惧并不全是坏事。然而，持续的紧张恐惧状态，则能严重扰乱机体内部的平衡，并导致疾病。所以，我们应该学会自我消除紧张状态。

九、为什么说紧张和恐惧是人不可或缺的？

每个人都曾感到害怕和恐惧，但你是否会想到，从某种意义上来说，这也是一件可喜的事情呢？当危险威胁到生存与幸福时，我们便会感到深深的恐惧。正是这种自然而然的心理机制为我们提出了警告，使我们避免了许多惨剧的发生而生存了下来。如果我们想继续生存下去，就必须学会如何避免可怕的、有害的事物。从这个角度而言，恐惧其实是人性中的积极因素。

在人类文明的发展历程中，所有的发明和发现归根结底都是人们恐惧和焦虑的副产品。人们害怕黑暗，便努力去寻找光明，从而发明了取火的技术，此后还有了电灯的问世；人类由于疾病的困扰，便发明了医术，掌握了外科手术、麻醉方法和治疗技术。恐惧的感觉常常激励我们去创造和发明使我们免于恐惧的手段和技术。

当然，有些恐惧是必要的，有些是不必要的，二者之间存在着区别。无论是在自然界还是在人类社会，当我们感受到危险的真实存在时，有恐惧感是必要的。当官兵投入战斗时，他们会感觉到恐惧。这种恐惧感会影响人的生理活动，促进肾上腺素的分泌加快，从而刺激他们发挥身体上和精神上的全部潜能，巧妙地克服遇到的各种困难，去夺取胜利。如果一个战士走上战场时感觉不到丝毫的恐惧，这对他来说是非常危险的，对他的战友来说也极其不利。但合格的官兵一般都能够克服他们的恐惧，去出色地完成任务。这些例子最好不过地证明了一点，即人类能够运用他的潜能去克服恐惧，并完成伟大的事业。

图 3-6　及时问询状况

但过度的害怕和病态的恐惧会让我们失去活力，降低我们的工作效率，使我们的精神发展得极不健全。这就像我们分泌的激素一样，它本是调节我们生理活动的，适量的激素会促进我们的健康，而一旦过量，就会对我们的身体造成危害。同样的道理，适度的焦虑也是正常的，有益于我们的精神健康，但一旦过度，就会给我们的精神和性格造成巨大的危害，造成人格的扭曲。

十、如何倾诉你的恐惧？

最近，美国纽约大学心理学和神经科学副教授伊丽莎白·费尔普斯领导的研究小组发现，杏仁体在恐惧认知和消除过程中起关键作用，而腹内侧额叶皮质层则对维持恐惧的消除过程有重要作用。

他们首先给受试者呈现两种颜色（蓝和黄）的信号，其中一种信号伴随有适度的电击。经过反复刺激，受试者逐渐获得了对电击有关的颜色信号的恐惧感。然后，研究人员在呈现信号的时候逐渐降低电击的强度，最后完全停止电击。受验者对恐惧的认知经过被消除掉。研究人员使用功能性磁共振技术对受试者的大脑进行了扫描，结果发现，杏仁体在恐惧的早期认知过程中起重要作用。这是一项重要发现。研究人员在实验室模拟了恐惧的认知和消除程序，人为地干预恐惧产生的机制，利用药物或者其他方法缩短恐惧过程成为可能。

科学研究发现，在大脑底部，有一个杏仁状的脑结构——杏仁体，它就是所谓的"恐惧中枢"，对判断惊恐信号起关键作用。恐惧人人都有，但我们要相信自己，恐惧是可以战胜的。

如果你觉得心中的恐惧已经开始影响到你的正常工作，甚至让你无法做出正确的反应和判断时，就不要再一味地保持缄默了。向他人倾诉心中的恐惧，可以帮助你缓解焦虑情绪，放下思想上的包袱，轻松上阵。在医生的指导下服用一些抗焦虑的药物，也可以帮助你获得一份轻松的心境。

小贴士

拥抱紧张和恐惧，你准备好了吗？

适度的紧张和恐惧其实对我们是有益的，对抗恐惧和紧张，只会让它们的力量变得更强大，所以当恐惧和紧张来袭时，我们只需正视它们，便能够将其转变成一种为己所用的能量。

当紧张和恐惧的情绪反应已经出现时，有效的调适方法如下。

1. 坦然面对和接受自己的紧张和恐惧

你应该想到自己的情绪是正常的，很多人在某种情境下可能比你更紧张。不要与这种不安的情绪对抗，而是体验它、接受它。

2. 做一些放松身心的活动

第一，选择一个空气清新，四周安静，光线柔和，不受打扰，可活动自如的地方，取一个自我感觉比较舒适的姿势，站、坐或躺下。

第二，活动一下身体的一些大关节和肌肉，做的时候速度要均匀缓慢，动作不需要有一定的格式，只要感到关节放开，肌肉松弛就行了。

第三，做深呼吸，慢慢吸气然后慢慢呼出，呼出的时候在心中默念"放松"。

第四，将注意力集中到一些日常物品上。比如，看着一朵花、一点烛光或任何一件柔和美好的东西，细心观察它的细微之处。点燃一些香料，微微吸它散发的芳香。

第五，闭上眼睛，着意去想象一些恬静美好的景物，如蓝色的海水、金黄色的沙滩、朵朵白云、高山流水等。

第六，做一些与当前具体事项无关的自己比较喜爱的活动。比如，洗热水澡、听音乐、看电视等。

3. 恐惧和紧张心理也可以通过自我调适，自己进行训练来帮助克服

第一，把能引起你紧张、恐惧的各种场面，由轻到重依次列成表（越具体越好），分别抄到不同的卡片上，把最不令你恐惧的场面放在最前面，把最令你恐惧的场面放在最后面，卡片按顺序依次排列好。

第二，进行松弛训练。方法为坐在一个舒服的座位上，有规律地深呼吸，让全身放松。进入松弛状态后，拿出上述系列卡片的第一张，想象上面的情境，想象得越逼真、越鲜明越好。

第三，如果你觉得有点不安、紧张和害怕，就停下来，做深呼吸使自己再度松弛下来。完全松弛后，重新想象刚才失败的情境。若不安和紧张再次发生，就再停止，然后放松，如此反复，直至卡片上的情境不再使你不安和紧张为止。

图 3-7　保持快乐心情

第四，按同样的方法继续下一个更使你恐惧的场面（下一张卡片）。注意，每进入下一张卡片的想象，都要以你在想象上一张卡片时不再感到不安和紧张为标准，否则，不得进入下一个阶段。

第五，当你想象最令你恐惧的场面也不感到害怕时，便可再按由轻至重的顺序进行现场锻炼，若在现场出现不安和紧张，亦同样通过让自己做深呼吸放松的方式来对抗，直至不再恐惧、紧张为止。

十一、漫长任务之旅，我该如何保持快乐的心情？

在执行长时间的任务时，也许大家会觉得快乐真不是一件容易的事情，尤其是身体健康出现问题时，快乐就似乎变得更难了。事实上，快乐的方法是有很多的，挑选一两件平常想干又一直没有机会干的事情，或许就能让你开心半天。

（一）保持好心情

了解快乐才能更好地体验快乐，如果你能够抽出时间，去阅读关于积极心理学的书籍，去经历人生的高峰体验，去掌握快乐背后的各种支撑，你就能更好地接近快乐。愉悦的感觉每两周需要体验一次，幸福的感觉也需每两个月重新唤起一次。

（二）情绪的"绿色通道"

学会自我调节的方法，具体方法如下。

1. 喊叫快乐法

当我们被一些事情弄得压力过大时，不妨试试这个方法——站到船舷旁，发泄自己的坏情绪，这个方法如一道有效的"逐客令"，让那些烦躁、失意、沮丧等不受欢迎的"客人"从我们的心房里卷铺盖走人。当我们打扫干净屋子后，就可以迎接快乐、幸福、爱心这些"好朋友"了。

2. 友情快乐法

有些人在生活各个方面都如鱼得水，唯独处理不好自己身边的关系。这个问题实际很简单，往往是因为战友之间太过于亲密了，当你的战友看到你身上的缺点时，他不会像其他人那样为了给你留面子而不作声，他会直接给你指出来，有时甚至用一种抱怨的方式指出来。我们可以把自己的朋友想象成陌生人，有时关系过近反而不好相处，彼此关怀又保持一点距离，也许这才是杜绝好友之间摩擦，让友情绵延不绝的最好方法。

3. 换位思考快乐法

在日常生活中，你总是抱怨自己吗？不止这样，我们还常常无限地放大压力和痛苦。我通过别人的窗户看到美丽的风景，那里宁静而美好，那是多么迷人的世界啊！当我抱怨自己不如别人时，突然发现别人也对我说着相同的话，原来别人通过我的窗户，同样看到了一个迷人的世界。

4. 不完美快乐法

我们不愿意跟某人打交道，多是因为这个人有这样那样的缺点，但有的时候却是因为这个人太过于完美！试想一下，你有这样一位战友，他的身上找不到一丝一毫的瑕疵，我想大多数人对他的态度都是敬而远之。我们身上的那些小瑕疵不仅不会让我们遭人唾弃，还可能是我们与人交往的润滑剂，所以正视缺点，接纳缺点，也是调节情绪的好方法。

（三）进行相应心理疏导

心理疏导并不一定都是由专业的心理工作人员才能完成的。心理互助小组便是很好的一种方式。定期的情感交流和沟通能够让大家走出封闭的困境，增强大家的认同感，并得到良好的心理支持。心理自疗也是一种有效的疏导方式，一些简单实用的疗法只要按照步骤一步步进行下来，就可以取得很好的效果。这些并不需要非常精通相关的知识和技巧，只需要投入进去，你便会发现心理能量能够流动起来，给大家带来神奇而有效的感受。

（四）关爱身体

很多时候我们的情绪会影响身体，造成情绪性疾病。但反过来，我们身体上出现不适时，同样会影响我们的情绪。生病是一件让人的身体和心灵都会受到创伤的事情，尤其是在海上的特殊环境，生病带来的抑郁、烦躁、焦虑等情绪比平常时候更为严重。

生病时，作为非专业的医护人员，我们难免对自己的病情不了解，无助之感和失眠、焦虑就容易接踵而来。此时，权威医生确诊疾病，提供客观的说明，能够使我们消除生病的心理压力，对躯体和心理康复有重要的促进作用。

有些病痛在执行任务期间并非一朝可以治好，这时我们难免会产生许多矛盾心理和不安全感，尤其是有损伤、有痛苦的检查、治疗过程更是如此。此时，你如果能够和周边战友沟通相同的治疗经历，得到领导和战友的及时支持，就能够降低对治疗过程的顾虑和精神上的压力。

人患病时，很多时候处于虚弱的状态，生病会带来身体的不适和行动的不便，往往这个时候人的依赖性较强，也容易产生自卑和内疚的感觉。因此，使患病的战友获得被尊重的感觉，是其康复的促进剂。温馨的心理关怀和周到的饮食护理是患者康复的支柱。单位领导的关心、同事的支持、朋友的帮助和问候，会赋予战友战胜疾病的力量，可促使其痊愈。

十二、执行任务时内心的幸福感从何而来？

执行多样化军事任务的过程中也并不总是充斥着苦闷的，正如"生活中并不缺少美，而是缺少发现美的眼睛"。我们只要用心去发现，运用恰当的方法，在任务中也可以有满满的幸福感。比如，可以试试下面的两个方法。

（一）多想想好事

我们太注意生活中的坏事，以至于对好事关注不多，对坏事的过多关注会加剧我们的焦虑和抑郁。避免这种情况的一个办法，就是更多地去品味那些生活中的好事。这里推荐你做做"三件好事练习"，即每天晚上睡觉前都花10分钟写出今天发生的好事，以及事情发生的原因。事情不一定要惊天动地，如"今天的蔬菜特别丰富，吃得相当开心"，

原因是"昨天补给舰送来一批蔬菜瓜果"。或者"我值勤时干劲很足，受到了首长的表扬"，原因是"最近睡眠质量好，精力比较充沛"。记下生活中的好事一开始会让你有点别扭，但只要坚持一个星期，它就会变得容易了。

图3-8　关爱士兵

（二）突出优势练习

写出你的优势（注意优势的排名顺序），并有意识地去频繁地、更有创造力地使用它们，以鼓励你发挥自己的优势。突出优势练习具有以下特点。

①拥有感和真实性（"这是真正的我"）。

②使用时有兴奋感，特别是刚开始时。

③第一次使用优势时，处理事情特别顺利。

④渴望找到新的途径来使用它。

⑤使用优势时有不可阻挡的感觉（"没有什么能阻止我"）。

⑥使用优势时满怀激情，而非身心疲倦。

⑦你会制订并实行围绕该优势的个人计划。

⑧使用时会感觉到快乐、热情、激情，甚至狂喜。

十三、你会觉察自己的情绪，进行自我管理吗?

当我生气的时候，我一定会察觉到"我在生气"吗? 未必! 我们的情绪起了变化的时候，注意力会放在引起情绪反应的事情上，也就是陷入情绪当中，无法跳出来看到当下的情绪。经常在事后，我们才察觉到"我刚才很生气"。

觉察情绪是了解自身的一个很好的途径，也是自我成长的一个过程，察觉情绪也是管理情绪的第一步。到底怎么样察觉情绪呢? 大家不妨从以下几个方面尝试。

（一）正面拥抱情绪

很多时候，我们面对负面情绪的第一反应是逃走——转移注意力，让自己不去想它。我们常常安慰别人和自己"不要再伤心了""不要再生气了"……却往往发现事与愿违。即使你感到情绪暂时不在了，逃避的情绪也没有消失。所以，当愤怒、嫉妒、仇恨或者贪婪这些痛苦再次到来时，你可以尝试不转移注意力，花两分钟体验它，有意识地面对情绪，是察觉情绪的第一步。

（二）学会记录情绪

情绪来的时候，往往让人深陷其中。如果你能够对情绪来的时间、次数、强度进行记录，久而久之，你便能够加深自己对情绪的敏感性，对自己情绪的发展和周期更加了解。

（三）寻找感觉背后的情绪

有时候一种感觉是很多情绪的集合，试着分解感觉，可以析出很多情绪。这时你可以问一问自己："不开心的背后，是一些什么情绪？""不开心一般不会单独存在的，与它在一起的是些什么情绪？""你还可以用什么文字去描述这份情绪？"

（四）从身体察觉情绪

身体实际是情绪的晴雨表。脸部皮肤发红、眼睑处增宽、嘴唇和下巴收缩变紧，拳头紧握、嗓子发紧，甚至声音都会颤抖，这是愤怒的表现。口腔溃疡、胃溃疡多发时，你可以回忆下近期有什么事情让你烦恼不堪。胃口和人的心情息息相关，当周围的一切事情都进展顺利时，胃口会出奇得好；相反，当周围一团糟，做什么事情都不顺利时，你会发现自己没有一点胃口，什么都吃不下去。

（五）从生病的状态来察觉

长期受负性情绪困扰的人往往会发现自己睡眠变差，身体疼痛，罹患慢性肠胃炎等，女性还容易引起月经不调，甚至闭经。除此之外，频繁的外伤也可能包含心理因素，心理能量不足时，人们的身体变得更为脆弱，而我们在潜意识里想要逃避某些事情时，便有可能会"不小心"弄伤自己的身体，给自己制造一些逃避的理由，这些事情往往以意外的形式表现出来，大多数情况下连当事人自己也不知情。

小练习

心灵绘画

情绪的释放有很多种方式，通过一些非语言的表达有时候能够产生更好的效果。因此，在执行任务的过程中，我们可以组织大家在一起"用绘画来说话"。这个活动适合一个部门的同志集体参加，20～30人均可。材料：白纸、彩笔以及一些放松用的音乐。步骤如下。

第一，大家安静地坐下来，进入放松的状态，听一首节奏轻柔的音乐（如《天空之城》）。

第二，大家从冥想的状态中出来，欣赏一首比较欢快的曲目（如《中国龙》）。

第三，请大家在白纸上画出自己任务中的感受，这个过程中使用什么样的方法、色彩都没有关系，也不存在画得好坏的问题，时间以 10～15 分钟为宜。

第四，3～4 人一小组，讲一讲自己所画的内容，并分享一下自己的感受。

第五，由组织者进行小结，给大家讲一讲任务中的情绪知识，并对大家的感受进行汇总，加深活动的效果。

第二节 DIERJIE
助睡"心"招

图 3-9 好睡眠

一、任务中哪些睡眠表现是正常的？

在任务中，经历严重的紧张事件后，大脑的警觉水平增高，有时会有入睡时间延长、睡不着觉等情况，这是完全正常的。因为倒时差、轮值更等原因，中间醒来或早醒也是正常的。这种应激状态下的睡眠改变并不是真正的失眠，不必过于担心。因为睡眠不是我们能随意控制的生理功能，越是努力强迫自己入睡，会越难以睡着，所以，切忌强迫自己入睡。

★ 小测试

试试下面的睡眠问答，看看你的正确率

1.睡眠时，大脑在休息。(错)

你的身体在休息，而大脑没有。大脑在睡眠过程中依然十分活跃，为第二天的觉醒和最佳状态做准备。

2.人每晚都会做梦。(对)

虽然很多人醒后不觉得曾做过梦，但其实每晚梦都会如约而至。梦境在睡眠的快速动眼期表现得最为生动。

3.经常做梦代表睡眠质量不好。(错)

做梦对睡眠质量的影响应该以白天的精神状态来评估，而不是以梦多或梦少来评断。"非快速眼动期"的"浅睡期"也会做梦，但仍可以听到外界的声响；"深睡期"的梦，内容则偏向日常琐事，梦境较不鲜明，醒来后也不会记得。处于睡眠"快速眼动期"时的梦，梦境怪诞、恐怖、颜色鲜明、立体且较不符合现实的梦，醒来后容易记得。

如果你的梦境很乱，没有太多相通的地方，就不用担心，如果排除焦虑症和忧郁症，只要不影响白天的精神，这应该只是白天压力过大导致的反应。建议你多运动、多放松。但如果你所做的梦常类似、多重复，那么很有可能是反映你的潜意识，此时最好请心理咨询师帮你找出内心冲突所在。

4. 人人都需要 8 小时的睡眠。（错）

不同的人睡眠时间不同。有的人仅睡 4～5 小时白天照样神采奕奕，而有的即便睡足了 8 小时白天仍萎靡不振，其原因一部分是遗传因素，一部分是习惯使然。此外，不同地区、不同种族的人所需要的睡眠时间不同，一般来说，生活在寒带的居民每天平均睡眠时间比生活在热带的居民要多 1～2 小时。

5. 充足睡眠的标准是第二天精力充沛。（对）

美国睡眠医学会对睡眠的定义包括睡眠潜伏期、睡眠效率和睡眠持续时间 3 个部分。拿破仑是天生的"短睡者"，丘吉尔是天生的"长睡者"。对于舰员来说，充足睡眠以白天精神好，注意力集中为标准。

6. 数数可催人入睡。（错）

不少失眠者往往采用数数的办法帮助入睡，殊不知其结果适得其反。原因很简单：数数只会导致注意力集中，从而使大脑持续处于兴奋状态，结果更难入睡。

7. 光照对睡眠有好处。（对）

光照能调节人们的情感和白天时的心情，使体温升高，也可以用于治疗抑郁症。冬季抑郁症的主要诱因就是冬季缺少足够的光线，体温变化太过平坦而引起入睡问题。

8. 我已经有 3 个晚上睡不好，说明我严重失眠了。（错）

根据时间划分失眠有 3 种：急性失眠，时间小于 4 周；短期失眠也叫亚急性失眠，时间大于 4 周小于 6 个月；长期失眠也叫慢性失眠：时间大于 6 个月。所以 3 个晚上睡不好只是一过性失眠。

9. 大多数睡眠障碍可以不治自愈。（错）

如果你有睡眠问题会自行消失。但很多因睡眠问题而痛苦的人并未意识到这是可以治疗的。目前的心理治疗方法有行为疗法、催眠疗法、联合疗法等。治愈睡眠障碍的关键是解决情绪问题与习惯问题；药物治疗是最后的步骤，且要注意预防药物依赖。你如果很长一段时间处于早醒或难以入睡的阶段，就需要对自己的情绪做出一个评估，通常解决了这些情绪，会对睡眠有很大帮助。

10. 经常运动有益于睡眠系统健康。(对)

运动能帮助你的体温更快升高，达到更高点，同时延缓体温在傍晚下降的程度。

11. 睡眠和生物钟有关系。(对)

生物钟是一个通过衡量光强度和你的体温来决定你什么时候入睡，以及如何恢复体能的系统。所有的有机体（人类、动物、植物）都有其生理周期，或称 24 小时节律。这影响我们睡眠和觉醒的更替。当你穿越时区时，你的生理节律会慢慢与昼夜更替的变化相适应。而对夜班工作者来说，生理节律要跟着慢慢调节。如果你值夜班，你会在午夜、清晨和午休时间感觉最为困倦，所以夜班工作者白天应增加小睡，注意补觉。

12. 起床有规律，每天都有力。(对)

让你的眼睛以固定的规律摄取阳光，让你的体温节律更平衡稳定，从而帮助你提高睡眠质量。

13. 我们晚上需要睡眠和褪黑素有关。(对)

除生物钟外影响睡眠的次重要因素就是你的褪黑素水平，以及接受自然日光的情况。褪黑素在我们身处黑暗时开始分泌，它使脑电波频率降低，让我们感到瞌睡。

14. 压力和睡眠有关。(对)

压力给我们带来的一个大的障碍就是，让脑电波始终处于高频状态，让思想时刻紧张。研究表明，如果你每天入睡时保持放松状态，对降低应激激素水平是很有益处的，而这又能大大促进睡眠和健康。

15. 睡眠由 4 个阶段以及异相睡眠阶段组成。(对)

第一阶段是浅睡眠，不属于真正的睡眠，只有几分钟时间。第二阶段是从清醒向深睡过渡的阶段，真正的睡眠是第二阶段至第四阶段和异相睡眠期。第三阶段和第四阶段统称为深睡眠，这部分睡眠是恢复精力的主要部分（如工作和运动后的疲劳），不容易叫醒，如果被叫醒，往往在一段时间觉得东倒西歪，站立不稳。异相睡眠（快动眼睡眠，REM）在巩固大脑功能方面（如记忆和学习等）有重要作用，呼吸变快、变浅、呼吸不规律，眼球沿不同方向快速转动，四肢肌肉临时性"瘫痪"，心率加快，血压升高，男性阴茎可能勃起，在快动眼期被叫醒，多数人在做梦。

16. 在睡眠的浅睡阶段，我们的免疫系统会启动，并与病魔做斗争。(错)

熟睡阶段即睡眠周期的第三阶段和第四阶段，免疫系统会启动，熟睡对健康有益。熟睡的生理描述是低频率的脑电波，同时呼吸频率、心跳频率和血压降低，血管扩张，血液通过其进入肌肉。

17. 睡眠是有周期的，每 1.5 小时左右是一个周期。（对）

一个完整的睡眠周期包括第一阶段至第四阶段和异相睡眠，一般持续 90～110 分钟，也有人短至 70 分钟。每晚第一个睡眠周期的异相睡眠期较短，深睡眠期较长。随着睡眠时间延长，异相睡眠期逐渐延长，深睡眠期缩短，到早上的时候，睡眠几乎是在第二阶段和异相睡眠期。

18. 不睡觉的时候越精神，睡起觉来越沉稳。（对）

你越是用正确的方式锻炼你的觉醒系统，你的睡眠系统也会变得更强大。

19. 吃得正确，睡得香甜。（对）

你的消化系统需要的能量越多，你的睡眠质量就越低。所以，忌睡前暴饮暴食，特别是高脂肪高热量高糖分食品，这些食品会升高你体内的血糖含量，造成能量爆发，产生气体或消化不良，影响你的睡眠系统。一些研究还表明，缺乏维生素 B 和叶酸也会影响睡眠，大脑使用钙和镁来产生一种能使人镇定的元素，缺乏这些东西会使人难以入眠。

二、什么是预防性睡眠和恢复性睡眠？

医学上常常提到预防性睡眠和恢复性睡眠，这和多样化军事任务有什么关系呢？

预防性睡眠指连续性工作任务之前进行的睡眠；恢复性睡眠指连续性工作任务之后补充的睡眠。在连续工作或进行其他易于干扰睡眠节律的军事任务之前，进行的不少于 4 小时的睡眠，可至少保持 24 小时工作能力。给予 4～6 小时的睡眠，也可使睡眠剥夺 48 小时后的工作能力由 50% 提高到 70% 以上。对于 24～48 小时的全部睡眠剥夺者，给予其 8～10 小时的自由睡眠，就足以使其恢复原有的工作能力；对于 72 小时甚至更长时间的睡眠剥夺者，则需要给予其 12～20 小时的睡眠，才足以使其恢复脑力工作至正常水平；由于广泛的个体差异及心理恢复的需要，一般要求部队进行 2～3 天的全面休整保证指战员机体功能的完全恢复。

三、怎样使补充能量的小睡达到理想效果？

小睡也称短睡，时间较短，可以从几分钟到 4～5 小时，可以是连续性的，也可以是断续性的。在部分睡眠剥夺状态下，所允许的睡眠实质上就是小睡。

小睡是非常有效的。研究表明,如果希望长时间的保持军事作业能力,每天必须保证4.5～5.5小时的连续性睡眠。对一些人来说,几分钟的小睡,能带来几小时的警觉。对于任务中轮值更的舰员来说,其工作效率会有大幅度提升。

在实际工作条件下,如做不到这一点,可根据当时的具体情况,灵活确定睡眠时间的长短。英国军队所做的现场研究结果认为,4段1小时睡眠同1段4小时的睡眠同样有效。在生理节律的两个低谷期(凌晨2:00～6:00与下午14:00～17:00)进行小睡,产生的恢复能力更大,对工作能力的改善更有效。连续性的小睡,较同量的断续性小睡恢复力更大。与年轻人相比,恢复同样水平的能力,年龄较大的人需要更多、更长时间的小睡。

四、什么是睡眠的正确心态?

有时候,睡眠的不正确心态是会影响状态的,所以,当你辗转反侧时,可以对照下面的状态来看看。

规则一:在上床之前,慢慢地让自己进入睡眠状态。

规则二:当你真的非常困的时候,再上床睡觉。

规则三:如果不是真的想睡觉,不要在床上待很久,不要害怕失眠。

规则四:不要努力让自己睡着,这样只能越来越清醒。

规则五:不把没有睡眠的夜晚太当回事儿,一夜无眠后,第二天你仍然可以正常工作和生活。

规则六:保持固定的时间。

规则七:让习惯起作用。

用正确的心态来对待睡觉,睡"正确"的觉。培养自己正确的睡觉心态,相信自己可以做到!

小贴士

好习惯帮助睡眠

生活作息要规律,养成每天同一时间起床的习惯;

每天有规律地运动,每周至少4次,每次30分钟以上;

避免在吵闹环境中睡觉；

太冷、太热的环境会影响入睡；

睡前忌喝酒、咖啡、茶、吃大餐等；

睡前避免观看紧张刺激的电视、电影、报纸，如凶杀案、绑架案等，造成心理不安而影响入睡；

辗转难眠几刻后仍不能入睡，干脆起床做些轻松活动，继续躺在床上只会使你更加紧张，更难入睡。

五、任务中引起失眠的原因有哪些？

失眠是一种最常见的睡眠紊乱，几乎每个人都有过失眠的经历。失眠的原因很多，大致可以归纳如下。

一是违反生物钟引起失眠。这种失眠通常是短暂的状态。

二是突然受到重大事件的冲击造成情绪不稳、失落、惊慌，以致夜夜难眠。但通常一两个月就会恢复，这是短期的失眠，但有少数也会演变成慢性失眠。

三是原发性失眠。此类失眠者并无特殊内科疾病或精神疾病，从儿童时开始，平时睡眠质量就不好，遇到重大压力、精神负荷增大时，就更睡不着。久而久之，就成了慢性失眠。

四是条件性失眠。整晚都在打瞌睡，但是一上床就睡不着。习惯于将卧室与觉醒联系在一起。

五是药物作用。药物如类固醇，有些人服少量就会失眠，大量则精神异常。

六是刺激性饮料。茶、咖啡等刺激性饮料会扰乱正常睡眠。

七是医源性失眠。医生给病人安眠药或病人自己服用安眠药，日久成习，最后安眠药也失效，渐渐增加药量或联合几种药物服用也无法入睡，只好夜夜失眠。

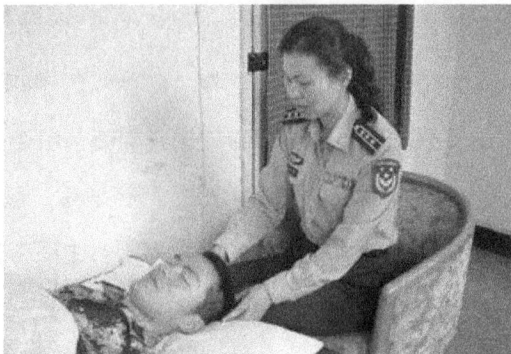

图 3-10 失眠治疗

小贴士

调节失眠小妙招

如果你醒来时感觉很糟糕，试着比你平时早起 20 分钟，或晚起 20 分钟，或晚起 40 分钟。持续这样做，你最终就能找到合适的时间了。

舒服地平躺在床上，然后按照呼吸节奏运动双腿。吸气时屈起一条腿，呼气时将之完全伸直，然后轻轻地平放在身体一侧。换腿重复上述动作。此时，注意感受身体的哪一个部位与床垫接触，设想你身体的重量如何伴随着每次呼气向床垫传送，使身体仿佛能更多地承受床垫的支撑。缓慢地发"f"或"s"字母音呼气。这两个字母是气流声响，使你只能慢慢地将气流呼出，呼气因此得以延长，从而使你逐渐进入睡眠状态。

这个方法行之有效的两个原因：一是你的注意力能集中到某个地方，而不会因为睡不着而想到一些沮丧的事。二是你能集中精力让自己放松，让大脑朝睡眠的方向前进，而不会让思维到处激荡，维持那永不消逝的电波。

你这样做时，可能会感觉到大脑有一些排斥，有时你的思维甚至会重新激荡起来。只要坚持这个方法，反复实践，你就能迅速放松自己并进入睡眠。

六、怎么用行为疗法来处理失眠？

失眠在多样化军事任务中是一种非常重要的常见问题，药物治疗对急性失眠较有效。行为疗法是治疗长期性失眠的首选，包含了刺激控制、睡眠保健法和睡眠限制的结合。

在开始进行失眠的治疗前，我们要完成 1~2 星期的日志记录，这很重要。睡眠日志是对失眠状况进行客观评估的宝贵依据，并对睡眠模式提供了相对可靠的描绘。每日睡眠日志包括：睡眠时间、入睡延迟期、夜醒次数、睡眠效率以及其他与睡眠有关的信息。

睡眠养生法教育指导战士避免睡前吸烟、晚饭后饮酒、服用助眠药物、将酒精作为助眠手段、睡前 2 小时内进行严格锻炼、睡前 4~6 小时内摄入咖啡因以及小睡。尽管单单在这些方面做出改变常常不能对失眠带来显著的改善，但是不良的睡眠习惯会加重失眠。

刺激控制是经科学证据表明其效果最强的行为治疗方法。根据刺激控制，床和卧室应当仅仅用作睡眠和性活动（不能在卧室里看电视、听收音机、吃东西或读书）。刺激控制总的指导原则如下。

图3-11 拉练途中休息

第一，设定一个合理的睡眠和起床时间并严格遵守。

第二，只有在感到困的时候才上床睡觉。

第三，如果你不能在15分钟之内入睡或重新入睡，就不要待在床上。

第四，只有在感到困的时候才重新上床。

第五，如有必要尽可能经常重复上述第2~4点。

七、你知道失眠专用的刺激—控制疗法吗？

刺激—控制疗法是由理查德·布钦博士首创，在应对晚上失眠这个问题上有着独特的效果。操作步骤如下。

步骤一：只有当你感到非常困的时候才上床。

步骤二：床只能用来睡觉，不能看书、看电视、吃东西或玩游戏。

步骤三：如果你不能入睡，就起床到另一个房间去，或者坐在椅子上，待到你十分想睡觉的时候，再返回床上，如果还不能入睡，请再次起来。这样做的目的是要将床和困、入睡联系起来，而不是无法睡着的无奈。

步骤四：重复步骤三，如需要，整晚重复。

步骤五：每天早上准时起床，无论晚上睡得怎样，睡了多久，这样能够帮助身体形成一个良好的、有规律的睡眠—清醒节奏。

步骤六：白天不要小睡。

八、使用安眠药应该注意什么？

如果你已经有3个晚上没有睡眠了，而第四天又要值更，又有重要的军事任务，必须要有充足的睡眠。 这时可能就需要使用安眠药，偶尔使用适量安眠药是没有问题的。但在服药前，你要和自己有个约定：一周内只用一次安眠药，以限制自己不去依赖安眠药；如果压力实在太大，工作量又多，可以一周服两次安眠药。只是要记住一点：你一且服用安眠药，就将在不久之后，把借来的睡眠还回去。使用安眠药的注意事项如下。

第一，只在短期内服用安眠药解决失眠问题，一旦危机过去，不要再吃。

第二，你如果因身体疼痛而无法入睡，可以服用止疼药。

第三，安眠药不能与酒精一起混合用，这比较危险，甚至有致命性。

第四，如果你睡觉严重打呼噜，并有呼吸暂停问题，服用安眠药会使你睡眠中的呼吸变慢，呼吸暂停时间加长，比较危险，建议不要使用安眠药。

第五，所有的安眠药都有副作用。你如果有肝或肾的问题，咨询医生后，要么服用小剂量，要么不服用。

第六，服用安眠药后，不要驾驶，不要操作重要岗位的机械，不适合做警觉性要求很高的工作。

第七，安眠药的安睡作用只有几小时，但药物在体内的残留可以持续到第二天；如果你第二天的工作需要保持高度清醒或操作机械，可以选择半衰期较短的安眠药。

九、睡眠时间可以缩短吗？

我们大家都知道，通常人类正常的睡眠时间是每天 8 小时左右。但部队执行任务期间，环境条件有限，人岗精简匹配，每个人肩负的任务繁重，每天 8 小时睡眠时间往往得不到保证。那么，在保证健康和保证完成任务质量的情况下，缩短睡眠时间可以吗？

其实，人类自发明电与电灯以来，睡眠时间一直在缩短。持续军事行动中，睡眠时间被工作占用是我们常常要面对的一个问题。那么，能不能在保证健康的前提下缩短睡眠的时间呢？有大量的实验研究表明，经过一段时间的训练后，将睡眠时间从 8 小时缩短为 6 小时是完全可行的，执行紧急重要军事任务，需要持续工作，必要时可缩短到 4.5 小时，保证 3 个睡眠周期，对健康就不会有影响。

所以，战友们大可不必担心，睡眠时间的缩短并不意味着睡眠质量的下降。我们可以通过提高睡眠质量，即短时间的熟睡，来减少缩短睡眠时间带来的健康隐患。

如何调动潜意识实现短熟睡眠？

当意识所形成的观念是"很想缩短睡眠时间多干点事"，而潜意识所形成的观念是"睡不够 8 小时会伤身体"时，结局会是很难实现短熟睡眠。因为潜意识根深蒂固、很强大，所以，需通过意识和潜意识的结合实现短熟睡眠。

意识是指自己有适当节省睡眠时间的愿望。潜意识心理学上是指不知不觉、个人没有意识到的心理活动，是有机体对外界刺激的本能反应，这种作用是潜伏在意识之下的一种精神实质，能支配和影响人的思想和行动。当意识与潜意识一致时，其效果就不是二者之和而是二者的乘积；当意识和潜意识相互对抗时，潜意识与意识的 2 倍成反比，即潜意识的威力是意识力量的 2 倍。因此，只有当意识绝对压倒潜意识时，才有可能成功，只有当意识加倍时才能与之匹敌。人要实现短熟睡眠，往往需要自我暗示，从根本上消除脑海深处潜意识形成的观念。

从大量的科学实验和实际情况看，睡眠的潜意识是能改变的，只要从内心深处认为短睡眠对身体健康没有不良影响，自己的潜意识也就会渐渐地转变过来。实现短熟睡眠首先要有科学的措施，科学地节约睡眠时间，是长睡眠变成短睡眠的关键。措施的制定要因人而异。首先，是进行分段式睡眠，对于一天上 2 次班或 3 次班的舰员来说，可以在工作的间歇分段休息，如在中午休息 1～2 小时，对于精力和体力的恢复大有帮助；其次，要有紧张有序的节律，合理利用节省下来的睡眠时间，关系到睡眠良性习惯的巩固问题。在执行军事任务时，要珍惜时间，充分利用时间，把时间安排得井然有序，工作的时间就集中精力地去工作，到了应该睡觉的时间就及时上床就寝，在紧张有序的节律当中调整自己的生物钟，以便为自身的健康和工作的高效率打下基础。

图 3-12　睡眠不足

十、影响睡眠的三类紧张是什么？

在床上翻来覆去睡不着，是身体和心里感到不适引起的，心理学研究表明，有 3 种类型的紧张：心理紧张、肌肉紧张和交感神经兴奋，都可能会影响你的睡眠。

心理紧张：表现为焦虑、担心，脑子里有很多想法，挥之不去；感到紧张、神经质、易激动。

肌肉紧张：表现在身体的一些部位，如磨牙、肌肉僵硬、来回踱步、不停敲击手指或脚等。

交感神经兴奋：表现为交感神经系统紧张，身体的肾上腺素分泌比平时多，这一系统控制心跳、呼吸和自动化活动，手会感到冰凉，人也感到兴奋，充满希望。

如果你入睡的时候非常清醒，或者较为紧张，那么放松技巧能够帮助你。若你失眠时不紧张，放松技巧对你的睡眠改善作用不大。这 3 种紧张偶尔会同时发生。所以，放松会让大多数失眠者从中获益。

小贴士

缓解三类紧张的放松方法

"放松……放松……放松……"你有没有想过，提示自己放松的过程，有时候往往是自己放松不下来的原因，不相信吗？

进行放松之前，请提醒自己：不要太努力。太努力地放松，就是把放松做成了刻意和紧张。顺其自然，顺应身体，没有强迫，让一切自然地发生，放松前的功课就算做好了。

当你感到心理压力和肌肉紧张的时候可以尝试如下放松方法，特别是你在床上感到紧张、无法入睡时，下床将每种动作做几遍，只要几分钟。

头部转动：下颌下垂到胸部，然后向右转动头部，让下颌转到右肩、胸前再到左肩，再从左肩、胸前到右肩；让下颌转到左肩、右肩再到胸前，再从右肩、左肩到胸前；完成一个完整的转动重复几遍。

摆头动作：放松双肩，头向左倾，直到左耳贴住左肩，重复几次，反方向重复。

抬头运动：把手放在脖子两侧，拇指向前，其他手指在颈后，指尖相碰，用手尽量向上向前拉伸脖子，好像要把它从肩上拉走一样。继续拉伸的过程，轻轻将头向左或向右转动。

全身伸展运动：向上伸直右胳膊，尽量向上，好像上面有你最想要的东西，这时感觉身体右边整个都向上伸展着，从手指到腰到脚趾。然后，左手重复。这个动作也可以坐在床上，踩地进行。

头部按摩：眼睛闭上，手以画圈的方式稍用力按摩头部和颈部。从头盖骨开始慢慢按摩到颈椎（可请他人帮忙按摩肩膀）。

交感神经兴奋可以通过生物反馈的方法，测试身体各部位的放松程度，包括手指的温度。学会让手指暖起来，比肌肉放松难些，因为身体放松在先，几分钟后，手才慢慢暖起来。如果你的手指温度在 21℃～26℃，而你的血液循环还正常，就说明你的交感神经处于兴奋状态。当你学会放松之后，手指的温度通常会在 32℃～37℃。要是你喜欢，可以进行简易的生物反馈，把室内温度计（非体温计，体温计不会显示 27℃ 那么低的温度）绑在手指上测测手指温度，然后用前面介绍过的放松方法之一，如腹式呼吸，练习 5～10 分钟，看温度是否上升一些，若有上升，说明你用的放松方法有效，否则换一种放松方法试试。生物反馈能够对失眠者产生长效影响，经过生物反馈训练的失眠者睡眠状况都有所提高，并且其之后 9 个月的睡眠状况也在持续提高。

十一、怎么学会用自我催眠的方法来放松？

催眠，看似是一种很高深的技术，而实际上，催眠就是一种自身放松的状态，你可以按照下面的步骤来尝试自我的放松。

步骤一：想象。想象自己是块海绵，平躺在床上，彻底放松，手臂变得像海绵一样柔软，肩放松下来，双腿放松。闭上眼，用鼻子深呼吸，身体的各个部位像海绵一样放松，从周围的世界吸取宁静。

步骤二：想象自己处于漂浮的状态，漂浮在一朵白云上。

步骤三：想象自己在气垫船上，慢慢地漂浮在海里，周围是蓝蓝的海水。

图 3-13 补充睡眠

步骤四：向下运动是有效放松的方法。想象自己像一片树叶一样向下漂。

步骤五：将精神集中在放松上，并且集中精神想一些能让自己高兴、自己很享受却不太费脑子的事。你的目标不是入睡，而是放松。理由很简单：你越强迫自己入睡，就越觉得沮丧，有压力，越会想到一些无法入睡的事，这些想法会让你的睡意向相反的方向发展。而当你的大脑和身体都放松下来时，你的脑电波频率就会降低——这点已经通过医学实验证明了。低频率脑电波就会让你进入睡眠的第一阶段。你所要做的就是，用脑子重复你思维里所想的每一句话的每一个音节，或者如果你有很强的立体观感，你可以把你思维里每一句话中的每一个字，在脑子里画出来，就像你的面前有一张纸和一支在写字的笔一样，并且有意识地用慢动作重复你刚才所想的音节或画面。

小贴士

放松和睡眠引导

放松和睡眠引导大家可以集合在一起做，这时候需要一名引导师来引导大家进入放松的状态，也可以在大家掌握了方法之后自己进行引导。日常生活中，如果你遇到入睡困难时，便可以唤起这种放松的感觉，来帮助你入睡。不管是集体引导，还是自己引导，大家都要选择一个较为安全和舒适的场所，这样才能具有较好的效果。

大家可以参考以下的引导词，熟悉了过程之后，也可以按照自己的步骤来放松。

首先，慢慢地让自己很舒服地坐好或躺好，当你坐好或躺好的时候，你会觉得很舒服，很轻松。现在请你慢慢地将双眼闭起来，眼睛一闭起来，你就开始放松了，注意你的感觉，让你的心灵像扫描器一样，慢慢地从头到脚扫描一遍，你的心灵扫描到哪里，哪里就放松下来。

现在，慢慢地深呼吸，每一次吸气的时候，都想象你吸进非常舒适的感觉，这种感觉进入你的身体里面，使你的身体加倍地放松，每次吐气的时候，想象你将体内的二氧化碳统统吐出去，也把所有的烦恼、紧张、焦虑统统送出去，所有的不愉快，不舒服都离你越来越远。

注意你的呼吸，当你专注于呼吸的时候，觉察空气在你体内流通，感觉氧气进入你全身的每一个细胞，你的身体就会自动开展补充能量的过程，你越能集中注意力在你的呼吸，你的身体就会越健康、越有活力。

从现在起，继续深呼吸，注意你的头顶，让你的头皮放松，头盖骨也放松；注意你的眉毛，让眉毛附近的肌肉放松；放松耳朵附近的肌肉；放松脸颊附近的肌肉；放松下巴的肌肉；放松你的脖子；放松你的肩膀，你的肩膀平常承受了很多的紧张、压力，现在全部释放掉了，让你的双肩完全地放松下来；放松你的左手，左手臂，左手关节，左手掌；放松你的右手，右手臂，右手关节，右手掌；注意你的胸部，让胸部的骨头、肌肉都放松；放松你的背部，让你的脊椎与背部肌肉都放松，彻底放松你腹部的肌肉，毫不费力地，然后你的呼吸会更深沉、更轻松；放松你的臀部，放松你的左大腿、左关节、左小腿，放松你的左脚；放松你的右腿、右关节、右小腿，放松你的右脚。继续保持深呼吸，每一次你呼吸的时候，你会感觉自己更放松、更舒服，你会感觉你的身心变得越来越宁静，越来越放松，越来越空无，有一丝淡淡的甜意笼罩在你的心间。好，非常好，现在请你慢慢地想象，我们沿着一条小路向前走，前面不远处有一片青草地，青草碧绿而松软，散发着淡淡的青草香气，我们走在这碧绿、松软的草地上，觉得非常轻松。我们继续向前走，就看到了一湾宁静的湖水，岸边有几棵垂柳，嫩绿的枝条轻轻地拂过湖面泛起点点的涟漪，我们坐船前行，小船悠悠荡荡地来到了对面的山林，顺着林间的小路缓缓向上攀行，林间飞鸟低鸣，阵阵微风拂面，让我们顿觉心旷神怡，渐行渐远。我们觉得越来越累了，前面林间的空地上有一块平坦的大石头，石头被雨水冲刷得非常洁净，躺在上面休息感觉非常舒适，阳光轻轻地照射在我们身上，让我们觉得暖洋洋的，非常舒服。好，继续做深呼吸，现在你仔细体验，有一股热流在你的身体中涌动，缓缓地滋养着你的每一个细胞，让劳累的你得到了有效的休养，你感觉到一种前所未有的轻松舒适。

现在，你已经处于一种能够进入睡眠的意识状态，你随时会沉沉入睡，你的身心都完全放松了，完全放松了，你感到大自然的韵律最适合睡觉，是该睡了，好好睡，你感到睡觉是一种享受，好好睡吧！

十二、如何制订一个好的睡眠方案？

想拥有一个较好的睡眠习惯吗？我们不妨来看看精力充沛的小姚是怎么安排睡眠的。

小姚在机电部门工作，但却拥有完美的睡眠系统和无限的精力。小姚早上 6 点起床，然后立即跳出被窝。他到甲板上散步 30 分钟，摄取阳光，体温迅速升高。在工作期间，他精力充沛。午休时，他会保证自己至少在阳光下待 20 分钟，午休 1.5 小时。小姚值的是 5 轮更，如果午休时间刚好是小姚的值班时间，下岗后，他会打盹 15～30 分钟。这能防止他的体温持续走低导致疲惫不堪。晚餐后天黑前，在夕阳的余晖里，小姚和战友一起参加体能训练。晚上 8 点左右回舱室。晚上 12 点前就寝，期待着新的一天的来临。

小姚的睡眠方案之所以有效，是因为：小姚在白天摄取了充足的阳光；打了个盹以恢复体力；每天有 16 小时是清醒着的，这让他的睡眠系统觉得很需要睡觉；他让自己的身体知道，自己需要大量的体力和脑力。

他传达给身体的信息就是：我是一个充满活力的人，我需要能量，让我时刻保持清醒吧！

☆ 小测试

阿森斯失眠量表

（Athens Insomnia Scale, AIS）

应用评价：阿森斯失眠量表为国际公认的睡眠自测量表，可用于公众睡眠质量调查。

构成及评分：量表共 8 个条目，每条从无到严重分为 0，1，2，3 四级评分，总分小于 4 则无睡眠障碍；如果总分为 4～6 为疑似失眠；总分大于 6 则为失眠。

入睡时间（从熄灯后到睡着）	0 没问题	1 轻微延迟	2 显著延迟	3 延迟严重或没有睡觉
夜间苏醒	0 没问题	1 轻微影响	2 显著影响	3 严重影响或没有睡觉
比期望的时间早醒	0 没问题	1 轻微提早	2 显著提早	3 严重提早或没有睡觉
总睡觉时间	0 充 足	1 轻微不足	2 显著不足	3 严重不足或没有睡觉
总睡觉质量	0 满 意	1 轻微不满	2 显著不满	3 严重不满或没有睡觉
白天情绪	0 正 常	1 轻微低落	2 显著低落	3 严重低落
白天想睡觉	0 不想睡	1 有点想睡	2 明显想睡	3 非常想睡或经常睡着

白天身体功能（体力或精神，如记忆力、认知力和注意力等）	0 无影响	1 轻微影响	2 显著影响	3 严重影响
失眠影响工作	0 无影响	1 轻微影响	2 显著影响	3 严重影响
失眠持续时间	0 0～4 周	1 1～3 个月	2 3～6 个月	3 6 个月以上

　　本量表用于评估你最近的睡眠状况，请你在相应的自我评估的项目上打"√"。

第三节 DISANJIE

心理自疗

一、如何判断自己的心理健康状况？

"最近，我总觉得自己精神状态不好，是不是有心理问题了？我也不好意思跟别人说，怕人家说我心理不正常，有没有什么具体的标准可以自我对照？"

要想弄清自己的心理健康状况，你可以尝试下面 3 点。

（一）掌握基本的常识

心理学通常将人的心理健康状况划分为 4 个等级，具体如下。

1. 心理健康状态

心理健康状态的特点是本人不觉得痛苦，他人不感觉异常，社会功能良好。

2. 一般心理问题

一般心理问题也称不良心理状态，类似人们平时说的"心理困扰"，通常持续时间短暂，损害轻微，通过自己的意识和努力能调整和改善，一般在 1 个月左右可自行调节和恢复。任务中多数人会出现紧张、烦恼、消沉、疲劳等状态，对工作效率产生一定影响。

3. 严重心理问题

严重心理问题是指在外界因素和个人特点共同作用下，引起个体较强烈的心理反应（思维、情感、动作行为、意志）并伴有明显的躯体不适感，这种不适感一般会持续 2 个月以上，半年以下。通常本人能够意识到自己的心理状态出了问题，做了很多努力却效果不大，但是其依然可以通过科学的方法或借助心理服务工作者的帮助重新调整好状态。严重心理问题会对自己的工作生活产生影响，它可能来自外界的巨大挫折和变故，也可能是个人长期养成的习惯所致。

4. 心理障碍

心理障碍也称心理疾病，包括精神疾病、心境障碍、人格障碍等。它是指心理状态的病理性变化，具有明显的持久性和特异性，它并非是由一定的情境直接引发的，而通常是由严重的脑功能失调或器质性病变引起的，也有可能是由于个人长期心理问题的累积、迁延、演变而形成的。这种情况下，个人往往不能通过自我调节改善情况，而需要借助药物及精神科医生的治疗控制病情，患者的社会功能受到极大影响，痛苦感极为强烈，如出现幻听、幻视、妄想等症状。

上述标准的前3点均属于心理正常，心理正常又分为心理健康（心理健康状态）和心理不健康（一般心理问题、严重心理问题），心理障碍属于心理异常状态。

（二）直接寻求专业帮助

你还可以直接找心理服务专家或专业医生为你分析判断，他们通过严格的专业和保密训练，会让你尽快调整好自己的状态，尽快得到帮助，何乐而不为呢？要知道，心理问题也像身体疾病一样，找医生是很正常的一种需求。

（三）心态放轻松

心理学统计研究表明，在现代各年龄阶段的人群中，都存在不同程度的心理健康问题，更何况是在执行重大军事任务的军人中。心理健康只是一个发展的、相对的概念，就像感冒咳嗽一样，不同年龄阶段，不同社会群体的人在面对各式各样问题时都可能出现心理健康问题。所以，放轻松心态，合理客观地对待自己，有不舒服的及时调整，有严重问题的抓紧治疗，这才是科学正确的态度。

★ 小测试

心理健康自测

以下描述是否符合你的实际情况，请你选择相应的数字作答，1表示完全符合、2表示有些符合、3表示不清楚、4表示有些不符合、5表示完全不符合。

1. 一件小事常烦扰着我，使我难以入睡。 　　　　1 2 3 4 5
2. 清早起来，我常感到疲劳，觉得没有休息好。 　　　　1 2 3 4 5
3. 我感到每天的事情都非常多，连一些生活小事都疲于应付。 　　　　1 2 3 4 5
4. 我常担心做错事情，不愿意参加活动。 　　　　1 2 3 4 5
5. 我对自己身体的关心程度超过了任何一个人。 　　　　1 2 3 4 5
6. 我常常担心身体某个部位会发生病变。 　　　　1 2 3 4 5

7. 一点小病常使我感到忧虑不安。 1 2 3 4 5

8. 看到同龄人生病而死，常常有危机感。 1 2 3 4 5

9. 我常被无名的烦恼所困扰。 1 2 3 4 5

10. 我感到自己的情绪比较容易紧张，不能放松。 1 2 3 4 5

11. 我感到难以控制自己的情绪。 1 2 3 4 5

12. 我遇事缺乏耐心，不愿意等待。 1 2 3 4 5

13. 我感到常常忘记一些东西。 1 2 3 4 5

14. 我的注意力无法长时间集中在一件事情上。 1 2 3 4 5

15. 我的行为举止比较迟钝。 1 2 3 4 5

16. 我的思维缓慢，常理不出头绪来。 1 2 3 4 5

17. 我工作时常无法专心致志。 1 2 3 4 5

18. 我苦干一天，自认为干得不错，但领导并不满意，我很生气。 1 2 3 4 5

19. 当领导不了解具体情况批评我时，我感到愤怒。 1 2 3 4 5

20. 我看不惯其他人的言行并在脸上表现出来。 1 2 3 4 5

21. 我无法适应新的岗位或新的集体。 1 2 3 4 5

22. 当单位更换新的领导时，我无法适应新的领导方式和领导方法。 1 2 3 4 5

23. 搬家之后，我需要很长一段时间才能处好邻里关系。 1 2 3 4 5

24. 我常感到自己适应新的事物比较困难。 1 2 3 4 5

25. 我感到对许多事情都失去兴趣。 1 2 3 4 5

26. 抑郁常常伴着我。 1 2 3 4 5

27. 我感到胸闷。 1 2 3 4 5

28. 我感到整日无所事事。 1 2 3 4 5

29. 我觉得最好不与其他人接触。 1 2 3 4 5

30. 我不喜欢应酬性的活动，尤其是人员较多的场合。 1 2 3 4 5

31. 在单位中，我为缺少朋友而感到孤独。 1 2 3 4 5

32. 当群众问我事情时，我常常缺乏耐心，即使知道也不想说。 1 2 3 4 5

33. 我常感到事事不如人。 1 2 3 4 5

34. 我觉得自己低人一等，所以遇事极为小心谨慎。 1 2 3 4 5

35. 我觉得别人瞧不起我。 1 2 3 4 5

36. 由于自卑，我在许多场合都表现出退缩。   1 2 3 4 5

37. 我常感到活得挺累。   1 2 3 4 5

38. 我感到工作效率下降。   1 2 3 4 5

39. 我食欲不振，吃东西没有味道。   1 2 3 4 5

40. 争论问题时，我容不得反对意见。   1 2 3 4 5

结果分析

180～200 分：心理健康水平较高。

140～179 分：心理健康水平一般。

120～139 分：心理健康水平较低。

40～119 分：心理不健康。

心理健康与年龄的关系

分数 ＼ 年龄	20～29 岁	30～39 岁	40～50 岁	51～55 岁
180～200 分	0%	3%	3%	3%
140～179 分	38%	46%	35%	25%
120～139 分	40%	25%	35%	75%
40～119 分	22%	25%	26%	0%

二、如何帮助战友解决心理问题？

"最近我总觉得小张的状态不对，不跟人说话，总是一个人闷闷不乐，好像大家都得罪了他一样，现在给他布置任务，他也爱理不理的，领导让我多看着他，我该做些什么呢？"

当身边有战友出现心理异常，影响到正常工作生活时，我们需要根据上述标准，大致判断他属于哪个阶段的心理问题，如果不是心理障碍或心理疾病，你可以有如下做法。

第一，试着跟他沟通，做一个好的倾听者，陪伴他，关注他，理解他，给他提供心理支持和帮助。要知道，送人玫瑰，手有余香，人人都会遇到一些难以跨越的障碍，如果你的一点关注和支持能让人多一些勇气和快乐，何不伸出援助的手？

第二，推动他与人交流。有心理困扰的人往往不太愿意与人接触，不自觉中就将自己和他人隔离开，所以，你要学会创造他和大家接触交流的机会，邀请他一起打牌、运动、玩游戏……尽你所能让他多和周围人交流、多和亲朋好友电话联系。

第三，建议他去做心理咨询和辅导，为他提供专业人士的联系方式和基本资料，鼓励他说出自己心中的烦恼，动用更多的资源去解决难题，让他知道有人可以更专业地帮助他，而且替他保密。

三、我是郁闷了，还是抑郁了？

"我这段时间总觉得心情不爽，吃得不好，睡得也不好，做什么都没兴趣，我怀疑自己得抑郁症了，真是这样吗？我该怎么办呢？"

关于抑郁症的诊断，心理学上有严格的标准，主要表现是心境低落，且和周围的环境不相称，可以从闷闷不乐到悲痛欲绝，严重的还可出现幻觉、妄想等症状，这种情绪状态持续存在不少于2周，并且至少要伴随以下症状中的4个。

① 兴趣丧失、无愉快感。

② 精力减退或疲乏感。

③ 反应缓慢或过于激动。

④ 自我评价过低、自责或有内疚感。

⑤ 思维凝固或思考能力下降。

⑥ 反复出现想死的念头或有自杀、自伤行为。

⑦ 睡眠障碍，如失眠、早醒，或睡眠过多。

⑧ 食欲明显下降，体重明显减轻。

⑨ 性欲减退。

抑郁症还包括有幻觉、妄想的精神病性抑郁症，间隔2个月反复发作的复发性抑郁症等，我们平常所说的"抑郁"，常常指心情低落，不开心，更多的可能是由于现实环境中发生了某些不愉快的事，有明确的原因，并不一定达到了抑郁症的诊断标准，更何况在我们执行任务期间，长时间的单调工作也会引发抑郁的情绪，即"郁闷了"，但也不一定就是患上了"抑郁症"。即使你真的抑郁了，我们也还有很多自我调适的方法可以一试。

第一，看看关于抑郁症的基本常识。研究表明，每四五个人中就有一个人在一生的某个阶段得过抑郁症，而且这个比例还在不断增加，所以，即使你出现了相关的症状，也不用太担心，大部分抑郁症在几个星期或几个月内症状会完全消失，只有10%～20%的抑郁病程会持续两年以上，所以，你只要不再连续累加自己的负面情绪，顺其自然，为所当为，恢复常态的概率在80%以上。

图3-14　了解心理状况

第二，以下10个治疗抑郁的规则，你来试试，抑郁症状便能很快消失。

① 严格遵守生活秩序。养成定时入睡定时起床的习惯，从稳定、规律的生活中找到生活的乐趣。

② 注意自己的外观。让自己的身体保持清洁卫生，将房间打扫干净，良好的形象会让你的心情也跟着闪亮起来。

③ 即便是小事，也要采取合乎情理的行动。即使你心里烦闷，也要特别注意自己的言行举止，让自己的行动合乎情理。

④ 对待别人的态度要因人而异，不要对每个人都持相同的反应和态度。

⑤ 不将自己的生活与他人比较。每个人都有自己的生活，能过好自己的就很好了，何苦要和别人比较呢？

⑥ 把每天工作和生活中的美好事情记录下来。有时候，美好在于你的发现，如战友帮你倒杯水，你帮别人做件事，海豚游弋……身边美好的事很多，更可以自己创造。

⑦ 即便是在很抑郁的状态下，也要坚持工作和学习，坚持做好该做的，再努力学会一些新的技能。不管是本职的专业技能，还是你认为有用的外语、法律、练字……都值得一试，开辟新的生活方式，让自己更加充实。

⑧ 不要掩饰自己的失败和错误。如果真的失败了，接受是让你更快成长的办法。

⑨ 对人、对事要宽宏大度，太计较伤的总是自己。

⑩ 与精力旺盛并乐观向上的人交往。

四、怎样面对"强迫"状况？

"我常听到别人说强迫症，我有时候也会经常反复想自己是不是把门关好了，领导交代的事是不是都完成了，或者总是想一些没必要老想的事，这该不会是得强迫症了吧？"

强迫症最显著的特点是当事人的自我意识中强迫和反强迫并存，两者强烈冲突让人痛苦和焦虑，自己明明知道某些想法和行为并无意义，但还是无法控制自己的行为，非常痛苦，因而内心充满矛盾和冲突，比较常见的强迫包括反复洗涤、核对、检查、询问等。只有当症状持续至少 3 个月，并且严重影响到了人的正常工作生活时，才能诊断为强迫症。

你如果患了强迫症，就要勇敢地承认它，面对它，不能回避。只有这样才能一步步从强迫症的阴霾中走出来。到底应该怎样克服强迫症呢？

（一）凡事做到顺其自然

例如，衣服沾上了东西，心里想就让它不干净吧，与自己无任何关系。经过一段时间的努力，由强迫带来的焦虑情绪和症状便会慢慢缓解。

（二）适时地分散注意力

在日常生活中密切关注自己的行为，当你发现自己有实施强迫行为的趋向时，便转移、分散自己的注意力，强迫自己接受目前的状态。期间你可以去做一些需要注意力高度集中又无法中途停止的事情，或者自己感兴趣的事情，以培养新的兴奋。

（三）做好行为记录

你可以将成功的转移注意力的行为记录下来，这样你可以回溯去看何种行为对你转移注意力最有帮助。当列出来的项目达到预期的效果时，可以帮助你建立信心。记录可以帮助你在强迫症状严重时"换挡"，并且训练自己记得过去曾做过些什么。当成功的经验越多时，你就越受到鼓励。

（四）药物辅助治疗

如果强迫症状十分严重，通过系统的心理指导和治疗无法痊愈的话，你还可以借助一些药物辅助治疗。例如，可以在医师的指导下服用对症的药物等。

五、为什么我总担心自己患病？

"我肯定是有病了，最近我经常会觉得肺部难受，前段时间跟家里通电话，我二叔就是肺癌，咱们这儿条件有限，不一定查得出来，谁能帮帮我啊？"

疑病症是一种以具有担心和相信自己患有严重躯体疾病的观念为主要特征的神经症，当事人因为担心而反复就医，各种医学证明和医生的解释都无法消除病人的疑虑，其焦虑远远超过了实际情况，且坚信自己患有严重的躯体疾病，常伴有焦虑或抑郁。患有疑病症的人常过分关注自身健康，要求十全十美或固执、吝啬、谨慎等性格特征，这种症状约 1/3 由躯体疾病所诱发，多数可能根本没病。

如果通过医学检查，确认你并没有身体上的疾病，而你还那么坚信自己有病，那么你要相信，这没有那么可怕，下面的一些建议或许会对你有所帮助。

（一）培养自己多方面的兴趣和爱好

要正确地认识自己的病情，树立正确的人生观，积极参加一些有益的文体活动，把精力集中到其他与"病"无关的事上，增强身体素质和心理素质，转移自己对"疾病"的过分关注。

（二）学会自我暗示

自我暗示语可以是："我的身体其实是很好的，这已被所有检查过的和化验过的结果所证实，医生也都说自己是没有任何疾病的，现在自己应该坚信这点了。过去自己感觉到这儿痛那儿痛，这儿不舒服那儿不舒服，都是自己太敏感的缘故。其实任何一个正常人都会有这样的现象，这不是病，是一种正常人的'不正常'现象，会很快过去的。我今后不去想它了，不舒适的感觉就会消失了。现在我已经感觉舒适多了，也不再为此而烦恼了，现在我对自己的健康充满信心。"自我暗示语可以根据自己疑病的情况，重新编写。但暗示语一定要毫不犹豫、直截了当，使自己接受"健康"的观念。一般自我暗示每天一次或数日一次，其效果较佳。

（三）进行放松训练

　　找一个自己觉得舒适的姿势坐在沙发或椅子上，把休息的意念输送到全身各个部位，并想象肌肉做出了相应的放松反应。当感到全身都松弛下来后，开始调整呼吸，把注意力集中于丹田一带，慢慢地将肚脐向背部贴近，同时呼气。充分呼气后，再缓慢而自然地吸气，如此循环。要尽可能地将呼吸放慢，以不会引起憋气的速度呼吸。在呼吸的同时要告诉自己"我现在很健康很舒服"，让身心感到舒爽，有心旷神怡的感觉。

六、如何摆脱对酒精的依赖？

　　"我也知道喝酒伤身，但有时候真的是太无聊啦，和大家在一起喝喝酒、聊聊天，心情会好很多，慢慢地就觉得每天最好都喝点儿，不喝酒浑身难受，现在领导严令禁酒，真不知怎么熬啊？"

　　酒精成瘾是指长期反复饮酒而引起对酒渴求的一种心理状态。酒是一种麻醉剂，是刺激神经的物质，长期饮用可产生酒依赖，影响正常的工作生活，甚至出现震颤、幻觉、意识障碍、肌肉抽搐、植物神经功能紊乱等症状。以下几个有助于克服酒瘾的小办法，希望能对你有所启发。

　　一是分析你的喝酒习惯。把你通常喝酒的时间登记在一张表上，花上两三周时间去研究，什么时候及为什么你需要喝酒，这样你才会对自己的喝酒行为加以注意。这会使你越来越关心你的喝酒行为，为戒酒做好准备。

图3-15　野外风餐露宿

　　二是下定决心，永不再回头。把你戒酒的理由都写下来，其中包括戒酒的好处。例如，戒酒后你不再头疼恶心、早晨不再昏睡、精神良好等。在你实施行动之前，应使自己相信，戒酒是值得一试的事情。

三是在日历上圈选一段时间（如一天、一周，甚至一个月），在这期间完全不喝酒。这是最为成功的办法，并且是痛苦最少的戒除方法。如果身边有好友能跟你一起行动，在同一个时候戒酒，在戒酒前几天最困难的日子里，互相支持，抵抗酒瘾，这对戒酒是很有好处的。

四是以小题大做的方式向所有的人宣布自己要戒酒了，这也有帮助。这可成为你在意志衰弱时而不屈服的一件值得骄傲的事情。

五是在最初的戒酒困难期内，你可以使用任何代替酒的东西，如汽水、饮料等都有帮助。此外，你可以多做松弛运动，转移自己的注意力，避开那些喝酒的机会和场所，这对戒酒也有帮助。

七、怎样面对自己的不健康进食行为？

"现在真是不知道该吃什么好，吃来吃去就这几样，想吃的也吃不到，慢慢就不吃了，可这身体撑不住啊，我该怎么办呢？"

若你有不健康的进食行为，如吃得太少，或者过分贪吃等，都会对身体和心理造成一定的伤害，你可以遵循以下建议加以改善。

① 每天至少 6～8 杯水，这或许是最为有用的一招。

② 按照一日三餐的时间按时就餐。

③ 在进食之前就开始想进食的场景。

④ 放慢进食速度，用更长的时间咀嚼，并且好好品尝。

⑤ 在食用正餐之前，饮用低热量的饮料或者汤，5 分钟后再进食。

⑥ 食用糖量高的早餐，在上床前两小时内不要进食。

⑦ 避免在周围放置食物。

⑧ 使用思维控制。想要暴食一顿？停！

⑨ 制订行之有效的运动计划，并严格执行。

⑩ 每天都回想一下，自己做得如何，必要时向他人寻求帮助。

八、怎么走出失恋带来的低谷？

在大部分人的一生当中都不太可能第一次就遇到那个对的人，因此，就难免会失恋，那么我们应该如何从失恋的低谷当中走出来呢？

首先我们认识一下失恋都有哪些阶段？一般认为失恋可以分为 4 个阶段：现实解离期、情绪淹没期、适应定位期和重新建构期。

阶段一：现实解离期，这个阶段约持续 0.5～3 个月。但与这种希望交替出现的还有绝望的情绪，有时你会对另一半或自己充满怨恨。这意味着你已进入了第二个阶段。

阶段二：情绪淹没期，这个阶段约持续 2～3 个月。这个阶段的标志是情绪的强烈波动和失去方向感。你变得不认识自己了。绝望、恐惧与愤怒、憎恨交替出现。这个阶段临近结束时，你将重新看到希望，第三个阶段终于来临了。

阶段三：适应定位期，一般来说达到这个阶段需要一年时间。除了一些偶然的、短期的倒退之外，你已经开始重新用积极的态度面对自己的生活了。你已经彻底放弃了复合的念头，对伴侣的厌恶和不满渐渐减少，你开始与其他人接触。你已经看清了自己的性格与上一段关系的失败有何联系。你重新建立了自信，学会接受和肯定自己。

阶段四：重新建构期，大部分人需要 2～4 年才能达到这个阶段。进入这个阶段后，你能清楚地感受到分手并非是对你的失败的惩罚。分手让你找到了自己更多的优点，你可以自主决定是否开始下一段关系，你更加清楚自己需要的是什么。除此之外，你还得到了做你自己的自由。你意识到已经结束的关系对未来的影响，并重新学会信任他人。

那么我们应该如何走出失恋的低谷呢？

（一）克服逃避现实的阶段

第一，请你站在大镜子面前，看着自己的眼睛说："我准备好接受婚姻结束的事实了。"

第二，请你通知家人、朋友、同事，你已经和另一半分手了。

第三，请你尽量避免与伴侣再有接触，更不要尝试让他 / 她回心转意。

第四，请你读一遍下面的问题，它能够帮助你认清你们之间关系的真面目。

① 前一段时间我们的关系究竟如何？

② 我们彼此信任吗？

③ 我是否愿意接受自己的另一半？他 / 她也跟我一样吗？

④ 我是否觉得自己得到了伴侣的认同？

⑤ 我们是否有相同的兴趣爱好和生活态度？

⑥ 我们能否开诚布公地谈论我们之间的分歧和不同看法？

⑦ 我能否发展自己的能力？

⑧ 我们有没有共同的朋友？

⑨ 意见不统一时，我们能否做出让步？

⑩ 我是否信任另一半？

⑪ 我们是否给予对方独处的空间？

⑫ 当对对方不满时，我们是心平气和地讨论、掩饰自己的怒气，还是互相伤害？

⑬ 共处时，我是否大部分情况下都感到心情愉快？

（二）应对绝望的情绪阶段

第一，接受你现在绝望和悲伤的情绪。

第二，请你避免在工作的时候分析自己的情绪。

第三，每天花一小时来发泄自己的哀伤，可以哭泣或用写日记等方式倾诉。

第四，在你的日记本里给伴侣写一封信，告诉他／她曾经给予你的一切。

第五，请考虑一下，你从伴侣身上得到了什么，让你到今天仍无法割舍？

第六，请你与朋友、同事重新建立关系，以便从其他人那里得到失去了的认可。

第七，请你在日记本里列一张清单，把你为开始新生活要做的事一一记录下来。

第八，请你善待自己的身体，注意自己的外表——即使你没有心情。

第九，把你家里让你想起另一半的物品全收起来。

第十，要尽量避开那些可能碰见伴侣的地方。

第十一，尽量不要给伴侣打电话。

第十二，如果你有自杀的念头，请马上向心理咨询师或专业医生求助。

第十三，请你不要染上酒精、药物、毒品或暴饮暴食。

第十四，你的痛苦不会将你打倒。

（三）处理好自己的孤独感阶段

第一，理解并接受自己的孤独情绪。

第二，接受朋友的邀约。

第三，如果感到孤独，给朋友、熟人或父母打电话。

图 3-16 团体交流

第四，把重要的决定留待以后。

第五，安排好自己每天的行程，尤其是晚上和周末的活动。

第六，给自己喜欢做的事情列一张清单，然后一件一件地去做。

第七，给自己一点奖励，如买一束花、一瓶新香水、一本画报或一本书。

第八，帮助别人。

（四）消除自己的负罪感和对自己的怀疑阶段

第一，过去的事已经过去了，没有必要为此责备自己。

第二，拿出日记本，把对自己所有的不满写下来，可以这样开头："我责怪自己……我认为自己要为……负责任。"然后把这些指责改成："我很遗憾自己……当时我没有别的选择，我已经尽了最大的努力。"

第三，总结你从这段关系中学到的东西，把经验教训运用到下一段关系中。

第四，如果你仍然认为自己必须感到愧疚，就每天留给自己一段时间（如20分钟）专门制造负罪感，但其他时间不允许这么做。

第五，按指责自己的数量收集一堆硬币大小的石头，一个石子代表一个指责。每次散步时把这些石子带在身边。这样你可以知道给自己增加了多少无谓的负担。

第六，你是一个有优点也有缺点的普通人，总会找到愿意接受你的另一半。

第七，你和伴侣分手只是因为他／她的看法改变了，并非因为你没有魅力或愚蠢。

九、正常人会出现哪些异常心理现象？

"我觉得我肯定有心理疾病了，很多时候经常睡不好觉，心里面堵得发慌，又不知道是为什么，在海上待久了，有时候我也会产生幻觉，这该怎么办好啊？"

精神正常并不意味着没有一点问题，关键是这些症状的产生背景、持续时间、严重程度以及对个体和环境的不良影响如何。正常人也可能出现短暂的异常心理现象，这种异常心理现象持续的时间短、程度轻，具体如下。

疲劳感：通常有相应的原因，持续时间较短，不伴有明显的睡眠和情绪改变，经过良好的休息和适当的娱乐即可消除。

焦虑反应：焦虑反应是人们适应某种特定环境的一种反应方式。但正常的焦虑反应常有其现实原因（现实性焦虑），如任务压力大，并随着事过境迁而很快缓解。

强迫现象：有些办事认真的人反复思考一些自己都觉得没有必要的事，如是不是得罪了某个人，反复检查门是否锁好了等，但持续时间不长，不影响生活工作。

恐怖和对立：当我们站在很高但很安全的地方时也会出现恐怖感，有时也想到会不会往下跳，甚至于想到跳下去是什么情景。这种想法如果很快得到纠正不再持续，属正常现象。

疑病现象：有些人将轻微的不适现象看成严重疾病，反复检查，特别是当亲友、邻居、同事因病早逝或意外死亡后容易出现。但检查后若排除相关疾病后能接受医生的劝告，属正常现象。

偏执和自我牵连：任何人都有自我牵连倾向，即假设外界事物对自己影射着某种意义，特别是对自己有不利影响，如走进办公室时，人们停止谈话，这时往往会怀疑人们在议论自己。这种现象经过片刻的疑虑之后就会省悟过来，其性质和内容与当时的处境联系紧密。

错觉：正常人在光线暗淡、恐惧紧张及期待等心理状态下可出现错觉，但经重复验证后可迅速纠正。成语"草木皆兵""杯弓蛇影"等均是典型的例子。

幻觉：正常人在迫切期待的情况下，可听到"叩门声""呼唤声"。经过确认后，自己意识到是幻觉现象，医学上称之为心因性幻觉。正常人在睡前和醒前偶有幻觉体验，也是正常的。

自笑、自言自语：有些人在独处时会自言自语甚至边说边笑，但其有客观原因，能选择场合，可自我控制，属正常现象。

十、当周围出现心理危机状况时，我该怎样进行心理危机干预？

执行任务时，因为历时较长、与外界联系渠道单一等情况，很可能会出现诸如激烈的战斗、战友伤亡、远方家人病故等危机情况，遇到这些情况时，我们的做法如下。

（一）调整和保护好自己的状态

危机出现时，如果你连自保都不能做好，又如何去帮助别人呢？所以，遇到情况时，自己首先要保持冷静，避免出现过激反应。

（二）第一时间与专业人士及相关管理部门取得联系

要注意到当事人此时的情绪是处于无序状态之中的，因此，他们可能说话时情绪不稳定，而且不知道什么是应该说的。此时，周围的人要以热忱的心、冷静的头脑来工作，不论当事人的情绪如何不恰当，我们都应接纳。同时，必须问清时间、地点、发生了什么、对方的联系方式等，尽可能详细地了解事情的具体情况。

（三）尽快地给予当事人以支持和照顾

在危机发生时，由于个体处于惊恐、分离状态，脑部是原始脑在起作用，当事人的反应是反射性的本能的。因此，干预也是以原始的方式进行的，主要是将混乱的状态结构化，满足当事人最基本的本能的需要，并给予其情感上的支持。此时，工作者可以给予其简单真诚的关心，可以给其一些简单清晰的建议，以简短清晰的形式表述出来，让他感觉到支持与关爱，如果允许，你可以触碰当事人的身体，与他的眼光保持接触，喊他的名字，告诉他现在好了，安全了。我们也应清楚地告诉他们，可能出现的问题和困难，使得症状的出现表现出一种可预见性，并告诉他们我们下一次会在什么时候再来帮助他们。在这一阶段，也需要军务、保卫、宣传等部门配合做好相关工作，保护好当事人，在合适的时候给其必要的有关创伤和创伤反应的心理教育，同时继续关注当事人下一步可能出现的反应。此时，尤其要注意的是相关知情人员不要借此开些愚蠢的玩笑，也不能为了耸人听闻的新闻而不顾当事人的感受，更不能责备当事人，对当事人进行不公正的猜疑，忽视其感受。

（四）给予合适积极的指导

这是指创伤性事件发生1～2天后，工作者充当的是教师的角色，主要做解释工作。处于这一期的当事人，很多的症状开始出现，这也是最初的自我疗伤过程。我们可以将有同样卷入程度的个体组织起来，给其提供合适的场所，足够的食物、饮料并给予其足够的时间。

在开始时，我们可以说：那件可怕的事情虽然过去了，可是我们的身体不会真的忘了它，因此，我们有必要做一些处理。现在，我想问大家那件事发生时，谁最先看到？

其他人呢？能说一下吗？——这个过程正如一个拼图的过程，每个人拿出自己的那个记忆碎片，从而拼成一个完整的图。对那些不想加入、不想回忆的人，我们可以告诉他，他这样做可以帮助其他的人。然后，我们就要给他们进行创伤后个体应激的心理教育工作，主要就是前面谈到的对生活的错觉、创伤性事件的特性、幸存反应和个人自动疗伤的过程。同时，我们也要告诉他们，来自周围的一些人的反应，如谴责、愚蠢的玩笑、好事者的打听、回避等，所有这些都是他们保护自己、平衡自己内心焦虑的表现。因此，我们在工作中，要交给当事人一些有用的应对策略，如叙述出来、给予某种解释、将自己与别人相比、赋予行为以好的意义、逐步增加行动计划、寻求社会支持、在与创伤保持联系和保持距离间平衡、分散注意力、体育锻炼、放松训练等。

（五）做好心理治疗的相关工作

这是指创伤事件发生 1～2 周后。此时的工作者充当的是心理治疗师的角色。可以让当事人再次叙述事件发生时的情境，此时，我们可以看其描述的方式，如果他在描述中仍然有很多的细节，则其自我修复得不好。如果，当事人有一些记忆的空白，这可能是防御性遗忘，也提示自我修复得不好。其次，我们也要做有关创伤症状的检查，在做这项工作时，我们要注意到每个人修复的节奏不同，并在动态中观察，找到其特殊的"痛点"，而这与其过去的经历有关。同时，我们也应帮助其尽早地重返正常的生活。

（六）做好心理安抚工作

这是指创伤性事件发生 1～2 个月后。此时的工作者充当的角色类似牧师。我们可以看到当事人对事件的叙述细节少了些，然而表现得更紧凑。我们应适当评估当事人的恢复状态，同时也要注意给他们以充分的尊重和接纳，不以高人一等的方式进行工作。比如，如果当事人在一个房间，工作人员进去之前，要先介绍自己，打消当事人的疑虑，征得其同意后，再进入房间，进入房间后最好不要一下就站在房间的中央，也不要采取让当事人需仰视才见的姿势。这时要帮助当事人将创伤性事件放到生活中去看待，寻找其对生活的意义，帮助他们尽快回到正常的生活工作中。

值得庆幸的是，我们的心灵有着自动痊愈的能力，所以，在遭遇危机之后，大多数人都能逐渐从危机中走出来，但是每个人都有自己内在的节奏。从这个意义上说，我们做心理危机干预的时候，一定要根据当时人具体的情况和节奏来调整工作的步骤，让心理干预工作和当事人自己的恢复节奏相结合。

十一、我可以觉察到周围人想自杀吗？

识别出潜在的自杀者，对防止他们实施自杀计划至关重要。我们把自杀的线索归纳为"六变三托"。

（一）"六变"

一是性情发生巨大的改变。外向的人突然变成内向，内向的人突然变成外向；少语的人突然变得多语。总之，人的个性、气质与情绪行为模式，突然发生巨大改变。

二是行为发生巨大的改变。不按规律习惯作息，该干的不干，不该干的却去干，或出现持久的反常动作与行为。例如，翘班逃岗，常请病假，严重酗酒，一直想办法打电话或一直不接电话，开始自伤自残，一直缠着人或者突然消失等。

三是财务发生巨大的改变。当个人把存款全部提领或乱借钱，把钱胡乱花光或全部捐款给慈善机构，或乱买东西送人，这种突然以各种极端方式花光所有财产的行为都值得留意。

四是语言发生巨大的改变。语言的征兆非常容易辨识，但是也非常容易被忽视，或引为笑谈不了了之。比如，突然很健谈，突然开始提起或书写有关死亡的价值仪式、自杀方式、自杀花费等内容，经常提到死了算了、我想自杀等内容。

五是身体发生巨大的改变。比如，突然得了不治之症，突然遭逢变故，患上重病或慢性疾病不愈，动机与情绪发生异常。

六是环境发生巨大的改变。生活环境的异常变故，如天灾人祸等。

（二）"三托"

一托人，突然向亲友嘱咐、要求或委托，加强对某人的照顾；二托事，突然把自己的重大事件要求或委托他人代为执行或完成；三托物，突然打包身边重要物件，要求或委托他人代为保管。

小贴士

如果发现有人有轻生念头，该怎么办？

如果发现自己有轻生的念头，不要惊慌。心理学研究表明，很多人在一生中都出现过这样的念头，可能是因为你正在经历一些非常痛苦的事情，你可以采取如下措施。

第一，跟过去的亲朋好友联系。要知道，他们曾与你人生过往的一些温暖而美好的回忆连接着，并对你充满期待，和他们联系交流，多听听别人的建议和想法，会拓宽你的视野，启发你找到新的转机和机会。

第二，倾诉自己的感受。很多时候，我们只是因为积累和压抑了太多情绪，而使自己疲倦厌烦，所以，要为自己的情绪找到宣泄的出口，你可以找身边值得信赖的人，也可以悄悄把这些写进日记、敲进电脑……倾诉会让你如释重负，也许，你会发现，其实一切并不像你想的那样糟糕。

第三，直面内心的挣扎与痛苦。我们的内心深处总是难以忘却和放下一些执着和冲突，所以，敢于直面内心的挣扎和痛苦，是一种勇气，一种更值得活下去的理由。当生和死两股力量剧烈斗争的时候，也许选择顺其自然而不是刻意为之，更能让你获得宁静和慰藉。

第四，寻求专业力量的帮助。如果以上的方法都无效，请你联系心理服务专家，他们有着专业的积累和丰富的人生经历，他们有着很多你所不知道而且有效的治疗方法，与专业人员一起找出摆脱困境的方法，是你一定要做出的选择。

如果是你的战友出现了轻生念头，你需要立即采取如下措施。

第一，首先要尽可能安抚对方的情绪，试图跟对方讲话，了解原因，分散他们的注意力，避免自伤或伤害他人事件的发生。例如，清除对方身边的刀、针、绳索等。

第二，同时要安排人手照看好他，避免极端行为出现，注意不要让对方一个人待在有可能发生危险的地方，如靠近甲板、暗室等。

第三，要提醒周围人切忌激惹、嘲讽和冷漠的做法，不要用有色眼镜看待战友，鼓励周围的人尽量为对方创造一个和谐友爱的氛围。

第四，迅速跟上级领导、军务、保卫部门等负责人员及相关心理服务专业人士取得联系，报告情况，让组织与专业的人来解决问题。

十二、周围有人自杀时，我该怎么进行干预？

一部分自杀未遂的人，通常2～3个月有可能会再度自杀，如果自杀的次数过多，有可能会变成习惯。因此，自杀者需要他人长期且耐心的陪伴。

图 3-17　野外驻训

（一）紧急的处置方式

最好的支持方式是常常陪伴在他身旁，关怀他、支持他，不责怪他，鼓励他把心里的感受说出来，以获得情绪上的缓解。

（二）长期的照护

从长远来看，重要的是要帮他重新反思自己处理困扰的方式，是不是对问题的看法过于狭隘或处理的态度太消极，来协助他增加看问题的不同角度，增进他解决问题的能力。同时，帮助他扩展社交的质与量，让他的眼界更开阔，以促进他的成长。

（三）增进解决问题的能力

现代的生活变化快速，要适应这么快、这么多的改变并不容易，如果他只懂得单一方向的思考，将很难解决面临的诸多问题。因此，我们需要帮助其尝试以不同的角度来面对问题，随时培养自身新的问题解决能力，增进生命的韧度与适应变化的能力。

（四）养成正向思考的习惯

同样的事，从不同的角度去想会带来截然不同的感受。所谓"塞翁失马，焉知非福"，引导他常用正面的思考、乐观的态度来看待生活中的事件，鼓励他面对挫折，保持对生命的希望。

（五）建立社会支持网络

每个人都有心情低落的时候，也都需要与人分享、分担各种感受。人际关系中的信任与亲密，会使我们的心灵感觉有所依靠。因此，一个人身边有可以帮得上忙的朋友，随时有社会支持资源，会大大提高这个人走出心理危机的速度。

十三、怎样去关心那些自杀未遂的人？

军人是一个集体，每个人都很乐于帮助别人，特别是那些处于困难中的战友，那么我们应该如何帮助那些处于危机状态的战友呢？在战友发生心理危机之后我们应该做什么，不应该做什么呢？

（一）危机发生后，我们不应该做什么？

第一，不要大事化小。比如，有的战友在劝别人的时候常常说："这没有什么大不了的，男子汉大丈夫这点小事没什么的。"其实，在我们看来不是那么严重的事情可能在其他人看来却十分严重，因此，我们应该表达一种理解、支持的态度，而不是满不在乎。

第二，埋怨受害者。比如，有些人会认为那些战友给集体增添了麻烦，于是感觉很不耐烦。这种态度值得警惕，毕竟他们是我们的战友，而且出现问题也不是他们愿意的，所以，应该关心他们而不是埋怨他们。

第三，开愚蠢的玩笑。一些人喜欢以别人的痛苦作为快乐，这种心态尤其需要谨慎，因为对于那些处于危机状态的战友来说本身已经很痛苦了，任何外在的嘲笑都会成为击垮他们的最后一根稻草。

第四，好奇、寻求刺激。有的战友对于别人发生的事情非常好奇，一定要刨根问底知道到底发生了什么事情。当然我们不能否定其中蕴含的对战友的关心，但是也应该注意时机和场合，不能对什么事情都好奇。

第五，忘记、不再关注。这与好奇是两个极端，一个是过于热情，一个则是过于冷淡，甚至是冷漠。正确的态度应该是关注而不好奇，关心而不冷漠。

（二）危机发生后，我们应该做什么？

第一，提供保护。发生心理危机的战友往往会做出一些自残甚至自杀的行为，因此，我们应该对那些战友提供专门的保护。

第二，给予认同和肯定。发生危机的战友自我价值感极低，需要外在的肯定和鼓励以支持自我价值感。因此，战友发生危机后，我们要告诉他们："你已经做得非常好了，我们相信你在未来会做得更好。"

第三，激活社会支持系统，主要包括战友、朋友、家人等。通过周围人的鼓励和支持帮助他们重新回到正常的状态。

第四，给予其有关危机和危机反应的教育，告诉他们出现危机是个体遇到超出自己能力范围之外的事情后的正常应对反应，危机只要度过就可以转变为个人成长的机会等。

第五，给予其持续的关心和照顾。特别是在危机发生之后的一段时间，我们要尽可能给予其必要的帮助。

小贴士

自我整合

有时候，我们内心会有很多矛盾的声音。比如，内心觉得应该做某事，但同时又不想去做；或者内心总有一个责备、批评自己的声音。这时候，你可以效仿如下做法。

第一，用不同颜色的笔，分别在两张纸写上自己的名字，代表内心的两个部分，把两张纸放在地上，相距 0.5 米左右。

第二，先站在做了事被责备、批判自己的纸上面。想一遍做了的事，问自己：做这件事的目的是什么？想得到什么？找出正面动机，找出自己背后的价值需求（如让自己更好、肯定自己的能力、证明自己等）。

第三，走出来，站在另一张纸上。想想这样的"自己"，目的是什么？想得到什么？直到找到更高层次的正面动机。

第四，你会发现，不管是怎样的自己，背后都有相同的正面价值，此时，你再站在第一张纸上，对自己说以下的话。

"我做这件事是为了……（找到的正面动机）"

"你责备批评我，也是为了……（找到的最高正面动机）"

"原来我们都是为了使……（自己的名字）更好。"

"现在，是时候让我们结合在一起了。"

第五，闭上眼睛，伸出双手，想象双手往前伸，握住对面自己的双手，慢慢地把他拉过来，拥抱他。感受他把头靠在自己的肩膀上，然后在他耳边轻柔地、细声说出只有你们俩熟知的话，去肯定这份力量的结合会有力地帮助自己变得更好，感受两个自我融合在一起的感觉，静一会儿，好好享受这份舒服，同时充满力量的感觉，慢慢睁开眼睛。

小贴士

46 条自我心理调节策略

美国心理学协会 159 位心理学家，运用人类行为模式理论和心理学研究成果，对众多政界精英、商界精英在生活中运用的"心理调节术"进行了深入的研究和总结，从而归纳出了 46

条心理调节策略，相信定能对你有所启发。

①人生的有趣之处，就在于它是一个充满诸多不确定性的、开放的过程。其中，有失败的痛苦，有成功的喜悦，有冒险的刺激，有思考的深沉。试想如果我们的生活缺少了这些，那它还值得去追求和奋斗吗？

图 3-18　美好夕阳

②人和人之间的信任是相互的，首先向对方伸出橄榄枝的必然是更强势的一方，这种信任才体现信任的本质，因为信任不是屈服。

③与人交流合作要学会换位思考。首先，要有一个宽广的胸怀，在被他人误解时，不要为自己争辩和闹情绪，而是要用实际行动证明自己；其次，要有大局意识，多从对方角度考虑，主动诚恳地接受批评；再次，要有自我批评的勇气；最后，要善于开诚布公地交流，彼此增进了解。

④想要博得别人的喜欢，就需要你先去喜欢别人，想要喜欢别人，你就要看到对方的优点。

⑤让别人知道你和他们有着相同的兴趣，对于保持良好的关系至关重要。如果你在谈话时总爱夸夸其谈，就会被人讨厌；如果你谈论的是对方感兴趣的话题，拉近彼此之间的距离就容易多了。

⑥那些经常被一些别有用心的人包围着的人，与那些地位卑微的人相比，更看重人与人之间真诚的感情和关怀。

⑦替你自己工作，你便是单干；替别人工作，则会有数十上百人给你帮助——合作的基础在于共赢。

⑧当一个人专注做事的时候，他就会忘记自己，忘掉附加在自己身上的太多是非。并且，过分计较自己利益的习惯会成为自己事业的阻力。

⑨与人交往时记住这两点：第一，别人是重要的；第二，自己也是很重要的——以平等的观点看待他人有利于你从容地做事。

⑩ 克服自我感觉强烈的最好方法就是多留心别人，多留心对方的兴趣、愿望和行动等，以此来暂时忘记自己。

⑪ 批评就像一条狗，它见你怕它，便会加倍追赶你、恐吓你。但是如果你回过头勇敢地面对它，它便会停止吼叫，摇着尾巴，让你去抚摸——怎样应对批评和侮辱，反映出一个人的素质和处世哲学。

⑫ 想象一下，10 位最有名望的画家齐聚一堂，围绕着一张圆桌坐下，一起对摆在圆桌当中的一个苹果进行素描，结果会如何？一定是每一个人画出来的苹果都不一样，因为每个人看苹果的角度都不相同——固执地认为自己对待事物的看法是正确的，对他人的看法采取封闭态度，只能局限自己——因此，多听比多说重要。

⑬ 一个人怕别人看不起你所做的事的时候，是最想吹牛的时候，这时你想通过吹牛这种夸大事实的方式，来引起别人对你的重视，而当你说得天花乱坠的时候，引来的往往是讥笑。

⑭ 当你要吹牛时，想想自己如何厌恶别人吹牛，就不会做这种蠢事了。

⑮ 将要做的事远远比已经做了的事更重要，过去的价值在于它对你的将来有帮助。

⑯ 习惯性怨恨会导致自怜，而自怜是一个人能够养成的最坏的情绪习惯。当这些习惯变得根深蒂固时，不自怜的话就会觉得不正确。有心理学研究发现，这种人只有在自己处于悲惨境地时才会感觉良好。

⑰ 有许多产生不安全感的原因，并不是因为我们身上的智慧和能力真的不足，而是因为我们运用了错误的衡量尺度，总是拿自身实际的标准和理想的、完美的、纯粹的"理想自我"相比较。

⑱ 如果一个人真正值得大家去称赞，就根本没有必要去自大，否则就是浅薄了。吹牛、自负、自夸自大、倨傲等，这些实际上是对未能成功或者彻底失败心态的一种掩饰。相反，谦恭表现了一个人对成功的信心。

⑲ 应当有几本最深知的书，就好像自己应该有几个最知心的朋友一样。应当养成广泛的阅读兴趣，只有这样才能扩大自己的视野，深化自己的人生观，同时培养开放的态度。

⑳ 清醒的时候让自己读些需要集中精力才能读懂的书，而疲倦的时候读些不必费多少心思的读物。

㉑ 交换一个苹果，得到一个苹果；交换一种思想，得到两种思想。选择与你才干、性格不同的人，他可以弥补你的缺陷。

㉒ 高明的领导者善于识人、用人，而不凭个人好恶来行事。他们深谙人性，并巧妙地引导和使用，从而能将各种不同个性的人放在各自恰当的位置上。

㉓ 不要认为你一个人努力工作所取得的价值要比恰当地指挥下属完成工作所取得的价值更大，也不要以为一定要在很高的位置才能发挥组织与指挥的才干。学会和身边的人合作，逐渐地你就能管理更大的组织。

㉔ 组织内部培养的接班人，一般都是从组织基层一步一步走上来的。他们深谙行业运作之道，在业界拥有足够的资源，与各方的外部组织都有密切的联系，因此，更能够调动各方面资源，带领组织发展，塑造组织竞争力。

㉕ 任何能担负大责任的人，往往都是那些别人愿意帮助他的人——因为他知道在困难时如何才能获得他人的援助——知道如何把任务分配给别人。而他只做那些别人无法替他做的事。

㉖ 要有准确的判断力和勇敢的冒险精神，只有把两者完美结合，才会获得成功。二者缺一的话，要想取得成功都是很难的。只具备冒险精神，而没有判断力，那只能说是鲁莽；如果有良好的判断力，但不去冒险，不敢承担风险与后果，那么他的成功也多是想象中的。

㉗ 每个人都有一定的安全区，你想超越自己目前的成就，就不要画地自限，要勇于接受挑战充实自我，这样你就一定会发展得比想象中的更好。

㉘ 能专心致志地思考问题以及对所做的事感兴趣，不是与生俱来的，而是后天锻炼形成的，这里有个秘诀，那就是经常让自己去独自思考自己感兴趣的事情，你就会渐渐地培养成专心的习惯。

㉙ 高效能人士都会集中精力各个击破，而不是进行多项任务，一次试图做好几件事，这是个不良的习惯。

㉚ 让自己专心的秘诀是：使自己对所做的事感兴趣。

㉛ 心理学的达克效应告诉我们：无知比知识更容易造就自信。这就意味着我们不仅可以利用达克效应来避免因为缺乏知识信息而造成的盲目的行动，同时也可以利用其来开始一项新的挑战——简化问题，立即行动。

㉜ 能将模糊不清的困难变成精确具体的形式，这是一种很重要的思考能力。当你不知道一个问题的答案时，很多情况下是因为你没有将这个问题表述清楚。你应该去研究，并尝试用各种不同的方法去表达它。如果你面临一个结构复杂的问题，把这个复杂的问题分成若干简单的问题，直到解决这些问题为止。

㉝ 从积极的方面训练你的大脑，原则一：在尝试所有可以解决的方法之前，不要轻易放弃。并且，深信每个问题都有可能得到解决。

㉞ 从积极的方面训练你的大脑，原则二：最好的训练机智的办法，就是要在事后仔细回味，思考对于这一问题我们还能采取什么方法。不要在这时后悔或者自责，你可以把它当作是解决问题的一种练习，这样就能促使你以后做得更好。

㉟ 30秒人格魅力养成术：微笑；不谈论沉重话题；倾听时有所回应；做几个让人印象深刻的表情；不要后背靠在椅子上；目光在对方的"三角区"游荡；让对方多说话；不要透露过多个人细节；减少说话时的手势；不掩饰自己的缺陷或错误；说话时减少口头语。

㊱ 提问可以将你引向谦虚的学习和理性的分析，也可以将你引向傲慢的批判。

㊲ 要想从别人那里得到知识，唯一的秘诀便在于你要让别人感觉到，你是真心承认和敬仰他们拥有渊博的知识的。因此，提问题的最佳态度应该是：承认自己在一方面无知；承认还有很多东西值得你学习；承认你知道的要比你不知道的少，而你是在虚心的学习你不知道的。

㊳ 你的所有问题不可能都有答案。但是，只要你坚持问，总有一天，它会把你引向最重要的问题。但是，你也要注意提问的艺术，这里包括了场合、对象和方式。

㊴ 在生活和工作中，你为琐碎的事情而急躁发怒时，最好先去休息一下，或者出去旅游一段时间，到一处环境优雅的地方，或者找出令你急躁的原因，并想办法解除它或进行补救。

㊵ 因为小事而急躁，实际上是在寻找一种宣泄途径。你的潜意识认为这有利于平和自己的情绪，保持精力去应付以后的事。

㊶ 即便再有理的辩驳，也不能真正将别人的愤怒打消。我们需要为他人的愤怒找到巧妙的发泄途径，这些途径甚至包括大笑。

㊷ 别人发怒时，你应当心平气和，这样对你的处境才有帮助。达到这一目的的有效方法是：首先想想被别人激怒会对你产生什么影响，再想想别人发怒的原因或者动机。但是怒火不是用来压制的，反而是可以运用的——需要记住这样一个原则：当你发怒的时候，你要做到发怒是有目的的。

㊸ 从某种程度上说，发怒就是向他人承认自己的错误或者发怒源于自己对事件的无力感，没有什么比冷静更能挫败愤怒了。

㊹掩饰错误是另外一个更大的错误——对于自己的短处，千万不能加以掩饰，最好能虚心地接受并承认。那些不敢承认自己犯过错误的人，也就失去了从错误中学习宝贵经验的机会，以后他还会犯更大的错误。

㊺幸运来临时是没有什么标志的，而且有时往往让人产生错觉。有些事情看似是一种不幸，但可能在中间暗藏机会。事实上并没有幸运与不幸，这些都取决于你的应对方法。对待这些，首先你需要冷静客观地分析，其次你要有所准备。

㊻对于很多青年，当你和他谈论个人发展机会时，他们总说："这个国家不存在机会。"但如果他们开阔自己的视野，放宽自己的思路，或许就会发现他们每迈一步，便跨过一个机会。

★ 小测试

测测你的观察力

1. 进入某个机关的时候，你：

    A.注意桌椅的摆放

    B.注意用具的准确位置

    C.观察墙壁上挂着什么

2. 与人相遇的时候，你：

    A.只看他的脸

    B.悄悄从头到脚打量一番

    C.只注意他脸上的个别部位

3. 你从自己看过的风景中记忆了：

    A.色调

    B.天空

    C.当时浮现在你心里的感受

4. 你早晨起床后：

    A.马上就想应该做什么

    B.想起梦见了什么

    C.思考昨天都发生了什么事情

5. 当你坐上公共汽车，你：

    A. 谁也不看

    B. 看看谁站在旁边

    C. 与距离你最近的人搭话

6. 在大街上，你：

    A. 观察来往的车辆

    B. 观察房子的正面

    C. 观察行人

7. 当你看橱窗的时候，你：

    A. 只关心可能对自己有用的东西

    B. 也看看此时不需要的东西

    C. 注意观察每样东西

8. 如果在家需要找什么东西，你：

    A. 把注意力集中在这些东西可能放的地方

    B. 到处寻找

    C. 请别人帮忙找

9. 看亲戚和朋友过去的照片，你：

    A. 激动

    B. 觉得可爱

    C. 尽量了解照片上都是谁

10. 假如友人建议你去参加你不会的赌博，你：

    A. 试图学会玩，并想赢钱

    B. 借口学过一段时间再玩而给予拒绝

    C. 直言说不会玩

11. 在公园里面等一个人，你：

    A. 仔细观察旁边的人

    B. 看报纸

    C. 想某件事情

12. 在满天繁星的夜晚，你：

A. 努力观察星座

B. 只是一味地看天空

C. 什么也不看

13. 你放下正在读的书，总是：

A. 用铅笔标记读到什么地方

B. 放个书签

C. 相信自己的注意力

14. 你记住你邻居的：

A. 姓名

B. 外貌

C. 什么也没有记住

15. 你在摆好的餐桌前：

A. 赞扬它的精美之处

B. 看看人们是否都到齐了

C. 看看所有的椅子是否放在合适的位置上

评分标准

题目	1	2	3	4	5	6	7	8	9	10	11	12	13	14	15
A 项得分	3	5	10	10	3	5	3	10	5	10	10	10	10	10	3
B 项得分	10	10	5	3	5	3	5	5	3	5	5	5	5	3	10
C 项得分	5	3	3	5	10	10	10	3	10	3	3	3	3	5	5

结果分析

110～150 分：说明你具有很好的观察习惯，而且反应敏锐、思维活跃，是一个具有很强观察能力的人。你不但能正确分析自己的行为，也能够极其准确地评价别人。

75～110 分：说明你有相当敏锐的观察能力，思想深刻而且犀利，做事目的性比较强。但是对别人的评价有时候带有偏见，特别在处理人际关系的方式和方法上应有待改善。

第四节 DISIJIE

压力策略

一、压力是什么？

从专业的视角界定，压力就是当你感觉到加诸你身上的需求和你应付需求的能力不平衡时，心理和生理的反应，也可以理解为你正要起来对抗某事，但你不确定自己是否有足够能力去应付那个挑战。

通俗地理解，压力就是那些让人心理感觉沉重的节点，涵盖了生活及工作中的各种事件，更关键的是人对这些事件的评价与感受。盘点现代工作族面临的职业压力，我们发现有 10 个方面位居前列，它们是：工作无前途、工作激励不够或不公平（薪酬低）、得不到领导的赏识、工作责任重大、职位晋升慢、工作难度大风险高、工作量大、工作考核评比细而烦琐、人际关系不畅、工作环境不好。此外，在生活方面，工作族依然面临家庭、健康、性、亲戚、个人财务等困扰。对于执行任务的军人来说，可能面临的主要压力来自于任务的危险、分离等问题。

小贴士

跳蚤实验

在昆虫中，跳蚤可能是最善跳的了，它可以跳到高自己几万倍的高度。

为什么会这样呢？

带着这个问题，一位大学教授开始了他的研究。可是他研究了一整天，都没有找到答案。

第一天下班的时候，教授用一个高 1m 的玻璃罩罩住了这只跳蚤，以防它逃跑。就在那天晚上，跳蚤为了能跳出玻璃罩，就跳啊跳啊，可是无论它怎么跳，都在跳到 1m 高的时候，就被玻璃罩挡了下来。

第二天，教授上班取下玻璃罩，惊奇地发现，这只跳蚤只能跳 1m 高了。于是他来了兴趣。

第二天下班时，教授用了一个 50cm 高的玻璃罩罩住跳蚤。第三天，教授发现这只跳蚤只能跳 50cm 的高度。

第三天晚上，教授用 20cm 高的玻璃罩罩住跳蚤。第四天，跳蚤跳的高度又降为 20cm。

到了第四天下班时，教授干脆用一块玻璃板压着跳蚤，只让跳蚤在玻璃板下爬行。果然，到了第五天，跳蚤再也不跳了，只能在桌面上爬行。

可就在这个时候，教授不小心，打翻了桌上的酒精灯。酒精撒在了桌上，火也慢慢地向跳蚤爬的地方蔓延。奇迹出现了，就在火快烧着跳蚤的一瞬间，跳蚤又猛地一跳，跳到了它最开始的超过它身体几万倍的高度。

二、压力有哪些类型？

压力究竟有哪些类型呢？我们来看一看。

预期的压力：来自未来，是由于人对未来的忧虑所引起的——担心自己可能有无止境的压力，对还没有发生的事干着急。

情境压力：来自现在，是现在的压力，是一种立即的威胁、挑战或骚动——需要马上留意。

慢性压力：来自时间，是长时间积累的压力，源于一些你无法控制，只能忍耐或接受

图 3-19 防暴演习

的经验，如失去所爱的人、疾病，或其他重创。

　　残留的压力:来自过去,是过去的压力,代表我们不能将过去的伤痛或不好的记忆抹去。

　　压力: 还有很多, 它似乎总在增加, 不断考验着我们的底线。

★ 小测试

压力指数测试

　　1. 你是否常觉得心情很烦闷？

　　　　经常——5 分

　　　　普通——3 分

　　　　偶尔——1 分

　　2. 你是否会自己一个人自言自语？

　　　　经常——5 分

　　　　偶尔——3 分

　　　　不太会——1 分

　　3. 心情不好的时候，你会骑车到外头透透气吗？

　　　　会——1 分

　　　　偶尔会——3 分

　　　　几乎不会——5 分

　　4. 你是否曾动过自杀的念头？

　　　　经常——5 分

　　　　偶尔——3 分

　　　　不会——1 分

　　5. 觉得电视上的综艺节目越来越无聊？

　　　　很无聊——5 分

　　　　有些很无聊——3 分

　　　　都很有趣——1 分

　　6. 即使到了度假胜地，依旧没有很开心的感觉？

　　　　不会——1 分

　　　　还好，有时会很开心——3 分

几乎开心不起来——5 分

7. 你有没有想起来很气愤的人？

　　2 个以内——1 分

　　3～5 个——3 分

　　超过 5 个——5 分

8. 你是否觉得自己常常很慵懒、身体虚弱无力，可是到医院又检查不出毛病？

　　常常会这样——5 分

　　有时会比较没干劲——3 分

　　不太会，常常充满活力——1 分

9. 遇到路上横冲直撞、不守交通规则的驾驶人，你会有怎样的反应？

　　真想毙了那些人渣——5 分

　　为什么我这么倒霉？——3 分

　　太挤了，真想移民到国外——1 分

10. 觉得每天做同样的事（如出操、体能训练）是一件很烦人的事？

　　实在很烦，有点不想要——5 分

　　不太会，一样能找到乐趣——1 分

　　和计划冲突时才会觉得烦——3 分

11. 你最讨厌哪种类型的人？

　　个性自私自利、小气抠门的人——5 分

　　喜欢夸大其实、一事无成的人——1 分

　　总是固执己见、不知变通的人——3 分

12. 你觉得自己是不是很容易陷入感情或友情的困扰？

　　很容易，常常会这样——5 分

　　偶尔会，感情还不错——3 分

　　不太会，感情都很好——1 分

压力指数分析

不到 20 分，压力指数: 30%

你的思考颇积极、正面，个性也较大而化之，所以就算是生气也会马上就反应、发泄,不会在心底放太久,因此,你的压力排解管道顺畅,也较不容易累积负面的情绪。有压力时,听个轻快的音乐,你很快就能恢复爽朗的一面。

20~30分,压力指数:50%

你本身较为理性、理智,所以遇到个性拙劣、蛮横不讲理的同学、同事等,会很不能够忍受,甚至心情上也受到很大的影响。无法完成的任务也会使你郁闷。通常只要换个环境,如去郊游、购物,你的情绪自然而然地就会平静下来。

30~40分,压力指数:70%

你较保守含蓄也不喜欢得罪人,遇到不满或不爽的事情通常都是忍下来泪水往肚里吞,也没有适当的发泄管道,久而久之累积在心里的压力,便很容易压得你做什么都觉得很不顺。做点生理的改变,如爬山、健身都是很不错的改善方法。

超过40分,压力指数:85%以上

你很敏感,也很容易紧张,在意他人对你的看法,常常为了迎合他人强迫自己做一些不喜欢做的事,日积月累下来,很容易给自己带来莫大的压力,也是忧郁症的高危险人群。请你尽可能寻求心理医生来为你排除、解决。

单项测试

如果21世纪最壮观的流星雨将会来临,你会选择在哪里看这场流星呢?

A 海边

B 山顶

C 草地

D 屋顶

单项测试结果

选择A的人:对你来说,当生活中出现挫折或者失败的时候,最好的安慰是爱情。所以,找到真心相爱的人,是你追求成功的同时必须要考虑的。

选择B的人:你是一个很乐观的人,相信再大的问题都会过去。对你来说,拥有一帮能够倾吐苦水的朋友是最重要的。

选择C的人:你有些喜欢靠幻想来排解压力和焦虑。这样的排解可以顶一时之需,但从长远来看,你还需要自我成长、锻炼自己应对现实和挫折的力量。

选择 D 的人：你通常喜欢把自己的生活安排得满满的，让工作占据你大多数时间，这样的你比较容易出现人际关系问题。所以，你最需要的，是扩大社交圈，融入群体之中。

三、在压力下，为什么有的人会崩溃？

可以说，日常工作与生活中的许多压力都在人们可以承受的范围之内。当不能合理解决生活中潜在的不顺利时，人们正常的适应性行为机制就会超出适应范围，这种状况称为压力。广义地说就是具有的能力不能满足行动的要求。

对于多数人而言，他们有办法应对常规压力。关键是当遇到超出常规的压力即超限压力时，人要面临挑战。更为关键的是持续的超限压力作用于个体，在不断地挑战下一个人就像超功能范围使用的电器，本来按照额定电压使用，电器的寿命会有 20 年，但长期超限使用的结果往往造成电器损坏，可能只用不到 10 年就废掉了。持续的超限压力导致一种慢性的最佳应付机制的失灵。

图 3-20　拉练中劳累的战士

小贴士

怎样知道我的工作压力大不大呢？

到底该如何判断自己的工作压力是否属于高压力呢？以下有一些标准。

① 你的上司很难相处吗？你几乎每天都要花心思应付上司，也常常为此搞得心情不爽。

② 单位是否不断地要求加班，尤其是突然通知你？

③ 你在单位的角色是否模糊，也就是说，单位对你的工作情况与定位没有明确的要求？

④ 你是否经常面对冲突的工作要求？比如，你必须对不止一位主管负责，有时顺了这位的意思就不免违拗另一位的意思。

⑤ 你是否要承受过多的工作任务——工作和指派的任务明显超出你的能力或受过的训练？

⑥ 你是否缺乏工作保障？

⑦ 你的工作环境是否缺乏弹性？比如，必须在指定的时间做规定的事情。

⑧ 你的单位发展制度是否健全？有没有足够的升迁渠道？

⑨ 你的单位对努力工作的人有没有特殊的奖励？

⑩ 你对别人的工作表现是否要负连带责任？

⑪ 你工作的挑战是否太多，而应接不暇？

⑫ 你是否大材小用了？工作挑战性不够，也会造成压力。

最后问问自己，你属于什么样的弹簧，能承受多大的压力，压下去可以弹多高？

四、如果你感觉压力很大，那么请你小心时间小偷

世界卫生组织把工业国家中不断上升的工作紧张看作一种"世纪流行病"。专家们认为，持久紧张是破坏我们幸福生活的一大杀手，有 2/3 的疾病是它引起的—— 它在削弱人体的免疫系统并导致沮丧情绪、睡眠障碍、高血压、肌肉紧张以及过敏反应，甚至会造成心肌梗死、筋疲力尽或萎靡不振。

由于紧张通常让人感到一种非常强烈的"时间压力"，一个人纵使使出浑身解数也难以同时满足职业、家庭和社会的需要。时间正在成为一种稀缺资源。

所谓"时间小偷"，也叫"时间吞食者"或"时间杀手"，就是指每天妨碍我们去做真正重要事情的人和一切干扰我们去做真正重要事情的活动。比如，① 注意力分散、有噪声等；② 信息和阅读资料太多（信以为真的必读资料、电子邮件等）；③ 不明确的通讯；④ 战友的反问太多；⑤ 不完整的信息或迟到的信息；⑥ 渠道太多；⑦ 别人的错误太多；⑧ 战友的资历太浅；⑨ 战友的数量太少；⑩ 等待时间；⑪ 官僚主义（机构臃肿）；⑫ 没有或缺少每天的目标；⑬ 没有每天的计划；⑭ 办事缺少轻重缓急；⑮ 仓促和没有耐心；⑯ 个人的混乱；⑰ 归档系统不好；⑱ 技术不够熟练；⑲ 接待工作太多；⑳ 缺少积极性；㉑ 缺少与团队配合的工作，或不太愿意和团队一起工作；㉒ 开无准备的会；㉓ 对自己要求不够严格；㉔ 不果断；㉕ 不善于倾听他人意见。

小贴士

如何管理你的时间？

意大利经济学家维尔弗雷多·帕雷托发现了永远有效的"80/20"规则，按照这一规则，花 1/5 的时间通常就能达到 4/5 的效率，而用大部分时间即 80% 的时间反而只能得到全部效果的 20%。

将你的工作任务分门别类，有助于"80/20"法则发挥功效。

通常，你的工作任务可以分成 4 类：A 类、B 类、C 类和 D 类。通过所谓的艾森豪威尔矩阵我们可以获得关于轻重缓急的概况。

A 类任务＝重要 & 紧迫的任务	B 类任务＝重要 & 不紧迫的任务
C 类任务＝不重要 & 紧迫的任务	D 类任务＝不重要 & 不紧迫的任务

A 类任务包括那些紧迫和重要的任务。如果在家里或工作上有很多这样的任务，而且往往牵涉到危机形势，那就是"重要"；如果问题需要很快解决，那就是"紧迫"。

B 类任务眼前还不算紧迫，但是对以后却十分重要。要是忽视了 B 类任务，有可能很快陷入一种危机状态。比如，你延误了该做的事情(关系、健康)，于是 B 类任务立刻变成了 A 类任务，在工作和私人生活中，B 类任务往往包括那些具有战略意义的行动，如重要的深造机会。

C 类任务中往往包含着典型的日常事务，也就是那些必须很快解决的任务。但从长远观点看其却并不重要，在工作中，许多这样的任务是可以委托别人去做的，或者可以通过较好的组织安排而优化处理。但是要注意，如果 C 类任务不及时处理，也会变成 A 类任务。比如，你的办公室没有收拾，资料没有分类，长此下去有可能变得乱七八糟，并且直接影响你以后的工作。

D 类任务不紧迫，也不重要，它们也属于"废纸篓"工作，至于哪些属于 D 类任务，应由每个人自己去决定。不管是手机上网也好，还是和周围战友快乐地闲聊或者大清早津津有味地议论报纸上登载的体育新闻也好，D 类任务通常会给我们带来乐趣，不管怎么说，这类"喜欢做的事情"是没有重要意义的。如果真的有重要事情或紧迫事情要做，那么这些"喜欢做的事情"很快就成了时间小偷。虽说在这种情况下我们可以通过放弃次要的工作立刻又把时间节约回来，但是我们也应该意识到，有时候既不去完成重要任务，又不做紧迫的事情也是很有意义的。聪明的时间管理者有个大致的原则，应该先解决其他任务，然后再去对付 D 类任务。

出于这样的考虑，请你养成习惯，用 ABCD 的分析方式进行工作，然后按照分类去完成需要完成的任务。

A 类任务＝非常重要的任务

B 类任务＝比较重要的任务

C 类任务＝不太重要的任务

D 类任务＝不重要的任务

对待 A 类任务你必须集中精力，并将大部分时间花在这些任务上。

对待次要一点的 B 类任务，你不能花很多时间。

对 C 类和 D 类任务应该花极少的时间。

请你记住这一条基本法则：将你每天 2/3 的工作时间用在 A 类任务上，1/5 工作时间用在 B 类任务上，把 5%～15% 的工作时间用在 C 类任务上，是否将剩下的 5% 的工作时间用在解决 D 类任务或其他事情上，由你自己决定。

五、应对压力小窍门——一次只做一件事情

我们大都有太多的事要做，然而根本不可能全部完成。处理这种紧张状况的一种有效方法是：把你该做的事按顺序排列起来，然后一次只做一件事，直到完成为止。

把自己想象成一个沙漏，纵使有许多沙粒堆在里面，但一次只掉下一粒沙。

在处理一件事情的时候，别去担心其他的事。等你完成了一些任务，就会获得一种成就感，它有助于你缓解压力。善于管理自己的时间，可以采用的方法如下。

第一，列出每天要完成的事。

第二，根据重要程度和紧急程度（用 ABCD 的分析方式）来对事情进行排序。

第三，根据优先顺序进行日程安排。

第四，了解自己的日常活动周期状况，在自己最清醒、最有效率的时间段内完成工作

中最重要的部分。

一个井井有条的日程安排可以消除紧张情绪，也能帮助你完成大量事务。井然有序有助于节省时间，完成更多的工作。（但是，过分地要求有条理也可以导致压力。）

六、你感到身体的压力了吗？

很多战友可能会说自己心理上没有感觉有压力，就是感觉身体很累。真的是这样吗？也许你没有注意到的是身体反应正是我们心理压力过大的反应。那么，压力的生理基础是怎么样的？

当身体觉察到危险时，储存在身体各处的类脂（脂肪）就会聚集并进入血液中。如果身体正在活动，那么类脂就会充当能量被消耗掉。

当身体觉察到压力并且压力是持续产生时，类脂水平慢性升高，而身体又没有足够的运动消耗类脂，那么类脂就会聚集在动脉壁上，构成对循环系统健康的威胁。除此之外，胃溃疡、过敏性肠道综合征、冠心病、感冒等在病理上与压力密切相关。

实验表明，竞争和紧急事件并不必然损害健康，只有当它们引起过度焦虑、愤怒、敌对等情绪，导致持续性压力时，才会威胁健康。持久的无法缓解的压力提高了皮脂类固醇的水平，使人体的免疫系统机能降低。

身体的能量消耗是在工作中逐渐积累而产生的。工作的开始阶段，是起动与热身阶段，这时活动水平不高，活动能力不会被完全表现出来，身体消耗不大，也不会产生疲劳。

经过一定的工作时间后，人的身心调整到最佳状态，活动能力得到了最大的激发，活动绩效达到最高的水平。这个阶段自然会消耗比较大的能量和资源，因此不可能持久。

能量、资源消耗到一定程度后，就会出现疲劳。这时工作效率降低，速度减慢，力量减弱。随着工作的持续，疲劳不断积累，越积越重，如果不调整工作或者没有得到充分休息，就会引起疲劳过度而使人暂时丧失活动能力，导致被迫中断工作。如果经常发生过度疲劳，就容易形成慢性疲

图 3-21　奥运安保

劳，使身心受到损害，恢复起来也比较困难。学者们研究发现，疲劳是由于血液中的乳酸素引起的。

整体疲劳是全身性的疲劳。例如，当一个战士进行一天繁重的体能训练后所产生的疲劳就属于全身性疲劳。整体疲劳的表现是多维度的，一般表现为体力衰减，活动速度变慢，效率降低，差错增多，注意不能集中，思维迟缓，动机减弱，精神不振等。对于一个处于全身疲劳状态的人，除了渴望休息外，什么都不想做。

整体疲劳是与中枢神经系统的抑制状态，是与大脑皮层与脑干中的网状结构的抑制状态相联系的。网状结构的兴奋使大脑皮层保持一定的觉醒状态，使人对外界的刺激作用能正确及时地做出反应。网状结构处于抑制状态时，大脑皮层就会失去觉醒状态，就不能意识到任何刺激作用。人在疲劳时传入网状结构的神经冲动减弱，从而使大脑皮层的警觉性降低，兴奋过程减弱，抑制过程加强，最后停止反应，陷入睡眠。

与整体疲劳不同的是局部疲劳。局部疲劳是指人体某一部分由于进行较强或较长时间的活动而产生的疲劳。比如，战士长期练习扣动扳机，会引起单眼视疲劳、指关节僵硬疲劳、肩臂肌肉的疲劳；在照明不良的条件下，人进行长时间工作也会引起视觉疲劳；前臂和手不断做提重动作会引起前臂肌肉疲劳；当人进行长时间计算机录入工作时，会引起指腕肌肉关节疲劳和颈椎腰椎疲劳等。整体疲劳与局部疲劳有一定的联系。一个人产生局部疲劳后如果继续持续工作，就可能由于疲劳积累、蔓延，发展成整体疲劳。

肌肉疲劳又称生理疲劳，一个人从事体力工作，需要依靠有关骨骼肌的收缩和伸展运动来实现。较大的体力工作需要肌肉做强烈伸缩。肌肉经过一定次数或持续一定时间的强烈收缩后，会产生疲劳。肌肉疲劳时收缩力量强度降低，收缩与伸展的速度变慢，收缩潜伏期增长，操作速度缓慢，工作效率降低。

七、心理疲劳是怎么回事？

心理疲劳与体力活动有一定关系，但它的产生与消除不取决于体力的消耗与恢复。心理疲劳一般与心理负荷水平及精神紧张状态相联系。它的产生原因和表现形式要比肌肉疲劳复杂得多。心理紧张度过高，精神负担过重，心情沉重，工作单调乏味等都会引起心理疲劳。

心理疲劳发生时一个人会表现出身体乏力，注意力不能集中，思维和行动迟缓，情绪低落，精神不振，工作效率降低，做事容易发生差错等现象。心理疲劳严重时，一个人会表现出无精打采，士气低落，觉得人生无意义，对人冷漠，对工作厌倦，甚至会出现自我贬低和自我否认的情况。

如果一个人长期发生心理疲劳，就会经常处于心理疲劳状态，还会引起神经衰弱、失眠、目眩、头昏、食欲不振、消化不良、心血管系统功能紊乱等症状。由于心理疲劳的复杂特性，导致消除心理疲劳也不像消除肌肉疲劳那样容易。

许多人因职业压力过大而引起心理极度疲劳，心理学也称心理衰竭，心理衰竭者的恢复，要经过较长时间工作规律的调整（调换工作岗位、改变工作环境、调整工作内容等），当然疗养或休养也不失为一种好办法，有些人甚至要经过身心治疗才能从心理疲劳中恢复过来。

八、每个人的能力都是有限的，人要看到自己的限度

一个人必须承认，你不可能期望自己在生活的各个方面都是完美的。把自己置于持续不断的压力状态下以获得更多成就的人，从不会感到满足，甚至不惜冒着损害自己身心健康的危险。

通过学习，你应该认识到在什么情况下对自己要求太高了，并学会承认自己的极限。每个人都必须面对生活中的困难，面对形形色色的人以及日常的烦恼事情，如果能够很好地运用压力，压力就能够帮助一个人更好地成长。了解压力的起因，正确判断何时人感受到压力，何时人需要施以援手。更重要的是把压力变为动力，让压力提升能力。

小贴士

改变认知——你还在只允许自己成功吗？

工作任务分派下来，不但紧急而且重要。人如何在规定期限内完成？完成任务的方法、渠道、手段、步骤……都需要自己动手动脑一步步去拟定。

时间很紧，任务很急，你直到现在关于如何做还没有清晰的头绪，但上级的要求只有一个，那就是：只能成功，不能失败。

因为责任、使命、成就感或者为了证明自己的单纯的工作热情，你对自己的要求也只有一个：一定要把这件事做好。

"只能成功"可以成为动力，驱使人开足马力，奔向目标。

"只能成功"也可以成为重力，拽得人心理沉甸甸的。

"只能成功"还可以成为阻力，搅得人乱了章法，露了马脚，失了方寸。

只是，无论计划得多么周密，事情依然充满变数，不一定每一项任务都能保证会按照预定计划圆满完成。

时时刻刻尽善尽美的要求，固然会训练出极近完善的人，但是，也可能适得其反，导致有些人在完成工作任务的过程中，脑子里满是"只能成功"的想法，反而为此拖累，结果害得自己压力重重，焦虑过度，妨碍了正常水平的有效发挥。

其实，以成功的标准要求自己是对的，但心理上要准备随时面对不完美的结果。

追求无极限，做最好的自己。

九、面对压力除了逃跑和战斗，我们还能干什么？

试想一下：在遥远的古代，你的或者我的或者我们的共同祖先在狩猎的时候发现了一只猛犸象，他们会怎么办？

按照当时的流行做法：逃跑或者搏斗。为什么要逃跑或者搏斗？

我们的祖先，一直受到饥寒、掠食者争夺以及敌对部落入侵的威胁，为了生存，他们的日常生活也就是一场无休无止的斗争。然而，史前人们的机体，与任何有生命的人一样，应付这场斗争是游刃有余的。面对外来的侵略和攻击，他们的生理机能使他们时刻处于迎战或是逃避的状态之中。面对外来攻击，迎战还是逃跑是人类生存需要的原始反应。

压力就像是一只猛犸象，在它面前，我们可以选择逃跑也可以选择搏斗。逃跑或者搏斗是一种习惯性反应。

如今，随着科技的进步，我们的威胁主要来自生理和心理上，而非在肉体上，但危险依旧。这是因为，即使生活比较舒适了，但由于信息的多样化，条条框框更多，任务更加难以完成，生活也变得更加复杂了。并且，我们生存的环境与古人完全不一样了，它在不断地变动（如家庭、办公室、交通、城市、乡村等的变动，生活节奏的变化，噪声和气温的不同等）。每一次变化都需要我们的生理去适应。这些制约还要再加上我们对周围环境无所适从的感情因素，也就是说，我们身不由己。现代的生活方式限制了我们的活动范围。于是，我们有了精神压力。

当压力来袭的时候，有的人会选择暂时性逃避，如蒙头大睡、醉生梦死、夜夜笙歌……有的人则试图压抑、压抑、再压抑，试图把所有让自己感到不舒服的压力统统一掌打回潜意识。借用荣格"集体无意识"理论来说，这是自远古人类一直遗传下来的"本能"反应。

可是，不管是逃跑，还是搏斗，压力还是停留在原地。你是一只怎样的弹簧？是一旦放松便不可再施压，还是一旦被压下去便再也弹不起来？

除了逃跑和搏斗，我们还可以直面压力，压力并不可怕。首先，精神压力能使机体适应环境的变化，这是一个先天的发动机，是人的生存竞争的需要，适度的压力会使人兴奋。其次，学会把精神压力转为有力的一面，美国人把它称之为"Coping"，即适应。方法可以不断改变，让我们学会正面迎接挑战，而不是变得无所作为。最后，让自己把对外来刺激的反应维持在一个水平上，以便尽可能限制这种压力所带来的不利影响，使自己保持最佳的精神状态。

图 3-22　夜间救援

十、为什么斑马不会得胃溃疡？

假想你身在草原，你是一匹为躲避拼命追逐你的狮子而仓皇逃命的斑马。在短暂的生死角逐中，你的身体会非常适应这种肉体的紧急需求；现实生活中，虽然我们不必为了性命难保时刻担忧，但却不停地担心这个操心那个，我们的身体也相应发生着潜在的生理反应，同样感觉到巨大的压力。不言自明，我们人类和斑马遭受压力的方式，实在大不相同。斑马为什么不得胃溃疡？

斑马整天疲于奔命，人也整天奔波工作，二者的差别在于斑马从来不得胃溃疡。而人却不可避免地要为此所累。人和斑马究竟有什么不同？（见表 3-1）

一匹斑马，生活中最糟糕的事莫过于被天敌追杀。假如你是匹斑马，有只狮子跳过来想把你的肚子给撕开，你想办法暂时躲开了，但你仍要小心提防在一旁伺机而动的狮子。

表 3-1　人和斑马的不同

人的紧张	斑马的担忧
交通阻塞	性命不保
截止期限	严重受伤
家庭关系	时刻提防虎视眈眈的掠食者
金钱问题	随时准备处于饥饿状态
事业危机	做好随时牺牲与掉入陷阱的准备
……	……

如果你是那只狮子，你处于半饥饿状态，但你却要维持最佳速度，在大草原上奔跑去捕抓些可吃的东西才能活下去，这同样是压力极大之事。无论你是斑马还是狮子，只要你想活下去，生理上就需要即时的配合。

做为人，不论我们与家人和同事相处得有多糟糕，或是由于没抢到停车位而有多生气，我们很少以武力来解决这些纷争。同样地，我们也不会为了一顿晚餐而追逐猎物，亲手去捕杀。

如此看来，现代人活得长久而安逸，同时也够聪明。可是为什么人会得胃溃疡，而斑马和狮子不会？有多少斑马会担心到它们年老时，养老金是否能够按时发放？有多少斑马第一次跟异性斑马约会时会考虑该说什么话？

从动物进化的角度来看，心理压力是相当晚期的"发明"。

身为人，我们只要用大脑想，就能体验强烈的情绪波动（同时引发身体的剧烈反应）。

两个人坐在那里，面对面，除了偶尔移动一小块木头外，什么费力的事也没做，这种表面上看上去的"安逸"有可能是最花费心力的活动。象棋或围棋高手比赛过招时，其能量代谢的需求与进行最激烈竞赛的运动员是相同的。比如，当某人刚签完一份经过数月筹划研究才出手的公文，将其厌恶的对手解职时，其生理反应与一只又戳又砍对手脸的狒狒相比，也是出奇的相似。常见的莫过于某人为了感情问题，好几个月内心都处在焦虑、愤怒及紧张的煎熬之中，可以肯定如果没有适当的疏解方式，这个人免不了要生病。

如果你是那匹逃命的斑马，或是那只为了下一餐而疲于奔命的狮子，你体内的生理反应对于这种短暂的肉体的紧急需求，将会适应得非常好。

而我们坐在那里无所事事，不停地担心这个操心那个，我们的身体会发生着同样的生理反应。已有许多证据显示，人长期处于这样的状态具有潜在的危险，各种与压力有关的疾病可能因此而产生。

人类进化之前，我们身体的这些反应只是应急之用，现在人成为高级动物了，却由于担心贷款、人际关系以及升迁等问题，而经年累月地承受忧虑、担心和恐惧之苦，比较容易生病。古往今来，郁郁而终的人比比皆是，全因"心病"二字。

十一、你还在恐惧压力吗？

我们很多人在面对压力的时候都会出现恐惧的情绪反应，那么我们应该如何认识恐惧这种情绪呢？

情绪的基本形式之一——恐惧是一种对人影响最大的情绪，几乎渗透到人们生活的每个角落。据心理学家研究，所谓"初生牛犊不怕虎"，婴儿除了失去拥抱和突发响声之外，别无他惧。人们的许多恐惧心理都是后天习得的。

小贴士

阿尔伯特的故事

大约80年前，美国一位名叫约翰·华生的心理学家和他的助手罗萨莉·蕾勒用一名只有11个月大的男婴做了一个心理学实验，实验的目的是想弄清人怎样产生恐惧。该男婴名叫阿尔伯特，他太小，还不知道恐惧，而华生则要改变这种状况，让阿尔伯特知道害怕。

实验时，华生和蕾勒在阿尔伯特面前放了一只小白鼠，好奇的阿尔伯特毫不犹豫地要去触摸它。每当阿尔伯特将小手伸向小白鼠时，华生便用锤子敲响隐藏在阿尔伯特身后的一根金属管，管子发出的声响惊吓了阿尔伯特，使他立即收回手，大声哭泣，并开始回避那只小白鼠。从此以后，无所畏惧的阿尔伯特知道了害怕，他不仅怕那只小白鼠，还怕兔、狗，以及毛皮外套和有着白色胡须的圣诞老人面具。

十二、保持内心的隐秘力量

一般情况下，你无需向大家公开解释自己的紧张和焦虑，而是可以将其作为自己的一个秘密隐藏在内心深处。让其他人察觉你的焦虑情绪对你没有任何好处；反之，如果你表现得非常自信，那么你也就确实能够感受到对自己的信心。

记住，从事你这种职业的好手，很少会显示出过分的焦躁不安，无论事实上他或她的内心有多么惶恐。

不要屈服，不要显示内心的恐惧，并且请对此缄口不言。

十三、拆掉你思维里面的墙

一件看似很恐怖的事情，换个角度想想也许会有意外的收获。比如，"我害怕在执行一项秘密任务时会暴露身份。一旦发生这种情况，后果将不堪设想。"你可以这样想，"这又是一次对自己的挑战，或许我可以从这次任务中发现，原来我是做这项工作的天才！我真应该尝试一下！"

十四、学会压力管理

压力的全面管理，可分成以下3个部分。

（一）识别压力源

压力源通常有几种区分：根据压力来自的方面，有外在压力与内在压力；根据压力的作用范围，有工作压力和生活压力；根据压力对个体心理的影响，有人际交往压力、个体成长压力、经济支付压力。

（二）分清压力所处的阶段

1.识别压力过轻者和压力过重者

压力过轻者常常来自组织中能力强的人或者来自自视很高的人。他们往往觉得工作缺乏挑战，能力无处施展，工作热情没有充分调动起来，抱怨怀才不遇，或者感叹环境不适合人。

对于压力过重者，慢性疲劳、精力衰竭等情况恰恰是需要关注的。组织内的成员迷恋工作并沉迷于工作，是组织希望的，但是组织中的管理者需要注意这种工作狂式的成员的精力衰竭问题，做到在整体上把控和调节其工作节奏，让优秀的人健康地、持久地工作。

2.分清压力过重者所处的阶段

兰迪·康克尔(Randy Kunkel)提出精力衰竭的5个阶段：出现头痛；全身疲劳、无力感、对食物等生活细节厌倦；与家人朋友的信息往来或电话联系减少乃至中断；工作负担过重，个人有压迫感或窒息感；价值观崩溃，感到工作或生活失去了意义。

按照上述说法，要避免或减轻精力衰竭可以通过以下方式：谨防陷入职业上的成规老套（如工作3～5年出现的职业倦怠），保持活力，注重工作之中和工作之外的人际关系，发展兴趣爱好，追求精神上的升华，以及有意识地改善个人的生活方式。

（三）压力的管理干预

组织管理上的干预有：提高抗压能力的培养；发挥团体的减压作用，管理中创设耐压的氛围和软环境；发挥管理层的作用，教育和引导下属应对压力。组织的管理干预功能细述如下。

1.承受压力是现代人生活的一部分

学习如何在压力中发展是非常重要的，为了让压力为人所用，个体也许需要重新审视自己对压力的反应方式，并学习对付压力的办法。

2.接受不可避免的事实

如果一个人遇到困难，而又无法做出任何事情来解决困难，那么他最好停止烦恼，接受事实。想方设法防止自己还想这些不可避免的事情。如果领导知道在某种情况下这个人会烦恼时，尽可能地转移他的注意力。

图3-23　武装泅渡

3. 拥抱压力，不论我们喜欢还是不喜欢

意料不到的问题经常发生，对个人都会产生不同的压力感。压力并不可怕，可怕的是人们总是急于摆脱压力。其实，压力和工作中的挫折一样，无论如何，你都不能也无法躲避或者排斥。而且，当你真的面对它的时候，你会发现它并不那么可怕，甚至有很多益处。所以你要做好迎接压力、拥抱压力的准备。

4. 改善对待工作压力的脆弱个性

改变某些容易产生压力感的个性因素，如敏感、自卑、胆小、逃避等，从而减缓压力。比如，文职干部小刘在某部专门从事数据分析与处理的工作，他最近换了新领导，上级对工作的要求很细，并要求持续地沟通。而小刘的个性恰恰是内向、害羞、逃避、得过且过，几次会议，他都表现不佳，压力也越来越重，心理咨询之后，他明白，这是他多年养成的性格带来的结果。为了适应新领导，缓解工作压力，成长自己，他开始优化自己的性格，随时做好应对压力的准备。

5. 提高抗压力的能力

有些人处理压力的能力特别强。在军人中有被称为"硬汉"的人，他们生活平衡，重视当前，具有很强的目标感；他们身体强壮，很少疲劳，精力旺盛；他们不畏惧压力和阻碍，智慧圆融，顽强坚韧，视死如归，在危急状态下表现出超凡的能力和勇气。

6. 好的管理可以减少压力

比如，管理者如果能够允许下属有足够的时间来计划、组织并完成任务，就可以减轻他们在时间和超负荷工作方面的压力。在工作时间内安排短暂的休息时间，也有助于减缓压力。

7. 参加应对压力的培训

教育人如何应对压力也是管理层的重要职责。人们可以学会如何应付困难、减少自身的紧张状况等。管理者应当帮助成员提升其生活目标。追求坚定、积极的生活目标有助于人们更迅速有效地克服所遇到的压力、麻烦。

8. 在组织内和成员之间进行有效的沟通是减轻压力的一个重要手段

当人们得不到信息时，就会感到疑惑，容易变得忧心忡忡、疑虑重重。有效的沟通系统能促进组织中各个级别的人之间的坦诚交往和及时反馈。

增进有效沟通的一个方法是谈论人们的成就，并让众人知道大家干得不错而管理层对此表示赏识，这会培养成员的远大抱负、高度的自尊心和自信心，并减少他们的压力。

毕竟，人要生活和工作在充满压力的社会环境中，单纯靠减少外在压力来缓解个体

的紧张和疲劳状态只是权宜之计，在社会发展加速、竞赛加剧的外在环境下，一味减少外在压力也是不现实的。对于个体而言，必须要面对充满压力的环境。

十五、紧张是幸福的敌人吗？

当一个人不想取得成绩或内心不想付出力气时，他绝不会找到幸福的。除了持续紧张和超负荷，他就没有选择余地了，因为这种保护意识时间长了，同样会导致心理和生理的不健康，以及毫无乐趣的低水准生活。

按当代紧张研究专家的看法，关键是要在紧张和恢复之间找到能消除紧张的健康尺度，只有工作和放松恰当地结合，才能使生命的所有功能之轮转动起来。

人如果想感觉到幸福，也完全需要有紧张。比如，有意义的工作、挑战和追求目标。紧张研究专家把紧张区分为消耗精力的、使人得病的不利紧张和有积极意义的、给人活力的有利紧张。有利紧张给人以舒服的满意感和幸福感，因为这种紧张往往和事业心、献身精神、兴趣或热情连在一起。

经受紧张本身是绝对自然的过程。通过各种激素反应和神经反应过程，人对紧张的反应使得机体碰到危险时马上具有行动能力，这是人的一种天生的体内过程模式。

小贴士

消除过度紧张的小技巧

意识呼吸

这是一种最重要也是最简单的放松锻炼，并且，它随时都可以做。呼吸要平衡和强烈。如果紧张主要让胃不舒服，则应坐下，脚放在地上，呼吸时让脚趾轻轻涨缩，使气能深深吸到腹部去。倘若在后脑勺或肩部感到紧张，那么在吸气时应将脚底鱼际微微抬起。

有意识走神

养成在工作不紧张时开小差的习惯：看看窗外、对宿舍的一幅画作"遐想"、做一次"幻想旅行"、回忆上次的休假或者让你的个人愉快经历活跃起来。

闻闻香气

令人舒适的气味总能立即起到强烈的镇定和放松作用。经常在你的写字桌上放置芬芳的鲜花，或者时而闻闻你放在抽屉里最喜欢的香精。

放松颌部

每天多次注意，你的下巴或脸部肌肉是否张紧着，在紧张时首先是下巴的肌肉张紧。请养成习惯，每天多次放松你的下巴和脸部肌肉。

经常笑笑

在连队里有意识地去接近颇有幽默感的人，经常回想如何能真正地笑起来，经常想想你最喜欢的笑话或电影，把你最喜欢的幽默读物找出来，时而读上几句。

无紧张区

在家里开辟一个无紧张区，一个能让你去做有利于清闲和内心平和的一切事情的地方：一个房间、一把椅子或一个角落。此外，你可以用一个鞋盒或类似的箱盒设立一个"烦恼箱"，当你晚上睡不着觉的时候，写下引起你紧张的烦恼事情，将纸条投入烦恼箱，把箱子关住，然后对自己说："现在不要烦恼！现在是休息时间。明天我再来关心这件事。"

体育

运动是身体和精神的恢复剂。当你感到紧张、困倦和筋疲力尽时，可以设法去从事体育运动，它们是摆脱忧虑和不佳情绪的一种极有效手段。看电视对消除忧虑和坏情绪的帮助并不大，甚至是有害的。与自然地提高情绪的方法相比，积极的运动同样会使控制日常紧张的王牌（如业余爱好、阅读、写作或购物）显得逊色。

自我谈话消除紧张

如果有人在跟自己说话，别人会以为他有点"出轨"，这往往是错误的。自我谈话是克服紧张的一种有效方式，我们的感觉和举止经常会由一种内心的对话构筑起来，哪怕我们并没有意识到这一点。由于在紧张情况下，人容易冒出消极想法（如"这下不行了"），所以有意识的、积极的自我谈话（如"我能行"）能减轻紧张。

音乐

近年来所有的音乐心理研究都证明，每个人都可以为自己制作一个非常有利于幸福和健康的抗紧张计划，他可以从各种音乐中找出什么节奏最能使他镇静或最能鼓励他。

十六、你真的懂得休闲吗?

轻松和休闲往往被误解为同一件事情的两个名字,但其实不是这样。正如健康专家们所认为的,休闲并不仅仅是休息:不管是散步、游泳,还是小睡,关键在于一个人从什么状态恢复过来,往什么状态恢复。

各种休闲措施——从看书、慢跑、锻炼、洗浴到购物——的效果是不一样的,它们使人轻松,会给人带来欢乐和幸福。休闲讲究的是每个人的休闲原因和目的:他是在精神上、身体上负担过重还是过轻?是紧张在给他加压,还是他在感情上麻木和饱和了?

有一种观点流传很广:如果紧张过去了,那就好好地休闲一番。这种看法特别危险,因为它会使人对身体发出的警告信号置之不理或者觉得无所谓:凡是企图通过进一步的劳累去平衡已经感觉到的疲倦的做法,反而会把自己弄得更加筋疲力尽。

健康研究结果表明:不断"拖欠休闲"会使人生病。如果把睡眠也作为休闲方式看待,那么睡眠不好,如不能入睡和不能连睡而影响休闲,最终会导致过分疲倦、情绪沮丧、过度劳累或持续紧张。谁只是在度假时休闲,那就是自己害自己。

现代心理学将休闲过程分成3个阶段:间隔阶段、恢复阶段和定向阶段。

在间隔阶段,我们必须与过去的负荷保持身体、思想和感情上的间隔,一个人仅仅将自己从身体负荷中恢复过来往往是不够的,应该从思想负担(绞尽脑汁)中解放出来。许多人已经认识到感情的重要性:谁能和"不断反响着的"感情负担保持距离,谁就能更持续地休闲。

在恢复阶段,我们应对肉体和精神的蓄能器重新充填:肌肉和躯体的放松必须随着一种思想意识进行,必须重新建立起感情平衡。

定向阶段是为接受新的任务和承担新的负荷——身体和精神方面——服务的。在这一阶段,感情方面也起重要作用:当情绪不佳时,我们就用一种充满新的欢乐的、鼓舞人心的力量去解决问题,许多事情会变得容易一些。

小贴士

工作狂综合征

没有我不行

如果你认为一切必须自己来解决，没有必要让别人去负责，那么负荷时间将会大大延长，必要的休闲就会被忽视。如果让自己完全扑到工作上，认为自己什么都干得很好，什么都比别人干得好，比别人干得快，这样也会对健康带来负面影响。

等紧张过去了再说

许多人都想"像模像样地度假"。这种观点特别危险，因为它不注意身体的报警信号，否定这种信号或者不当一回事。

失去干劲

有人担心，把工作停下来休息一会儿，再干起来就不会有先前的干劲了。

图 3-24　军事训练

★ 小测试

睡眠债务测试

1. 早上你需要很响的闹钟来闹醒吗？

2. 闹钟响以后你经常习惯于再"拖延"一下，再躺那么几分钟？

3. 你觉得起床就像搏斗那么难吗？

4. 有时你会听不见闹钟的声音吗？

5. 你是否觉得喝一杯啤酒或葡萄酒可以睡得特别好？

6. 周末你睡得比平时时间长得多吗？

7. 你在度假或学校放假期间的睡眠行为和平时明显不一样吗？

8. 你是否感到平时早晨精力充沛现象已经消失？

9. 你觉得平时习以为常的工作现在干起来比以前难了？

10. 有时，在你根本不想睡的时候也会睡着吗？

11. 在坐着看书的时候会觉得要打瞌睡吗？

12. 有时在看电视的时候会觉得很疲倦吗？

13. 你觉得在旅行时很疲倦吗？你在旅途中睡觉吗？

14. 你觉得大吃一顿（不喝酒）以后很疲倦吗？

15. 在看戏或看电影时你会想打瞌睡吗？

16. 有时你会疲倦到开车时遇到堵车而睡着吗？

17. 你每天喝 4 杯以上咖啡或含咖啡因的茶吗？

结果分析

把"是"的答案加起来，就可以看出你的"睡眠值"。

4 分以下：你的睡眠充足，没有睡眠债务。

5～6 分：你通常睡眠充足，但有的日子你还是睡眠透支，因此精力不是很充沛。

7～8 分：你明显感到疲倦，有时会短时失神，所以就容易注意力不集中，反应迟钝。

9～11 分：得这种睡眠值的人有明显的睡眠问题，感到工作过度劳累和筋疲力尽，他们必须注意，不要在工作中出差错。

12～14 分：你的睡眠赤字很高，除了体力和注意力降低外，你通常也感到心理状态不好，心情不好，甚至很沮丧。

15～17 分：得这种睡眠值的人往往已经到了需要去医院治疗的地步，倘若经过几周后再测试，此值没有降到 7 分以下，应该设法找专业的睡眠医生治疗。

第四章
任务后的心理恢复

第一节 DIYIJIE
归来问题面面观

一、任务结束后，官兵身心易产生哪些变化？

任务快要结束了，战士们准备返回驻地。正当大家感到放松之际，政委突然召开骨干大会，强调要发挥骨干作用，多多注意官兵们的状态变化，以防出现意外。大家都一头雾水，任务都要结束了，官兵还会有什么不良反应吗？

在执行多样化军事任务的不同阶段，官兵的心理状态会发生不同的变化，不同的人也会有不同的变化。任务开始时，官兵突然转入紧张的任务状态，而任务结束后，官兵则由紧张的任务状态转为较为放松的状态。这种紧张与放松之间的转变会让人感到不适应。从心理学角度来看，这是因为在某一工作状态下，人的大脑中枢会建立起一套心理模式和思维运作模式，当工作状态转换，原有的心理模式和思维运作模式就会失效，使人们产生不适应感。

就多样化军事任务而言，当任务结束的时候，官兵在高度紧张的工作状态下建立起的一套高度紧张和运作模式突然失去了方向，使得官兵面对宽松的环境反而感到不适应。

图4-1 军民情深，别离难

这种不适应具体到每个人是不一样的。有的官兵心理调节能力强，能够迅速转换工作状态，在任务结束后会情绪高涨，为自己顺利完成任务而高兴；在回返期间和接下来的工作中，也会充满自豪感，更加认真地履行职责。但有的官兵心理调节能力相对弱一点，在任务结束后会有失落感；有的官兵则会因为兴奋过度或者其他事而失眠；更有甚者，会觉得任务完成了，出现精神懈怠和麻痹心理，对个人要求降低，对工作敷衍了事。

变化就意味着变数。如果我们疏忽大意，忽视官兵们真实的心理变化，就可能会出现我们不想看到的情况。

二、任务结束回返期间，官兵的身心变化对工作有何影响？

看着逐渐明白的大伙，政委再次强调，任务是结束了，但归途中依然有工作需要做，不能让事故出现在圆满完成任务的归途中。

"编筐编篓，重在收口"，但"行百里者半九十"，功亏一篑时有发生。这在多样化军事任务中的表现是：任务后期的过度疲劳阶段和返回前的激情阶段成为各类事故的多发期。

在任务结束回返期间，官兵的身心往往会发生比较明显的变化。总的来说，有以下两个方面。

一是身心疲劳。在高度紧张的任务工作中，官兵的身心资源被巨大地消耗，加上休息条件差，精力得不到及时恢复。这体现在身体上就是身体感到劳累、疲倦；体现在精神上就是反应迟钝、注意力很难集中。这些都会造成官兵在工作中出现差错。

二是侥幸和麻痹大意。有些人会以为执行任务时都没出现差错，回返途中风险更小，放松一下没事的。殊不知差错或者事故并不会因为之前没有出现就不出现，而是取决于人员的重视程度。侥幸心理和麻痹大意，是任务完成后回返期间出现差错的主要原因。

总的来说，任务结束回返期间，官兵心理变化对工作的负面影响是客观存在的。我们必须正确认识这些变化及其影响，要做到早认识、早了解、早预防，强化全程安全意识。对于士兵来说，就是要了解自己可能出现的心理变化及其危害，提醒自己，调整心态，圆满地完成任务；对于军官、士官等管理者来说，就是要在掌握了这一心理变化规律的基础上，在恰当的时候用恰当的方法帮助官兵调整心态，使其在得到相应放松的同时，保持思想和行动上的必要重视。

三、任务结束后的空窗期怎么办？

会后，指导员小李给所属官兵鼓劲、加油，要求大家保持警惕，防止出现工作失误。士兵小王笑着回应："指导员，事实上我的主要问题是：现在工作太少，没活干。"小李一想，也是，如果合理安排空闲时间，让官兵们感到充实，自然就不会出现精神松懈或无所事事带来的空虚感。

在参加完多样化军事任务后，官兵往往会处于任务空窗期——相对于紧张地执行多样化军事任务，完成任务后的返回途中官兵就显得轻松和空闲，出现种种心理变化。官兵主要的感受就是空虚，这是因为适应了紧张的工作任务后，突然没有了工作任务而产生的空虚。

部队官兵闲暇之余感到空虚是很常见的现象，这是由部队的工作性质和人员特点决定的。首先，部队的任务就是保家卫国，这种工作性质决定了部队生活的紧张感，很多官兵在岗位的压力和领导的严格要求下，思想和身体长期处于应激状态；部队繁杂的事务和严格的作息制度也使得许多官兵无暇也不需思考空闲时间干些什么。其次，相对于社会人员，大部分官兵没有太多时间培养兴趣爱好，对于工作之余的生活，没有太多想法。于是，有些官兵疯狂地把时间精力放在工作上，只有工作才能让其感到充实，在工作劳累后才会感到舒心。在多样化军事任务结束后这种现象更明显——高度紧张的工作和任务结束后的空闲之间的巨大反差，让许多官兵感到空虚、不知所措。

要解决这个问题，官兵们首先要正确认识工作，正确处理工作与自己、工作与生活的关系。工作不是自己的一切，自己更不是工作的奴隶，照顾好家庭、实现自我也是自己人生的重要部分。在主体任务结束后，官兵们正好可以用多出来的时间把工作应激状态降下来，而不是顺应这种应激状态强迫自己"找事干"。适宜的调节内容有：调整生物钟，参加娱乐活动，预想一下接下来的工作等。其次，要提前准备。在平时生活中注意培养自己的兴趣爱好，如读书、写作，可以在任务完成后的空闲时间看看书、练练文笔，将自己的所见、所闻、所思、所想记录下来，也是人生一大乐事。

四、任务中的积怨和矛盾该如何化解？

指导员小李这两天发现一个问题：小张和小郑好像不太对头。在一次执行任务前的军人大会上，两人就言辞激烈地争论过，自己当时只以为是彼此意见不一，任务繁忙，就没放在心上。但这任务都结束了，两人关系貌似更僵了。不行，不能让任务中产生的问题到任务结束了还存在。怎么办呢？

每个人的性格和观念本就不同，加上多样化军事任务时间紧张、环境恶劣等特点，人与人之间产生矛盾在所难免。然而，矛盾一定要靠对抗来解决吗？对抗的代价往往是"杀敌一千，自损八百"。

"一个巴掌拍不响"——矛盾的产生，既有他人行为失当的因素，也源于个人认知的偏差。因此，解决矛盾的关键是：通过自我觉察和回忆，来感受关爱、纠正自我、宽容他人。如果你郁闷得实在难消，那就试试下面的方法吧。

第一步：拟出认知表格。画出一个大表格，把对方给自己造成心理伤害的事件按时间顺序由上至下记录为第1列；对应每行的事件在第2列书写自己压抑的冲突和愤怒，要将情绪尽情地宣泄于纸上；第3列每行对应写出支持第2列想法的证据。

第二步：反思。找一个安静的空间（最好是密闭的）独自思考3个问题："别人为我做了什么""我为别人回报了什么""我给别人增添了什么麻烦"。这个"别人"既有矛盾对象，也包括身边的战友。如果环境安静、时间充足，最好带着这3个问题对自己成长过程中的重要事件，重要人际关系进行回忆。

第三步：正反证据的辩论。进行多次深刻地反思之后，寻找反对第3列证据的证据，将找到的相反证据记述在第4列。 比如，"领导对我那样苛刻，可能是工作上太较真了""他那天对我火冒三丈，估计是前一天没睡好""他说那些话本意不是针对我的，是我多心了"等。在内心与前面的支持性证据进行辩论。

第四步：在经过宣泄、反思、辩论之后，你是否对矛盾的前因后果有了更深刻的认识呢？如果感到自己的压抑不满已经消散了，就把解决矛盾的具体措施写在另一张纸上；如果压力仍未减轻，就重复第一步到第三步多次，直到内心不再纠结，并且能够将措施落实于行动。（见表4-1）

如果你确认郁闷已经基本消退，那就把写满郁闷的那张表格捏成团，痛快地扔到垃圾箱里——既然过去已经一去不复返，那么就去迎接崭新的开始吧！

表4-1　认知表格

事件	我的情绪	支持性证据	反证	反证证据
那天探讨一件小事意见不合，他就当着他人的面对我出言不逊	他就是成心跟我闹别扭，我十分愤怒，可又只能忍着	一周后他在会议上又反对我的意见	他只是就事论事，严格要求，语气重了一点而已，没别的意思	他对我火冒三丈，事实是前一天没睡好，最近他总向同事抱怨自己失眠

小练习

学会宽恕

宽恕说起来容易，做起来难，怎样练习宽恕呢？现在，正是为你尚未宽恕的事件列出清单的时机。让我们开始这趟旅程吧！

首先，宽恕包括宽恕别人、请求别人宽恕和宽恕自己。

宽恕别人就请在纸上写：我愿意宽恕（人名），因为（事件）。请在括号内填入人名，以及他／她曾冒犯你的事件。按照这个句型，请写下每一位你真心愿意宽恕的人。

接着，请再写：我请求（人名）宽恕，因为（事件）。同样地，请写下每一位你曾伤害过，且期盼获得宽恕的人与事。如此一来，你等于向自己、别人，甚至全世界宣告，说你已准备好宽恕"过去"了。一旦诉诸文字，你就得对自己所写的一切负责。除非你能信守这项承诺，要不然千万别写。

接着，请再写：对于（事件），我愿意宽恕我自己。把你真心愿意宽恕自己的每件事，全都列出来。

其次，宽恕并不会那么简单，若你对宽恕生起无名的抗拒时，不妨做下面的练习，让那些抗拒浮出水面，才有机会化解它们。

请拿张白纸，然后写下：我不愿意宽恕（人名），因为（事件）。把你仍感到生气、怨恨，甚至不想宽恕的那些人，很诚实地一一列出来。

然后，请再写：我不愿意宽恕自己，因为（事件）。把你不愿宽恕自己的那些事，列出清单来。

宽恕颇具挑战性，常是一辈子的功课，所以，宽恕不是一件容易的事，然而，迟早我们都会明白：怨恨宛如一颗巨石压在心窝，让我们过得很不快乐。

所以，每隔一阵子（每个月1~2次），检视一下你还无法宽恕的那些人，以及无法宽恕自己的那些缘由，然后反问自己："我准备好宽恕那些人了吗？我准备好宽恕自己了吗？"

当你愿意真心宽恕时，宽恕就变得容易多了。你整个人会开始感受到一些微妙的变化，或许你会觉得更轻盈、更活泼开朗，又或许对人生的转变充满着希望。

五、归途调整期间如何保健抗病？

顺利返回驻地，连队给参加多样化军事任务的官兵举行了庆祝会。会后，指导员小李给首长汇报情况。随后，小李向首长提出，希望能给参加任务的这些官兵一些休息时间，以免身心出现不适。首长考虑了一下，说："参加任务的官兵是我们部队的功臣。待会儿我们再开个会，将官兵的恢复工作讨论部署一下。"

多样化军事任务相比我们日常的军事训练，情况更为特殊，对人的冲击和损耗更为严重。建议大家不仅要好好休息、做好身体检查，也要做一次心理检查。在经历了重要的任务后，不仅身体需要好好休息，心理也需要调整。

下述一些有益的建议：第一，如果存在倒时差问题，如护航、撤侨等任务，在倒时差过程中，延长午后睡眠时间。第二，休息一段时间，不要马上投入工作。大量的应酬或事务性工作也要根据身体情况减量，不宜太过消耗。刚刚执行任务归来，心理反应略微迟滞，因此像开车或需要精密操控的工作，缓几天再进行。第三，如果有条件，外出疗养几天，彻底放松心情。第

图4-2 尽情释放

四，多样化军事任务对人的身体多少会有点影响，休养的时候，做个全面的身体检查。

第五，在保证休息的前提下，适当调理饮食，以适合脾胃吸收为宜，避免暴食伤身；采取适合自己的养生措施，预防感冒等疾病的发生。

相信在充足休息的情况下，我们的战友一定能获得好心情和好身体！

小贴士

食物养生助睡法

在经历了多样化军事任务后，官兵身体调整最大的需要就是休息。而入睡困难是一个很常见的问题。本节介绍一些食物养生且有助睡眠的方法。

食醋助睡

有些人长途旅行后，劳累过度，夜里难以入睡，这时你可以用一汤匙食醋兑入温开水中慢服。饮后闭目静心，不久便会入睡。

糖水助睡

若因烦躁发怒而难以入睡，可饮一杯糖水。因为糖水在体内可以转化为大量血清素，这种物质进入大脑可以使大脑皮层受到抑制而容易入睡。

牛奶助睡

牛奶中的色氨酸是人体8种必需的氨基酸之一，它不仅有抑制大脑兴奋的作用，还能使人产生疲倦的感觉。它是体内不可缺少的氨基酸之一，一杯牛奶中氨基酸的含量足够起到使人安眠的作用，可以使人较快地进入梦乡。

小米助睡

小米除含有丰富的营养成分外，色氨酸含量为谷类之首。中医认为，它具有健脾、和胃、安眠等功效。食法：取小米适量，加水煮粥，晚餐食用或睡前食用，可收安眠之效。

鲜藕助睡

藕中含有大量的碳水化合物，丰富的钙、磷、铁等，以及多种维生素，具有清热、养血、除烦等功效。可治血虚失眠。食法：取鲜藕以小火煨烂，切片后加适量蜂蜜，可随意食用，有安神入睡之功效。

葵花籽助睡

葵花籽富含蛋白质、糖类、多种维生素和多种氨基酸及不饱和脂肪酸等,具有平肝、养血、降低血压和胆固醇等功效。每晚嗑一把葵花籽,有很好的安眠功效。

莲子助睡

莲子清香可口,具有补心益脾、养血安神等功效。近年来,生物学家经过实验证实,莲子中含有的莲子碱、芳香式等成分有镇静作用;食用后可促进胰腺分泌胰岛素,进而可增加5羟色胺的供给量,故能使人入睡。每晚睡前服用糖水煮莲子会有良好的助眠作用。

大枣助睡

大枣味甘,含糖类、蛋白质、维生素C、有机酸、黏液质、钙、磷、铁等,有补脾、安神的功效。食法:每晚用大枣30~60克,加水适量煮食,有助于入眠。

莴笋助睡

莴笋中有一种乳白色浆液,具有安神镇静的作用,且没有毒性,最适宜神经衰弱失眠者。食用时,把莴笋带皮切片煮熟喝汤,特别是睡前服用,更具有助眠功效。

第二节 DIERJIE
心理弹性

一、任务结束后，为什么有的战友很快就能恢复到原有的状态？

看着参加多样化军事任务的战友们光荣归来，战士小李不禁跃跃欲试。于是跑去找连长，希望自己能参加下次的任务。连长拍拍小李的肩膀，说："小伙子有上进心，不错。不过多样化军事任务对自身条件要求是很高的，比如，要有较高的心理弹性。""什么？心理弹性是什么？"小李疑惑地问。连长笑着说："好，我来给你好好讲讲。"

多样化军事任务的执行环境异于常态，给官兵带来身体乃至心理创伤是很常见的。但我们也会发现，同样面对高度紧张的任务状况，有的战友会出现情绪困扰，而有的战友却能很好地适应；同样经历危险事件或创伤，有的战友会出现无力感、无助感，有的甚至会发展到创伤后应激障碍，然而也有的战友经过一段时间就能恢复到原有的状态，甚至比原来状态更好。这背后的原因，就涉及影响我们心理健康的关键因素——心理弹性。

心理弹性，也称心理适应、心理复原力、心理韧性等，指的就是个体在逆境中能保持良好适应的能力，即在面对危险环境或者受到创伤后，依然能够屹立不倒、不受到伤害，并且能够恢复到原来状态甚至提高。

从概念中我们可以得出，心理弹性包括3种能力：第一，克服困境的能力，即个体凭借内在的自我系统如信念、身体的免疫机能等来化解危机；第二，面对压力的应变能力，即个体在面对压力情境时表现出或做出的应变行为，从而使压力事件不致对个体造成影响；第三，创伤复原的能力，与前面两个能力的不同在于具有这种能力的个体可能因为过去生活的成功经验，或因为在心理康复的过程中学习或建构了成功的应变能力，最终将压力的威胁化解而恢复心理健康。

正是由于每个人的心理弹性不同，所以我们每个人在面对挫折或突发情况后的表现不一样。

测测自己的心理弹性

心理弹性量表（Connor—Davidson Resilience Scale，CD—RISC），原问卷包含 25 个项目，采用里克特 5 点评定法，从 0～4 表示完全不是这样、很少这样、有时这样、经常这样、几乎总是这样。

指导语：下表是用于评估心理弹性水平的自我评定量表。请你根据过去一个月的自身情况，选出下列阐述最符合你的一项。注意：这些问题没有对错之分。

序号	题目	完全不是这样	很少这样	有时这样	经常这样	几乎总是这样
1	我能适应变化	0	1	2	3	4
2	我有亲密、安全的关系	0	1	2	3	4
3	有时命运或上帝能帮忙	0	1	2	3	4
4	无论发生什么我都能应付	0	1	2	3	4
5	过去的成功让我有信心面对挑战	0	1	2	3	4
6	我能看到事情幽默的一面	0	1	2	3	4
7	应对压力使我感到有力量	0	1	2	3	4
8	经历艰难或疾病后，我往往会很快恢复	0	1	2	3	4
9	事情发生总是有原因的	0	1	2	3	4
10	无论结果怎样，我都会尽自己最大的努力	0	1	2	3	4
11	我能实现自己的目标	0	1	2	3	4
12	当事情看起来没什么希望时，我也不会轻易放弃	0	1	2	3	4
13	我知道去哪里寻求帮助	0	1	2	3	4

14	在压力下，我能够集中注意力并清晰思考	0	1	2	3	4
15	我喜欢在解决问题时起带头作用	0	1	2	3	4
16	我不会因失败而气馁	0	1	2	3	4
17	我认为自己是个强有力的人	0	1	2	3	4
18	我能做出不寻常的或艰难的决定	0	1	2	3	4
19	我能处理不快乐的情绪	0	1	2	3	4
20	我不得不按照预感行事	0	1	2	3	4
21	我有强烈的目的感	0	1	2	3	4
22	我感觉能掌控自己的生活	0	1	2	3	4
23	我喜欢挑战	0	1	2	3	4
24	我努力工作以达到目标	0	1	2	3	4
25	我对自己的成绩感到骄傲	0	1	2	3	4

结果分析

请将你在所有题目上的得分相加，得分越高表示你的心理弹性越好，而得分较低则说明我们应该采取一些措施增强自己的心理弹性了。

二、心理弹性的作用机制是什么？

听连长讲了心理弹性之后，小李还是似懂非懂。心理还有弹性？心理弹性是怎么工作的呀？小李的疑惑更多了。连长回答道："心理弹性涉及的东西太多，我慢慢讲给你。"

心理弹性是一种结果，即使在严重的威胁下，个体仍能产生适应较好或发展顺利等结果；心理弹性也是一种能力，是个体灵活适应外界多变环境，并且能从消极经历中恢复过来的能力；心理弹性也是一种动态变化的过程，是个体面对生活逆境、创伤、威胁或其他生活重大压力时的良好适应过程。那么心理弹性是怎么发挥作用的，它的作用机制是什么呢？

国内外研究者经过多年研究，一致认可的心理弹性作用机制就是具体的"保护性因素"作用的结果。保护性因素就是能够减轻不利环境对个人消极影响的因素，它与危险性因素相对。这些保护性因素既可以是个体外部的因素（如社会支持），也可以是个体本身的一些特点（如自我效能感、乐观积极等）。

有研究者总结了过去多年研究的成果，发现在不同的心理弹性研究中，都提到类似的保护性因素。这些保护性因素在全世界范围内的众多情境中（如战争、贫困、自然灾难等）起作用。这些保护性因素包括 3 个方面。一是来自个体的：良好的智力机能（如较高的口头表达能力、发散性思维）；人际吸引力、社交能力、容易相处的特性；自我效能感、自信、高度自尊等；才干；信念。二是来自家庭的：和父母形成亲密关系，在意并维护父母形象；父母的权威教育；温暖、有结构、高期望；社会经济条件的优势；较低的家庭压力；有序的家庭环境；广大的、支持性的家族网络的连接；亲社会家庭价值观；积极的角色模型。三是来自家庭外的：和家庭外亲社会成人的联系；参加亲社会组织；进行有效学习。

那么，个体在遭遇逆境时，这些保护性因素是怎么应对危险因素，激发和促进个体的心理弹性，并达到适应良好的心理状态的呢？我们以加尼（Garmezy）等人提出的心理弹性的 3 种理论模型为例来说明。加尼等人提出的心理弹性的 3 种机制模型包括：补偿模型（Compensatory Model）、挑战模型（Challenge Model）和免疫模型（Immune Model）。

补偿模型是在危机情境下，个体所拥有的某些人格特质或环境因素等保护性资源发挥积极的作用，抵消了危险因子的消极影响。在补偿模型中，保护性因素直接和结果发生相互影响或者压制危险因素的影响。该模型强调环境中的危险因子与保护性因子共同预测个体的发展结果。其中，危险因子起负向作用，而保护性因子起正向作用，两类因子之间相互独立。

挑战模型指危机和压力反而促进和提高了个体应对困难的能力，帮助个体以有效的应对策略成功度过困境；说明中等水平的危机能够产生积极发展的结果，从而增强个体的问题解决技能。

免疫模型则说明当再度面对危机情境时，成功克服逆境的经验能够帮助个体有效地应对应激情境。在免疫模型中，心理弹性被视为一种被注射的预防疫苗，个体可以经由接种疫苗——过去正向的学习经验——产生抗体以对抗类似的生活压力情境或困境。

三、心理弹性是天生的，还是可以通过训练提高？

小李知道了心理弹性，了解了心理弹性的作用机制，也做了心理弹性测验，可是结果不太理想。看着有些沮丧的小李，连长说："小李同志，一个小测验就把你吓着啦？我们解放军要勇于克服困难，况且心理弹性是可以经过后天训练而提高的。""就是说只要我努力，我还是可以参加多样化军事任务的？"小李顿时高兴了起来。

美国著名作家海明威在《永别了，武器》中写道："世界要征服每个人，然而有些人却在被征服的地方变得坚强。"军人来源于普通人，却由于职业特殊性，经常面对危险，甚至受到创伤，这就要求军人要在这些异常情况面前，在这"被征服的地方变得坚强"，这就对军人的心理弹性提出了较高的要求。

人格具有稳定性，有的人天生就积极乐观，具有较高的心理弹性，而且心理弹性的研究一开始就是为了解释为什么在贫穷等逆境中，有的人依然表现得很好。这些都给人一种心理弹性是天生的、是无法改变的直观印象。

而多年来的研究表明，心理弹性是普遍存在的，每个人都具有心理弹性的潜力，可以通过各种途径来提高心理弹性。也有研究表明提高心理弹性的关键在于个人品质、家庭支持和外部环境支持之间的最佳匹配。此外，心理弹性培训效果研究发现，受训者心理弹性和保护性因素的增加不是得益于培训内容本身，而是培训使得受训者从中领悟到更深层次的关系、信念和期望，以及自愿与他人分享这些力量的价值感，在更高层面或水平上整合出新的心理弹性。所以，心理弹性是可以改变的，是可以通过训练得以提高的，但主要依靠的还是个人，需要个人注意体会、领悟。

图4-3 军事演习

小贴士

国外的心理弹性训练项目

心理弹性研究在美国兴起并获得了巨大发展，心理弹性的训练项目也多针对学生和军人，了解这些都会对我们有很多启发。

（一）宾夕法尼亚大学心理弹性项目

美国宾夕法尼亚大学的心理弹性项目（PRP）是积极心理学家塞里格曼博士与他的研究小组专为小学生和初中生精心设计的小组型干预课程。心理弹性项目最初起源于学校对儿童晚期和青年早期学生的训练项目，旨在引导学生们的认知行为以及提高他们社会问题的解决技能。其理论基础是埃利斯博士提出的逆境—信念—后果（Adversity-Beliefs-Consequences，ABC）模式，该模式指出，人们对事物的理解与信念调动着这些事物对人们情感与行为的影响。通过这个模型，学生们会学习到如何判断想法的对错，分析出错误的想法，并通过从其他方面考虑问题挑战自己消极的想法。心理弹性项目课程同时教授学生们解决问题、应对困难与应付消极情感的技巧与策略，包括提高自信、协商、做决定、解决社会问题和放松等。这些技巧除了用于与家人和同学、朋友之间的关系中，还可以用于获得更优秀的学习成绩和参与其他活动中。

研究人员发现，心理弹性项目可以预防抑郁和焦虑症状且效果是长时间的，参加心理弹性项目两年甚至更久后，学生们仍然有着抵抗抑郁与焦虑的心理弹性，仍然掌握在心理弹性项目课程中所学习到的生活、社交、解决问题、应对困难的技巧与技能。此外，心理弹性项目是抑郁预防方案最广泛的研究之一。迄今为止，已经有19个控制研究评估了心理弹性项目的效力。这些研究已经发现心理弹性项目计划可以缓解焦虑、抑郁、适应障碍，以及品行问题。总之，这些发现证明了心理弹性项目教授的技能在年轻人身上产生了显著可测量的正性改变。心理弹性项目的研究还证明了，接受心理弹性项目训练的人，反过来可以有效地传授心理弹性项目的技能。

（二）美国军队心理弹性教练者课程

美国陆军心理弹性教练者课程（MRT），是全面士兵健康计划的一部分，提供面对面心理弹性训练，为期10天，给军人提供基础技能培训并教授如何训练士兵的技能。这一课程是以宾夕法尼亚大学的心理弹性项目（PRP）为基础，并结合积极心理学的实证研究的内容而形成的。这种"培训训练者模式"是向军队传播 MRT 概念的主要手段。MRT 课程旨在教授指挥官一系列建立心理弹性的技能和技术，然后他们就可以教授他们的军人，并且最先参加这一课程的是级别较高的指挥官。这样做的目的是为了让这些军官使用他们在 MRT 学到的技能来训练他们领导的年轻军人。他们假设这些技能将会提高军人处理应激的能力，从而避免抑郁、焦虑、创伤后应激障碍，提高整体的健康和绩效。

2009 年春末夏初，宾夕法尼亚大学与军人综合健康项目合作，修改了心理弹性项目课程，使之更适合军人。这些修改包括识别特殊的军人逆境；将之合并为 MRT 的个案研究、案例、预防性康复等；更新程序来指导指挥官，使他们具有浓厚的知识底蕴，以及掌握关键的教育技能，从而将 MRT 的概念教授给他们的军人。

MRT 的前 8 天是用来教授心理弹性项目技能并为 MRT 训练做准备的。前 5 天，全体指挥官参加大班授课（重要的程序是推荐和讨论）以及小班授课（他们被教授如何练习在大班授课中学到的东西），每一个小班都由 1 名训练者和 4 名助手组成。后 3 天重点在教授指挥官怎样把他们学到的技能传授给其他的军人。指挥官完成一系列的活动来加强他们的知识、胜任能力以及内涵。这些活动包括角色扮演；核查问题；识别适当技能来教导怎样处理特殊军人事件。

心理弹性项目用 5 天的时间来"学习和适应心理弹性项目"，用 3 天的时间"深入理解和教授心理弹性项目"。结果发现，这一过程促使了指挥官对课程内容的很好理解以及自我指导训练。MRT 课程的提升阶段是课程的最后一天。MRT 的提升介绍最早是从运动心理学中发展而来的，也是陆军中心提升训练的基础。这部分呈现了运动心理学的关键技能，包括树立自信，设定目标，注意力控制，能量管理以及形象化。

（三）心理弹性六策略训练计划

为了提高儿童的心理弹性，亨德森和米尔斯坦（Henderson & Milstein）在 1996 年提出了"六策略训练计划"，这 6 个策略分别为：为学生提供参与有意义活动的机会（如勇于提问、共同制订课程表）；建立并保持对学生的高期望（出色地完成作业）；创造一个相互关爱和支持的学校氛围（如建立信任，以学生为中心）；增强每个人的社会倾向（如视教师为朋友，在同学之间建立伙伴关系）；为学生制定清楚而一致的行为规范（如理解行为后果，遵守规则）；他们传授生活技能和社会技能（如形成良好的沟通能力和问题解决能力）。

（四）IRRP 心理弹性训练模型

国际弹性研究项目（The International Resilience Research Project, IRRP）根据大学生的心理特点提出了"我是（I am）、我有（I have）、我能（I can）"的心理弹性训练策略。该项目是让学生去发现个人的内在力量（个人的感觉、态度及信念——I am）；发现并充分利用外部资源（发展安全感和受保护的感觉——I have）；掌握人际技巧和解决问题的能力（如创造性、恒心、幽默、沟通能力等——I can），进而提高其心理弹性。

四、适合部队的心理弹性训练方法——团体训练（一）

看着小李重新燃起的斗志，连长陷入了思考。连里像小李这样追求上进的同志还有很多，以后无论是面对多样化军事任务，还是可能发生的战争，都需要官兵具有较高的心理弹性，连里应该提前应对，创造条件提高部队的心理弹性。

部队有自己的特殊情况，比如，没有太多经费请专家为我们专门设计训练项目并全程指导。另一方面，部队相对封闭，官兵的外在支持主要来自团队、来自每天接触的战友。所以，以官兵团队为主体的训练可以达到提高团队凝聚力、提高官兵个人心理弹性的目的。团体训练是通过各种活动提升成员的团体认同感和团队意识，进而使官兵对所在的部队团体产生或增强认同感和团队意识，最终获得归属感。当外在各种刺激作用于个体时，个体在获得情感方面（主要是社会支持系统）的支持外，还能得到团队的力量保护，在团

图 4-4　团体心理行为训练

体中获得一种精神力量，树立和加强自己解决困难的意志、决心。同时，通过团体中各种资源，矫正自己的错误认知，正确认识现实中的应激事件，冷静地分析当前现状，并且运用现有的各种资源来应对现状，抵挡外来伤害，使自己的心理保持一种平衡状态，保证生活、工作的正常运行。

团体训练内容可以多种多样，本节主要介绍正规的、科学规范的团体训练流程，特别是训练前的准备工作。

（一）指导者培训

指导者素质的高低是团体训练成败的关键。除了引进高学历的心理学人才担任团队训练的指导者外，还要提高现有指导者的素质，这就需要：一是聘请军内外专家定期授课辅导；二是组织指导者到团体心理训练机构短期学习；三是争取到军内外学校学习进修的名额；四是采取激励措施促进指导者自学心理学知识。基层指导员要加强心理学知识的学习，在专业人士不足的情况下，担负起军队团体训练的重任。

（二）目标设定

开展心理训练之前，指导者要设立具体目标。即经过团体心理训练后要取得什么样的效果。对于官兵提高心理弹性而言，团体心理训练就是以开发官兵的心理潜能，促进人格成长，增进心理健康为目标的团体训练，也叫开发性团体心理训练。通过团体内的讨论以及形式多样、生动有趣的活动，使团体成员共同探讨成长发展中关心的问题，增强自我意识，即加深对自己和别人的认识，从而开发身心潜能促进人格成熟。心理弹性的提高往往也建立在认识改变的基础上。人格是可以改变的，具有积极乐观的人格的人往往就有着较高的心理弹性。在提高心理弹性的训练前，可以针对认识和人格做出进一步细化的目标。

（三）人员分配

人员分配可以相对灵活，一般以班排为单位，但尊重战士自由选择的权利，同时要求参与者遵守活动规定。在具体分配中可以根据人员特点分组。

（四）场所设施

团体心理训练的场所要尽量达到以下要求：避免团体成员分心，也就是要使团体成员在没有干扰的条件下集中精神投入团体活动，有安全感，能够保护团体成员的隐私，不会有被别人偷窥监视的感觉；有足够的活动空间，团体成员可随意在其中走动、活动身体；环境舒适温馨、优雅、使人情绪稳定、放松。部队营区俱乐部就是比较理想的场所，俱乐部没有固定桌椅，可以腾出较大空间以供成员讨论、活动之用。驻地在城外的部队也可以将训练团体拉到营区外找一块平坦静谧之地，就地而训。团体训练的场所也要根据活动内容来选择室内还是室外，但一定要保证安全。

（五）训练器材

根据训练需要来选择训练器材，具备条件的部队可以上报所需器材，不具备条件的部队可以将官兵现有的装备进行改造利用。

（六）时间安排

团体训练一次多长时间、多久一次、需要多少次，主要取决于团体的类型及成员。一般认为，8～15次为宜，每周1～2次，每次1.5～2小时，持续4～10周。

（七）制订计划

每次团体训练都应该有成文的计划，一般从团体类型、团体目标、基本理论、活动方式、规章制度、指导者、效果预期等多个方面进行构思。在训练结束后再和计划进行对照，查找不足。

（八）训练实施

前期工作做足，按照计划实施即可，具体实施内容因时、因地、因人而异，指导者要发挥主观能动性，灵活地运用心理学理论和训练计划来进行操作。

五、适合部队的心理弹性训练方法——团体训练（二）

在前期准备工作做足之后，就需要运用恰当的方法来实施。团体心理训练的方法一般有团体讨论、角色扮演、行为训练。在进行团体训练的时候要根据实际情况，针对当前问题选取有效方法。当然也要注重3种方法之间的配合，以解决问题、提高效率为主。

（一）团体讨论

团体讨论的目的在于沟通意见、集思广益、取得共识、解决问题。讨论方法多样，指导者要灵活采用。比如，圆桌式讨论、成员围桌而坐，可以营造出民主氛围；分组讨论：分组讨论同一主题，然后综合小组讨论结果，方便每个人充分交流和集思广益；

陪席式讨论：先由一位专家做引导发言，后团体成员针对专家的意见发表自己的见解；

辩论式讨论：团队成员分组辩论，有利于碰撞思想火花，得出更全面的结论。

（二）角色扮演

角色扮演是指用表演的方式来启发军人对人际关系、自我情况和情况处理的认识的方法。角色扮演通常由军人扮演在军营生活中遇到问题时的情境中的角色，使军人把平时压抑的情绪通过表演得以释放，心理得到放松，学习人际关系的技巧及获得处理问题的灵感并加以练习。根据训练目标来设定表演内容，可以是有剧本的表演，让扮演者从角色中看待事情；也可以是围绕主题的开放式表演，让扮演者自由发挥，在扮演中认识、反思自己。比如，针对处理官兵相处的问题，可以让官兵扮演彼此、身份互换，从对方角度看问题；再比如，针对提高多样化军事任务的适应力，可以模拟多样化任务情境。表演后的总结是必要的，但不必太正式，也不必公开，可以通过小组讨论、记日记等方式进行。

（三）行为训练

行为训练是指以行为学习理论为理论指导，通过特定程序、学习并强化适应的行为，纠正并消除不适应行为的一种心理训练方法。团体心理训练中的行为训练是通过指导者的示范和团体成员之间的人际互动形式来进行的。行为训练包括放松训练、自信训练、情绪表达训练等。行为训练可以提高官兵的心理调节能力和表达能力。

但我们也要注意到，团体训练有其局限性。首先，团体训练不能照顾到所有人，指导者要尽量"一视同仁"，但也要"重点照顾"。其次，团体训练可能会无意间泄露个别人的隐私、短处等其不想展现出来的东西，这点需要指导者心里有数，合理把握尺度。

第三节 DISANJIE
创伤后应激障碍

一、任务结束后，我感到头痛、腹痛、肌肉酸痛，正常吗？

任务圆满完成，顺利返回驻地。休息了几天后，小王还是感觉浑身不舒服，时而头痛，时而腹痛，时而肌肉酸痛、手脚无力。在班会上一反映，小李、小张、小赵说自己也有这样的情况。身体检查显示一切正常，但就是主观疼痛，这种情况正常吗？

多样化军事任务的内容特殊，官兵常处于心理应激状态，执行任务的环境往往较差，保障条件跟不上。这些都对官兵的身体健康造成不良影响。有的人表现出客观的变化，如血压升高、体重降低等；更多的人表现为主观疼痛，如关节痛、肌肉痛等运动系统症状，腹痛、腹泻、便秘、食欲下降等消化系统症状，头痛、头晕、睡眠障碍等神经系统症状。

所以，战友们不必过于担心，这些都是你在经历紧张的多样化军事任务后正常的生理现象，要给自己多一点耐心，对自己的身体多一点信心，慢慢都会好起来的。但是，你如果长时间身体仍感到疼痛，在排除躯体或者内脏受伤的情况下，就需要找心理医生去疏导。

图 4-5 看到惨烈情境，痛不欲生

小贴士

关心你的身体

身体是我们自己的，却常常会脱离我们的控制，如身体的主观疼痛，明明没有受伤，但我们却不可抑制地感觉疼痛。其实，这更多的时候是一种信号，告诉我们是时候关心自己的身体了。要知道，身体不是我们的工具，也需要我们的关心；平时多多注意与自己的身体对话，倾听身体的讯息；关心你的身体，身体便会加倍回馈你。

小练习

与你的身体联结

本节介绍几个放松身体的练习方法，通过这些方法，你能与自己的身体联结，从而达到控制身体的目的。

练习一：腹式呼吸法

腹式呼吸是瑜伽练习中一个重要部分。操作方法很简单：吸气时腹部凸起，呼气时腹部回缩。但做起来却并不容易，切记要用腹部，吸气时不可挺胸或耸肩；如果一开始不太会利用腹部，可以先试着躺着呼吸；呼吸速度放慢，加深。

腹式呼吸对身体健康是很有用的。吸气时，腹部凸出，横膈膜下降，可以按摩腹腔内的器官，而且还给肺部扩展留下了很多空间，使得大量空气可以进入肺叶中。呼气时，腹部收缩，横膈膜向上挤压，可以按摩心脏，同时压缩肺部，将肺里用过的空气排出体外。

腹式呼吸一旦学会，使用起来还是很简单的，不需要特别的时间和场所，只要稍微把注意力带到你的呼吸上，关注一下腹部的起伏。一旦你习惯腹式呼吸之后，就不需要用太多的心思了。

练习二：健走

锻炼肌肉是预防体力衰退最有效的方法。健走就是一项非常理想、非常有效果的运动。健走时，摆动双臂，大跨步地前进，再配合缓而深的腹式呼吸，更可以获得意想不到的效果。健走时，放空大脑，把注意力都放在身体上，感知自己的身体。

其实，运动方式并不重要。任何能让你专心致志、全身心投入的运动，都可以帮你与身体联结，帮你感受你的身体。运动并不重要，重要的是运动时你的心态和状况。

二、任务结束后，我情绪低落、沮丧，是怎么回事？

返回驻地后，在经过几天修养和恰当运动后，小王的身体状态有了明显的改善。但任务中的场景仍历历在目，每每回想起总给自己带来不舒服的感觉。情绪总是莫名低落，看别人不顺眼。越想越烦，越烦越想，可就是控制不了。这是怎么回事呢？参加过多次救灾、维和等多样化军事任务的周班长觉察到了小王的情况，也发现这样的情况并非个例，决定给他们开个会好好谈一谈。

产生这样的情绪是很常见的。多样化军事任务情况特殊，远非我们平常生活可比，或如演习时的自然环境恶劣，或如维和时的安全危险，或如救灾时触目惊心的场景等。有些官兵在任务中受伤，看到伤口总能想起令人不适的任务场景；有些官兵即使没有受伤，任务中令人害怕的回忆也会不时闪现。

另外，任务结束后，官兵大多不能较快地适应现在的工作，往往会有力不从心之感。看着别的战友工作干得虎虎生风，自己却不行，往往会感到失落、沮丧，越是自我要求高的官兵这种感觉就越强烈。有的人将问题归因于组织和别人的不对，对组织、别人不满；有的人将问题归因于自己的不好，对自己愤怒。

亲爱的战友们，这些问题不是组织造成的，也不是别人造成的，更不是自己造成的。情绪有时候就像个倔强又调皮的小孩，它就是不顺着我们的心意，给我们制造麻烦。但也就是这样"情绪化"的情绪，才给我们的生活带来了五彩斑斓的变化。情绪就是小孩，并不是所有的小孩都"吃硬不吃软"，有时候硬来反而会适得其反；相反，大部分小孩都是"吃软不吃硬"，采用接纳、夸奖小孩的方式往往会有意想不到的效果。

所以，亲爱的战友们，关心、接纳自己的情绪，对自己的情绪多一点耐心。情绪一定会好起来的，也一定会听话的。

小贴士

关心你的消极情绪

失落、悲伤、愤怒、焦虑、恐惧……消极情绪就像幽灵一样，不时困扰着我们。这些情绪就像一种能量，一种自然流动的能量，它会来，就一定会走。就像生物钟一样，每隔一段时间我们就会感到失落、无力或者产生其他消极情绪。

那为什么有的人会额外受消极情绪的困扰呢？问题的关键就在于其对消极情绪的态度。对于积极情绪，我们都知道怎么对待：热情地接待它，充分地享受它。对于消极情绪，唯恐避之而不及。但正如有涨潮就会有落潮一样，人是不可能总被积极情绪包围着的。我们要正确对待消极情绪，要像对待积极情绪一样，接纳它。

小练习

接纳你的消极情绪

对于消极情绪，只有在看见它、接纳它后，你才能放下对它的需要。本节介绍一个摆脱消极情绪的小方法。

方法就是尝试着与自己的消极情绪对话，告诉自己：“我看见我在＿＿＿＿＿＿的痛苦感受，我全心地接纳这种感受，并且放下对它的需要。”有必要时写下来。

比如，“我看见我在想做出成绩却失败后沮丧的痛苦感受，我全心地接纳这种感受，并且放下对它的需要。”

再如，“我看见我在寻求认可却不可得后的痛苦感受，我全心地接纳这种感受，并且放下对它的需要。”

写下来，每天读几遍。慢慢地你会发现，在接纳了消极情绪之后，你就能够坦然面对它，也就摆脱了消极情绪。

三、什么是创伤后应激障碍？

回到驻地快3个月了，小王工作上顺心又顺手，生活上顺风又顺水，那感觉，用小王自己的话说就是“倍儿爽”。可是自己的好战友好兄弟小李，经过一段时间的休整，执行任务时小腿骨折也已经好了，却仍然时不时地感到紧张、害怕，入睡困难，注意力也难以集中；曾经的篮球健将现在却连跳都不敢跳，只敢站着像女生一样地投篮，被嘲笑之后更是连球都不敢打了。经验丰富的周班长让小李去卫生队找心理医生。在了解了情况之后，心理医生让小李做了份量表，说小李可能得了创伤后应激障碍。一时间，大家都吓坏了，议论纷纷。什么是创伤后应激障碍呢？

创伤后应激障碍（Post Traumatic Stress Disorder，PTSD），是指在遭遇突发性、威胁性或灾难性等生活事件后，个体发生的与创伤性生活事件有联系的情绪反应和行为障碍。简单判断创伤后应激障碍有 3 个关键点：创伤性事件、发生时间和创伤性表现。

（一）创伤性事件

创伤性事件即当事人在生活中遇到的、带给其创伤性经历的事件。创伤性事件可大可小，大如战争、交通事故等，小如经常被我们忽略的父母对儿童的冷漠等。《创伤与恢复》的作者朱迪斯·赫尔曼认为："创伤性事件是非常事件，但并非是因为它们很少发生，而是因为它们破坏了普通人对生活的适应。而生活事件并非都可以成为创伤事件。"生活事件能否成为创伤事件，主要取决于事件的严重程度和个体的易感性。相比平日的普通任务，多样化军事任务就有可能成为"非常事件"，成为创伤事件。具体到小李的例子，就是执行任务中的小腿骨折。这里我们需要注意的是，创伤性事件并不一定要发生在当事人身上；只要是当事人经历的，哪怕是看到事件发生在别人身上，只要给当事人带来了创伤性的感受的生活事件，就有可能成为创伤性事件。

（二）发生时间

发生时间即在经历创伤性事件多长时间后，当事人会有创伤表现以及其持续多长时间。一般认为，发生时间是在创伤性事件发生一个月以后，或者更长时间，持续时间至少一周。但在临床上，或者在我们生活中真正遇到这样的情况时，我们不必严格按照这样的时间来进行判断，而是要进行积极干预，给予当事人积极的社会支持和情感关照。

图 4-6　深受创伤后应激障碍困扰的美军士兵

（三）创伤性表现

创伤性表现就是在经历创伤性事件一段时间后，当事人所表现出来的与创伤性事件有联系的情绪反应和行为障碍。从这个角度来看，创伤性事件的结束，很可能就是创伤后应激障碍的开始。所以，在创伤性事件结束之后，我们要格外留心当事人。创伤性表现主要有再体验、回避、敏感性等。

1. 再体验

创伤性事件经常常会以特殊的方式被重新经历，当事人以自身独特的方式重复着创伤性事件的刺激，使当事人被迫再次体验痛苦。常见的形式有闪回、噩梦。闪回往往是由特定诱因或情境引发，典型的表现是创伤事件的片段如同黑白影片中的一个个画面一样，在当事人的脑中反复闪现，其感受会十分痛苦。当事人也会反复做一些与创伤经历有关的噩梦，这使得他们感到恐惧和痛苦。

2. 回避

对任何能令其回忆起创伤体验的刺激存在持续的回避行为。这些刺激包括一些事物、情境，也包括与人在一起的情感反应，它们都会引起当事人的回避。当事人为了回避再次引发对创伤的回忆，会在此后尽力避免与创伤性经历有关事物的接触。比如，一位严重车祸的当事人，便有可能从此避免乘车或开车，而且相关恐惧很可能会泛化、扩大到其他方面影响其正常生活。

回避大致可分为两种形式：一种是行动上的回避，如回避有关创伤的谈话、活动，甚至离群索居；一种是记忆上的回避，如对创伤事件的回忆障碍，即分离性遗忘。行动上的回避影响人的正常生活，记忆上的回避妨碍心理创伤的治疗。

3. 敏感性

在心理创伤的严重情形里，当事人会有持续的惊跳现象和敏感性，身体始终处于"警报状态"，如睡眠障碍、易激惹和情绪爆发、注意力难以集中又会过度警觉等。如果当事人有这些表现，说明已经到了比较严重的地步，需要积极治疗。

★ **小测试**

创伤后应激障碍自评量表

以下为创伤后应激障碍检查表平民版（The PTSD Cheeklist-CivilianVersion，PCL-C）。

指导语：下表中的问题和症状是人们通常对一些紧张生活经历的反应。请仔细阅读并且根据该事件近一个月内打扰你的程度，在右框选择打分。

题号	题目	一点也不	有一点	中度的	相当程度的	极度的
1	过去的一段压力性事件的经历引起的反复发生令人不安的记忆、想法或形象？	1	2	3	4	5
2	过去的一段压力性事件的经历引起的反复发生令人不安的梦境？	1	2	3	4	5
3	过去的一段压力性事件的经历仿佛突然间又发生了，又感觉到了（好像你再次体验）？	1	2	3	4	5
4	当有些事情让你想起过去的一段压力性事件的经历时，你会非常局促不安？	1	2	3	4	5
5	当有些事情让你想起过去的一段压力性事件的经历时，你有身体反应（如心悸、呼吸困难、出汗）？	1	2	3	4	5
6	你避免想起或谈论过去的那段压力性事件的经历或避免产生与之相关的感觉？	1	2	3	4	5
7	你避免那些能使你想起那段压力性事件经历的活动和局面？	1	2	3	4	5
8	记不起压力性经历的重要内容？	1	2	3	4	5
9	对你过去喜欢的活动失去兴趣？	1	2	3	4	5
10	感觉与其他人疏远或脱离？	1	2	3	4	5
11	感到感情麻木或不能对与你亲近的人有爱的感觉？	1	2	3	4	5
12	感觉好像你的将来由于某种原因将被突然中断？	1	2	3	4	5
13	入睡困难或易醒？	1	2	3	4	5

14	易怒或怒气爆发？	1	2	3	4	5
15	注意力很难集中？	1	2	3	4	5
16	处于过度机警或警戒状态？	1	2	3	4	5
17	感觉神经质或易受惊？	1	2	3	4	5

结果分析

PTSD 检查表平民版评分标准（参考值范围为 38～47）

17～37 分：无明显创伤后应激障碍症状。

38～49 分：有一定程度的创伤后应激障碍症状。

50～85 分：有较明显的创伤后应激障碍症状，可能被诊断为创伤后应激障碍。

（结果非诊断性，仅供参考。）

四、应该怎样正确看待创伤后应激障碍？

在小李被检测出可能患有创伤后应激障碍后，班里议论纷纷，一时人心惶惶。周班长见状，也是忧心忡忡，但自己又不知道该怎么给大家说，不知道该怎么引导大家看待创伤后应激障碍。突然，周班长灵机一动，张教导员是研究生学历，听说最近还考了心理咨询师，他肯定对这个比较在行。周班长决定请张教导员到班里来讲一讲。

创伤后应激障碍是心理咨询和心理治疗中一种常见的问题和症状。创伤后应激障碍在军队中也很常见，只是之前不太注意，更认为这是个别人的特殊问题，组织和个人都不太重视。

研究者最早发现，参加过朝鲜战争、越南战争等的美国军人在许多年以后，其罹患抑郁症和睡眠障碍的比例显著高于常人；尤其是在战争中受过伤的士兵，受伤经历总是困扰着当事人。

汶川地震后，面对异常残酷的灾难环境，许多救援官兵出现较高的应激水平；救援结束后，一些官兵仍受其困扰。随着研究的扩展和深入，我国官兵在参加多样化军事任务后，有相当比例的官兵患有创伤后应激障碍。

创伤后应激障碍之所以让我们普通人感觉害怕，一方面是因为我们不熟悉它，一方面是因为它属于心理问题。

人类发展至今，一是因为对未知感到好奇，对未知进行探索而获得进步；二是因为对未知感到害怕，逃避未知的危险而获得保全。我们对创伤后应激障碍的害怕就是这样，我们知道它是不好的东西，是应该避开的东西，但创伤后应激障碍是客观存在的，是人在经历创伤性事件后，有可能出现的，对于创伤后应激障碍，我们不能避开，只能迎面而上。认识它，从而减轻它对我们的影响。

另外，普通人对心理问题的认识存在误区。首先，心理问题不等同于精神疾病。每个人都会面临这样或那样的心理问题，只要调整得当，就不会对我们的正常生活有什么影响。其次，心理问题不像生理问题，可以通过手术或者药物在较短时间里解决，心理问题有时可能需要长期的咨询或治疗。除非情况特别严重，一般的创伤后应激障碍都属于心理问题，这是可解决的问题，只是有时候解决问题需要的时间长一点，需要我们给予其更多的关心。

所以，正确看待创伤后应激障碍，首先，要认识到这是特定情况下可能出现的心理问题，你我身上都可能发生；其次，创伤后应激障碍并不可怕，一是其发生概率不高，二是这样的心理问题可以治好；最后，对创伤后应激障碍患者我们要多多关心，周围人的关心和支持是应对创伤后应激障碍的有力武器。

五、创伤后应激障碍应对策略（一）

在张指导员给大家详细说明了创伤后应激障碍的现象、成因后，大家伙都对创伤后应激障碍有了初步的认识，不再那样害怕创伤后应激障碍了。只是，小王觉得，得了创伤后应激障碍后终究会让人感到不好，能不能提前做些工作来进行预防呢？于是小王向张指导员提出了这个问题。张指导员说："小王同志这个问题问得好。预防工作应该永远是第一位的。这个我们需要好好地考虑与探讨一下。"

创伤后应激障碍是心理应激障碍的一种，心理应激障碍还包括急性应激障碍，这些都是人们在面对特殊情况时产生的应激反应。心理应激就是指一个人面对突发事件和意

图 4-7　信任背摔

外刺激所表现出的紧急应对状态，可以通过人的生理变化、情绪反应、行为动作、认知变化等表现出来。多样化军事任务具有突发性、高风险、高强度等特点，执行任务的军人很有可能产生应激反应，表现出急躁、恐惧、厌倦、抑郁等心理问题，严重的会导致创伤后应激障碍。因此，加强心理应激的预防工作，很有必要。

（一）对于组织、部队而言

第一，要在平时生活中强化官兵的心理训练，突出预防机制的针对性。心理学研究表明，反复的实践锻炼，可以提高人们适应应激的能力。同一应激事件，不同的人反应不同，很大程度上就是因为每个人的认识和经验不同。这些都可以通过平时的训练得以提高。

在具体的训练中，一方面要注意抓好实战情景模拟训练。要尽量营造出官兵可能面对的具体情况，运用实战环境锻炼部队。一方面要注意抓好团队建设和放松训练。心理应激的一个重要应对手段就是良好的社会支持，在官兵执行多样化军事任务时，我们的队伍就是最重要的社会支持，可以根据自身条件和人员特点来进行相关活动，如可以开展低成本的"信任背摔""风中劲草""齐心协力""自信呐喊"等心理行为训练。心理应激一旦发生，最有效的解决办法就是放松训练，通过身体的放松，缓解紧张的情绪。放松训练不是一朝一夕就能练成的，需要我们平时多加练习。

第二，完善心理防护体系，增强预防机制的科学性。要想增强部队官兵的心理防护能力，完善的机制、专业的力量都是不可缺少的。目前我军心理防护建设已经得到了上下官兵的认同，但相关体系仍需完善。应逐步完善以下三级心理防护体系。

一级是由连队骨干组成的基层防护体系。这一级负责最直接、最基层的心理防护工作。

连队骨干身处官兵第一线，能够及时发现事态苗头，可以利用其所学的心理学知识来帮助官兵，防止问题扩大化。这就需要基层连队骨干加强对心理学知识的学习。

二级是由心理专业人员组成的专业防护体系。这一级主要由部队心理医生来担任。部队心理医生接受过系统的心理学专业培训，在心理咨询、心理疏导和简单心理治疗上比连队骨干更专业，也更有效。

三级是由军地力量组成的专家防护体系。这一级是在第二级的基础上，再加上地方科研、院校、医疗等机构的心理专家，组成的专家防护体系。专家防护体系的目的在于解决部队心理医生解决不了的问题，在心理教育和训练上给予官兵指导，必要时在多样化军事任务中随同协助。

（二）对于官兵个人而言

广大官兵提高自身的心理素质，才是应对创伤后应激障碍最重要的途径。官兵提高自身的心理素质，主要靠的就是学习和训练。

第一，广大官兵要积极主动学习相关知识。这些知识包括心理学基础知识、心理战专业知识和心理疏导知识等。通过对心理学基础知识的学习，了解人心理变化的特点和规律，提高自我调节和自我控制的能力；通过对心理战专业知识的学习，提高辨别是非的能力和心理承受能力；通过对心理疏导知识的学习，掌握心理自我调节的基本方法和技巧。

第二，广大官兵要积极进行相关心理训练。许多东西是平日里作用显不出，关键时候显大用的。心理训练就是这样的东西。广大官兵要端正训练态度，不可玩笑视之，在训练时要积极参与，用心体会。

小练习

放松训练

自我放松的方法有许多，本节介绍一种简单、易操作的小方法——肌肉放松法。

肌肉放松法的原理是先让你感受紧张再让你体验松弛。没有紧张感你就很难真正体会松弛感，所以先紧张后放松能使你更充分地享受放松的效果。下面介绍一套全面的肌肉放松法。但是一定要严格按照下面的步骤进行，你可以先按照步骤练习，熟练了以后可以分开进行某一块。

第一步，头部放松。用力皱紧眉头，保持5秒钟，然后放松；用力闭紧双眼，保持5秒钟，然后放松；皱起鼻子和脸颊部肌肉，保持5秒钟，然后放松；用舌头抵住下颚的门齿，口尽量张开，头向后抬，保持5秒钟后放松。

第二步，颈部肌肉放松。将头用力下弯，努力使下巴抵达胸部，保持5秒钟，然后放松。

第三步，肩部肌肉放松。将双臂平放在体侧，尽量向上提升双肩，保持5秒钟，然后放松。

第四步，臂部肌肉放松。将双手掌心向上平放在座椅扶手上，握紧拳头，使双手及前臂肌肉保持紧张5秒钟，然后放松；侧平举张开双臂做扩胸状，体会臂部的紧张感5秒钟，然后放松。

第五步，胸部肌肉放松。将双肩向前收，使胸部四周的肌肉紧张，保持5秒钟，然后放松。

第六步，背部肌肉放松。将双肩用力往后扩，体会背部肌肉的紧张感5秒钟，然后放松；向后用力弯曲背部，努力使胸部弓起，挤压背部肌肉5秒钟，然后放松。

第七步，腹部肌肉放松。尽量收紧腹部，好像别人向你腹部打来一拳，你在收腹躲避，保持收腹5秒钟，然后放松。

第八步，臀部肌肉放松。夹紧臀部肌肉，收紧肛门，使之保持紧张5秒钟，然后放松。

第九步，腿部肌肉放松。绷紧双腿，伸直上抬，腿离地面20cm，保持5秒钟，然后放松。

第十步，脚趾肌肉放松。将脚趾慢慢向下弯曲，仿佛用力抓地，保持5秒钟，然后放松；将脚趾慢慢向上翘，保持紧张5秒钟，然后放松。

六、创伤后应激障碍应对策略（二）

经过几次讲座，战友们对创伤后应激障碍都有了一定的认识。听周班长说小李也好了很多，就快要归队了。小王心里高兴得很，他决定把自己这些天对创伤后应激障碍的学习心得通通说给小李，希望能对小李有用。

对于创伤后应激障碍，预防是第一位的，但多样化军事任务具有明显的危险性，具有不确定性和未知性，官兵出现心理应激甚至创伤后应激障碍都是很有可能的。所以除了平日多加训练、提高自身的心理素质外，广大官兵也应该学习万一自己得了创伤后应激障碍，应该怎么应对。

第一，广大官兵要提高警惕，尽早发现。虽然创伤后应激障碍需要一定时间才能确诊，但如果发现有相关苗头，积极干预才是正确的应对举措。在参加完多样化军事任务后，有经历创伤或明显让自己感到不适情境的官兵，尤其要多多注意。如果你不时莫名情绪低落，不时有警觉、易怒，或者存在睡眠障碍，如入睡困难、做噩梦等，再或者创伤情境反复困扰自己等，就需要注意。这些都是创伤后应激障碍的症状，在早期就会有所体现，我们要多多注意，早发现、早干预。

第二，积极向亲人、好友寻求支持。亲人、好友的支持是我们力量的重要来源，周边人的社会支持也是我们应对创伤后应激障碍的有力举措。无论你是否确诊创伤后应激障碍，只要自己感觉有心理问题困扰，都应该积极主动地向亲人、好友寻求支持。有时候仅仅是简单的倾诉，就可以让我们感到好很多。另一方面，"不识庐山真面目，只缘身在此山中"，有时候人们对自己的心理问题是不自知的。平日多与亲人、好友沟通，他们从他人的角度会更容易发现我们的问题。

第三，敢于向心理医生寻求帮助和治疗。进入现代社会，心理问题已经是很普遍的现象，就如同身体出现感冒、发烧等病况一样。无论是创伤后应激障碍，还是别的什么心理问题，这都不是什么丢人的事。你如果一旦觉得自己有创伤后应激障碍的苗头，要敢于去找心理医生。一旦确诊，你也要积极配合心理医生进行治疗。

七、创伤后应激障碍应对策略（三）

小李明天就要归队了，听指导员说小李已经没啥大碍，只是平时还需要多多注意和观察。大家顿时既欢喜也担忧，欢喜小李要回来了，担忧不知该怎么照顾小李。周班长觉得自己身为班长，照顾小李的责任更为重大，他打算向指导员取取经。指导员见状，觉得自己虽然了解一些心理学知识，但还是有必要去向医护室的心理医生学习一下。

基层连队骨干和其他战友是处于创伤后应激障碍中的军人身边最亲密的人，是他们应对各种状况的力量源泉。在帮助患有创伤后应激障碍的官兵时，基层连队骨干和其他战友可以发挥非常重要的作用，需要做的也有很多。

首先，提供尽可能多的社会支持。亲朋好友等人的社会支持可以缓解创伤后应激障碍患者的心理压力，这里特别需要发挥基层连队骨干的作用。基层连队骨干要给予创伤后应激障碍患者充分的理解和支持，并鼓励其多多与人接触，引导其宣泄情感，补充心理能量，提高心理自助能力。这里要注意的是，创伤后应激障碍患者高度警觉、敏感性高，基层连队骨干和其他战友要理解，并给予其充分的、无条件的支持，与其保持密切联系，时刻关注其状况。

第二，传授心理应对技巧。军人之所以会产生创伤后应激障碍，很大程度上是因为其缺乏积极的心理应对策略。面对创伤事件时，人们很容易使用消极的，甚至是破坏性的防御策略，如否认、退缩等。这时候基层连队骨干和其他战友就需要站出来，关心患有创伤后应激障碍的战友，传授其积极的心理应对技巧，帮助其渡过难关。

第三，确保官兵充分休息。在经过高强度的多样化军事任务后，官兵的生理、心理都受到极大损耗，导致官兵心理防护能力和调控能力的衰竭。尤其是确诊的创伤后应激障碍患者，基层连队骨干要理解其特殊情况，在日常任务安排中给予其照顾，确保其有充足的休息。

第四，提供认知干预。认知会改变人的应对方式，会影响人的情绪和行为。基层连队骨干和其他战友要提供正确的相关信息，帮助处于创伤后应激障碍的军人正确认识其所面临的状况。这包括帮助其正确认识创伤后应激障碍，正确对待创伤后应激障碍；也包括使其正确认识自己所处的状况，不可妄自菲薄，给自己多一点耐心和信心，不要自责和自卑，也不要有太高的期望，一步一步来。

八、创伤后应激障碍应对策略（四）

小李归队了，指导员找了个时间和小李谈心。小李说，他的情况算轻的，在那里有的战友情况比较严重，但医护室条件不够，部队医院又没有针对创伤后应激障碍治疗的专门医院。指导员听罢，陷入了深深的思考：新世纪新时代，心理治疗已经走上台面、走向大众，但部队由于历史因素和条件所限，在心理治疗这一块有很大的短板。指导员打算向上级反映这一情况。

近年来，心理学逐渐成了"显学"——越来越多的讲座与书籍，使得心理学走向大众。同时，心理问题与心理治疗也为大众所接受，出现了许多心理治疗的专业医院，许多综合医院也加强了心理治疗的科室建设。但在军队里，心理治疗发展还较为落后，像针对创伤后应激障碍等心理治疗，有时是需要专业的心理从业人员和专业的设备的。而这些都是很多部队所满足不了的。

我们部队应该根据自身实际情况，积极对这一短板进行修补。

（一）有条件的军队综合医院应该设立心理门诊

随着强军目标的推进和实践，多样化军事任务将越来越多，军人所承受的心理压力和要面对的心理应激事件也将越来越多，出现的心理问题也将会越来越多。这需要专业的心理治疗力量，在部队综合医院设立门诊很有必要。

第一，要提高认识，注重制度设计和完善。开设心理门诊是当今部队发展所必需的，部队领导要认清形势，重视官兵需求，跟随时代脚步，将心理门诊上升到提高部队战斗力的高度来建设。健全心理咨询和心理治疗制度，制订并完善心理门诊工作标准和操作流程，在人力、物力、财力方面要加强保障。

第二，加强对心理学专业人才的引进和培养。目前我们部队已经有了不少经过心理学培训的医护人员和基层骨干，但经过长时间的、系统的培训的专业人士仍是少数。一方面要加强对心理学专业人才的引进，另一方面要加强对已有的心理学人才的再培训，使其不断"充电"。

第三，协调各部门的关系，解决编制问题。心理门诊的专业人才有其特殊的地位，有的是专职的，有的是兼职的，在职称方面也没有明确合理的设计。这些都需要各个部门密切协调、分工合作，让这些心理专业人才能够安心工作，使其能够平时在官兵心理健康上、战时在心理战上发挥作用。

图4-8　心理咨询

（二）加强军地联合，充分利用地方人才优势

军民融合是全方位的，医疗就是其中一块。相比于部队，地方的医疗条件要好很多。我们要充分利用地方心理治疗的人才优势、技术优势。

第一，完善军人去地方医院就医的机制。各个部队要根据自身的实际情况，完善部队人员去当地医院就医的制度、机制。部队内部要完善相关制度设计，根据军人心理问题的严重程度决定是否要送去地方。地方医院要完善相应对接机制，对军人的心理问题要有专门准备：一方面是对军人执行的特殊任务所导致的心理问题的干预要有针对性，另一方面是军人特殊群体的保密性要有保障。

第二，在军队疗养院这一层级加强军地联合。一方面利用地方疗养院，另一方面完善军队自身的疗养院。地方疗养院在选择上更为丰富，也可以为部队人员的疗养做出贡献。军队自身的疗养院在创伤恢复上经验丰富，但在心理创伤恢复上仍需要提高应对能力。这点就需要借助地方力量，帮助军队自身的疗养院提高应对心理问题的能力。

九、拥抱创伤后应激障碍——从创伤中成长

小李回到连队后，身体、心理都好了很多。在与指导员的谈心中，小李表达了对连队战友们对自己关心的感谢，同时对自己可能掉队表示担忧。指导员笑着说：自古英雄多磨难，相信你能克服目前的困难，正好我最近在看关于心理创伤的资料，看到一个概念，叫作"创伤后成长"，可以和你好好探讨探讨。

近些年来随着积极心理学的兴起，心理学家认识到对人们心理危机的干预不仅仅是对其损伤、缺陷的修复，更是对其自身所拥有的潜能、力量的挖掘。"创伤后成长"这个概念应运而生。所谓创伤后成长是指有些人在经历创伤性事件后，会在逆境中奋进或成长，如在改善人际关系、获得新生活、对生活的理解以及精神方面的发展等方面获得成长。

苦难是一笔财富，关键在于我们怎么对待它。突发情况总是在所难免，在多样化军事任务中受到创伤，甚至得了创伤后应激障碍，也不一定就是糟糕的，只要处理恰当，我们从中获得成长也是很有可能的。

所以，面对创伤性事件，我们可以转换视角，从创伤性事件中追寻苦难的意义，在痛苦中寻求成长。这就需要我们充分发挥主观能动性，有意识地去主动改变，改变我们对创伤的看法，改变我们的认知和行为。对于经历了创伤性事件的个人而言，就是要用

积极的态度和行动去应对创伤性事件——进行建设性的思考，保持乐观的态度，接受现实的挑战，主动寻求社会支持等。对于组织而言，就是要帮助创伤经历者充分认识创伤性事件的意义，关注其对创伤性事件的再评价，为其提供充分的、积极的心理辅导等。

亲爱的战友们，即使经历了创伤性事件，即使得了创伤后应激障碍，我们也无须害怕，这些都不会将我们打倒，相反，在我们积极地应对之下，这些都会成为我们的财富。

小贴士

创伤后成长五步走

凤凰涅槃、破茧成蝶，神话传说和自然现象都告诉我们，要想获得成长，必须经历一定的痛苦。心理学研究发现，在正确处理创伤后，个人可能获得新生，新生表现在重新发现和感恩生命的意义、强化个人优点、追求新的可能性、改善人际关系，或者进一步升华精神境界。创伤后成长往往包括下面5个步骤：

第一步，理解创伤后的反应（解读"失败"），包括对自我、他人和未来的信念出现动摇的情况。这是正常反应，不需要过度担忧。

第二步，通过控制侵入性思想和画面等技巧来降低焦虑感。一些我们所不愿面对的记忆和画面会时不时地困扰我们，我们需要做的就是尽量不去想，通过其他事充实自己。

第三步，开展建设性自我倾诉。把创伤埋在心底会导致生理和心理状况的恶化，因此要大胆讲述自己的遭遇。

第四步，树立一种理念，把创伤视为人生旅途中的一个岔路口，有助于加深我们对世间各种对立面的理解，包括失与得、悲伤与感激、弱点与优点等。这种理念指明了我们需要哪些个人优点、如何改善某些人际关系、如何升华精神生活、如何更懂得欣赏人生，或者哪些新的机会之门敞开了。

第五步，阐述生活的原则。为自己的生活确立原则，通过这些原则的执行来打造自己的新生活。

第五章

多样化军事任务中军队基层
领导干部的"心"能力

第一节
DIYIJIE

心理品格锦囊

战士小王参加完联合军事演习回来后，当问他印象最深刻的是什么的时候，他对连里的指导员跷起了大拇指。他说，指导员不仅懂军事会指挥，还经常给思想、心理出现困惑的战士答疑解惑，干工作尽心尽力，为人也很正直坦诚。战士们都喜欢和指导员一起完成任务，听他调遣，指导员的心理品格给战士们留下了深刻的印象。

好的领导干部拥有较好的心理品格，本章主要介绍军队基层领导干部所要具备的心理品格。

一、什么是军队基层领导干部的心理品格？

北宋政治家苏洵说："为将之道，当先治心。"可见心理品格对军队基层领导干部的重要性。从心理学层面来说，心理品质是个人能力素质的重要内容，是后天习得的，并与职业特点密切相关，它最能体现战士应有的心理素质的优劣。军队基层领导干部承担着领导管理的职责，同时他也是一名战士，具备战士应具有的心理品格。因此，对军队基层领导干部的心理品格的界定就十分关键。

军队基层领导干部的心理品格是指军队基层领导干部必须具备的心理能力和心理素质，是军队基层领导干部能力素质的重要内容。它和军人的职业特点息息相关，包括认知、情感、意志这3个维度，可以通过后天的学习训练获得，是军队基层领导干部有效地执行任务和领导军人团体的关键。好的军队基层领导干部一般具有记忆的持久性和准确性，思维的独立性和深刻性，情感的稳定性和倾向性，意志的果断性和自制性等，这对于执行多样化军事任务有着较为重要的积极影响，所以说心理品格最能体现军队基层领导干部心理素质的优劣。

小贴士

军人必备的心理品格

吃苦耐劳：军营的高强度训练和经常遇到的恶劣环境需要军人具有吃大苦耐大劳的素质。

忍耐：两军对阵勇者胜，两军相持久者胜。特殊的工作性质决定了军人要学会忍耐。

牺牲奉献精神：当兵意味着牺牲，牺牲花前月下，牺牲天伦之乐，牺牲安逸生活，甚至是自己的生命，牺牲意味着奉献。

善于总结：每年的年终总结、每月的思想汇报、每天的晚点名，总结总是伴随着军人，总结知得失。

冒险精神：特有的独属于军营的很多"第一次"对不少人来说就意味着冒险。第一次打靶、投手榴弹、演习都是冒险，冒险精神就是这样培养的。

绝对服从：军人在军营的第一课就是学会服从，军人以服从命令为天职。

自信：各种豪迈口号、政治教育和动员造就了自信的军人。

纪律性：守纪律是军人最基本的职业素质。

责任感：从穿上军装的那一刻起，军人的责任感就如影随形。大到国家民族，小到营连排班，军人都处在责任中。推脱责任、不敢担当属于自己的责任的人，在军人眼里就是懦夫。

目标明确：来自五湖四海的军人为了一个共同的目标聚在一起，这种做事目标明确的作风影响着每一个成员，一个人可以失望，但不能盲目。

良好的心理素质：和平年代的士兵虽没经过战争考验，但比同龄人经历了更多磨炼，这些赋予了他们良好的心理素质。

果断：突如其来的变化和措手不及的事态发展需要军人用霹雳手段果断下决心，优柔寡断只会使事情更糟。

顽强：军人是铜豌豆，要男儿有泪不轻弹，要打落门牙往肚里咽。

沟通能力：军队执行命令时，沟通尤为重要，官兵可以通过下列途径锻炼沟通能力——聊天、需要发言的班务会、主动与被动的谈心。

乐观：军人要在困境中保持乐观心态，在挫折面前不气馁，静待绝地反击的机会。

正直：军人的正义感来自他的正直，军人的正直来自他多年接受的英雄教育。

诚信：诚实、言行一致是军人的纪律要求。

严谨：严谨的品质来自严格的训练。

执行力强：军令如山，再也没有比军人的执行力更强的了。

荣誉感：荣誉感来自官兵对所处团体的高度认同。

重感情：战友之间的情谊是没得说的。

注重细节：军人的第一课是从直线加方块开始的，直线加方块是细节；打扫卫生不留死角，死角是细节；军人抓养成，养成是细节。

执着：执着是冷静理性地审时度势，是咬定青山不放松的孜孜追求。

谦逊：军营的等级关系和常抓不懈的礼节使谦逊成为军人的一种习惯。

敬业：敬业和能力无关，任何一件事情，只要心甘情愿，总是能够变得简单。

热情：军人用热情释放巨大的潜能，将枯燥的军营生活变得生动有趣。

团队精神：军人崇尚英雄，但也注重团队精神。

工作无借口：对军人来说，对上级布置的任何任务，无论有多大的困难，甚至牺牲自己的生命，他们也只能回答"是"。

准时：从起床到就寝，军人的时间被分割成一个个要准时的单元。

善于合作：特殊的工作性质要求军人必须学会合作。

二、军队基层领导干部的心理品格有什么特点？

军队基层领导干部的心理品格和军队基层领导干部的职业特点密切相关，和基层部队执行的任务密切相关，具有以下3个特点。

（一）军队基层领导干部的压力大，决定其心理品格的稳定性

军队基层是落实军队各项工作的核心和关键，军队基层领导干部作为基层的领导者，一般兼有日常管理、作战指挥和心理思想引导的三重职能。

平时基层部队日常生活的方方面面，包括战士们的吃、穿、住、用、行都需要军队基层领导干部的密切关注和精力投入，需要军队基层领导干部发挥日常管理的职能。训练

和战时基层部队作为最基本的作战单元，军队基层领导干部要以身作则，带兵训练，带兵打仗，提升自身的军事体能、技能和指挥能力，发挥作战指挥的职能。日常生活中，官兵之间，军队和地方之间会有各种各样的交流，难免会出现冲突和矛盾，军队基层领导干部要及时调整关系，关注每一名战士的成长，引导官兵向积极的方向发展，这需要军队基层领导干部发挥心理思想引导的职能。

这三重职能都十分重要，再加上干部自身事务的处理和上级任务的落实等因素，大大增加了军队基层领导干部的职业压力，要求军队基层领导干部的心理品格必须具备稳定性的特点。

（二）军队基层领导干部的示范性，决定其心理品格的积极性

俗话说：兵熊熊一个，将熊熊一窝。领导干部对一个单位、一个集体的影响是巨大的。美国心理学家班杜拉的社会学习理论认为：人的行为，特别是复杂的行为主要是后天习得的，人行为的习得主要有两种，一种是通过直接经验获得，另一种是通过观察他人的行为而习得，而观察学习一般都是向权威者学习。军队作为一个高度统一和具有纪律性的团体，军队基层领导干部由于其职业和职务的权威性，自身就是权威者，其心理品格和行为就具有很强的模范导向作用，军队基层领导干部心理品格好，其单位集体的大多数战士的心理品格就好，反之亦然。因此，在日常生活管理和多样化军事任务的执行中，军队基层领导干部就必须做好榜样和表率，做好示范，时刻保持高昂的精神状态、积极的认知能力、良好的注意力、积极的思维创造力和坚定的意志力，时刻保持积极的心理品格，用自身的状态和行为去感染每一名官兵，从而保持一个单位、一个集体的积极正向的状态和行为方式。

（三）军队基层领导干部的职业特点，决定其心理品格的战斗性

军队的首要职责和功能是维护国家和人民的安全和利益；军人首要的职业功能是能打仗，打胜仗，军队一切事务和标准都是着眼于战斗力的提升。军队基层是军队的根基，要突出强调其战斗性，军队基层领导干部是军队基层的领头羊，更要强调其心理品格的战斗性。例如，军队基层领导干部必须具备敏锐的观察力，能够从复杂的环境中，发现敌情；要有深刻的理解力，明确上级的意图和作战决心；要有良好的注意力，能够克服各种干扰，专注于任务的完成；要有清晰的记忆力，牢记人员装备和环境的各项特征特点；要有理智的情感，克服情绪化决策和行为等。这些心理品格都要具备战斗力的特点，才

能符合军队基层的职业特点。

三、军队基层领导干部认知维度的心理品格有哪些？

认知过程是指人认识客观事物的过程，对信息进行加工处理的过程，是人由表及里、由现象到本质的反映客观事物的本质及其内在联系的心理活动。军队基层领导干部的认知过程影响着他对事物的判断和决策，从而影响他完成多样化军事任务的效率和质量。军队基层领导干部在认知维度上具有较好的心理品格，有利于他客观公正地认识事物，因而十分重要。军队基层领导干部必须具备以下认知维度的心理品格。

（一）敏锐的观察力

观察力是有目的有指向的知觉能力之一，是一种较为综合的认知能力，它包括人的感觉能力、知觉能力和理解能力。

军队基层领导干部必须具备敏锐的观察力：一方面是要具备在复杂环境中敏锐的感觉和知觉能力，能够在各种复杂的环境中，透过多样化的干扰筛选辨别出最主要的现象来分析，能够在细小的变化中找出区别与不同，找到矛盾，能够抓住转瞬即逝的现象和征兆，把握事物的主要特征，找出矛盾出现的原因，为接下来的反应和行动提供较为客观、可靠、翔实的依据；另一方面是要具备深刻的理解能力，军队基层领导干部能够把观察到的纷纭复杂的现象和自身丰富的知识储备、科学的思维方式方法相结合，能够更好更准确地理解事物和现象，从而去粗取精、去伪存真、由表及里地认识事物和现象的内核，透过现象看本质，进而把握事物的本质。

（二）较好的注意力

注意是人的心理活动对一定事物的指向和集中，是心理活动的一种积极状态，总是与心理活动密切联系在一起。是否具有良好的注意力，直接影响着军队基层领导干部的认知思维活动，影响着军队基层领导干部工作效率的高低。

军队基层领导干部要具备较好的注意力：首先，要有注意的广泛性。基层事务繁多，既要关注重要的关键的任务，也要注意对事务的整体把握，不能沉浸于细枝末节，要明确注意的目标任务，在广泛的注意中有重点有节点。其次，军队基层领导干部要有注意的稳定性。军队基层领导干部能够在把握总的任务的前提下主动地克服各种干扰因素，把自身的心理活动集中在某一事物、某一人物的重点上。例如，在执行多样化军事任务的过程中，军队基层领导干部既要了解上级的指示要求，又要领导战士们完成各项任务，还要关注战士们的情绪状态。最后，军队基层领导干部要能进行合理的注意分配和注意转移。注意分配是指人在同一时间内把注意指向两种或者两种以上的对象或活动上的注意品质。在实际运用的过程中，军队基层领导干部要既能把握全局，又能抓住重点。例如，执行多样化军事任务中，既能注意周边环境形势的变化，又能注意基层军人团体的小环境氛围。注意转移是指人根据一定的目的，主动地把注意从一个对象转移到另一个对象上或从一种活动转移到另一种活动上去的过程。例如，在任务的转换期，军队基层领导干部要及时地调整自己的关注点，从而更好地完成任务。

（三）较好的记忆力

记忆是人脑对过去经验的保存、再现的心理过程，即感知过的事物、思考过的问题、体验过的情感、练习过的动作等经验在人脑中的保持，记忆包括识记、保持、再认或回忆3个基本环节。较好的记忆力对军队基层领导干部十分重要，军队基层领导干部要熟知基层每一名战士的兴趣爱好和特点、任务的流程和具体要求、任务环境的特点，能够把这些信息在较短的时间内记牢并再现出来。这样，一方面能够较快地把握任务流程、基本要求和任务的关键，很好地进入任务状态，从而拥有清晰的工作思路和方法，为较好地完成任务打好基础；另一方面，能够准确地把握每一名战士的心理状态，在执行任务的过程中及时地发现战士的不良状态，从而加以适当的引导，保证任务执行的效率和质量。

（四）积极的思维创造力

创造性思维是指以新颖独特的方法解决问题，并产生首创的、具有社会价值的认知成果的认知活动过程，它是人类思维能力的最高体现。积极的创造性思维，使军队基层领导干部能够较好地在执行任务中妥善地处理各种矛盾，完成目标，所以十分重要。

在具体工作中，军队领导干部应具备积极的创造性思维：首先，要善于全面辩证地思考问题，不因常规思维限制自己的思路，善于利用各个方面的知识进行广泛的联想，从而提出多样化的解决问题的方法；其次，要能保持思维的独立性，不随大流，敢于发表不同见解，敢于冲破固定的方式方法，不盲目跟从，能够坚持正确的见解，从而促进任务更好地完成；再次，要能保持明确的目的性，时刻牢记任务的关键和重点，时刻牢记最终目标和结果，在思维进程中能够保持思维的一贯性和流畅性，瞄准任务的最终目标，防止思维的盲目和混乱；最后，要保持思维的灵活性，能够根据任务形势的改变和事务的变化，不断突破思维定式，灵活地根据实际情况多角度地寻找处理问题的方式方法，防止墨守成规和因循守旧，从而较好地完成任务。

四、军队基层领导干部情感维度的心理品格有哪些？

情绪情感是指人脑对客观事物是否满足自身物质和精神需要而产生的态度体验，它是对客观事物要求的反映，包括喜、怒、哀、乐、爱、憎、惧等。军队基层领导干部在情感维度上的心理品格会直接影响他完成任务的方式方法，影响其完成任务的效率。结合实际，基层领导干部必须具备以下情感维度的心理品格。

（一）丰富的情感

大多数人认为军队基层领导干部作为基层的领头羊，责任重大，必须要克制自身的情感，保持理智。这是从决策角度思考的，有一定的道理，但并不全面。一方面，军队基层领导干部也是人，人不是机器，必然会有各种各样情绪情感的波动，难以避免，如果一味地压制，反而可能适得其反；另一方面，军队基层领导干部要完成任务，需要每一名战士的齐心协力，任务的完成说到底还是人与人之间的协调。从人与人的交流的角度来讲，军队基层领导干部拥有真实丰富的情感，而不是失控的激情，才能感召每一名战士，缩短与战士心与心之间的距离，增进亲近感，从而调动战士们的积极性，保质保量地完成任务。即使战士们在任务执行的过程中出现了差错，军队基层领导干部也要带着真实丰富的情感去做批评，有了浓厚的情感基础，对战士的批评才能走心，才能保证批评不走偏方向。周恩来就曾经说过："不要用带血的白刃去剖开同志的胸膛，而要用春风去开启同志的心扉，以情施治疗，精心之力，既治愈带疾的心灵，又不留下伤痕。"这是对军队基层领导干部必须具备丰富的情感的重要性的生动阐释。

（二）积极的情感

积极的情感既是指军队基层领导干部的情感指向正常健康，又是指军队基层领导干部的情感与其军人的职业特点相结合，充满军味儿和正能量。军队基层领导干部必须具备积极的情感：首先，是对国家坚贞不渝的热爱。这种忠诚和热爱的感情既有对自身民族的热爱，也有对自己成长的土地的热爱，还有对国家语言和各种传统文化的热爱。有了这种强烈的积极情感，军队基层领导干部才会把自己的成长进步和国家的兴旺发达联系在一起，时刻关系自己的国家和民族。其次，是对人民巨大的责任感。全心全意为人民服务是军队的宗旨，为人民和自身的军人职业而充满强烈的责任感和使命感，才会促进自我积极进取，完成各项任务。这种责任感既有"天下兴亡，匹夫有责"的大气，也有"干好本职工作，做一颗人民需要的螺丝钉"的踏实。最后，是对战士的关心。基层是一个集体，领导干部要想有效地履行职责就必须了解战士，关心战士。只有这样，军队基层领导干部才能以情换情，保持与战士们的良好的情感关系，减少官兵之间的心理距离，增加官兵之间的心理亲切感，从而较好地完成任务。

（三）理性的情感

人的情感区别于动物，是因为人的情感有自制力和自控力。军队基层领导干部是基层的把关者和管理者，更要突出这一点，领导干部要有丰富的情感，但是不能沉溺于自身的情感。一方面，军队基层领导干部要以理制情，对国家，对人民，对战士都有着丰富而深厚的情感，但是，这也要有一定的限度和标准，对待任何人或事既不是一味地关爱，更不是不断地指责、憎恨，而是以法律道德的理智来热爱国家，热爱人民，关爱战士。另一方面，军队基层领导干部要宽容。理性的情感的另一个表现就是宽容。军队基层领导干部在工作和执行任务时难免会遇到误会，甚至吃力不讨好，受到人的责备和抱怨，这时就需要发挥宽容的力量，理解他人，豁达大度，继续踏踏实实地做好本职工作。

五、军队基层领导干部意志维度的心理品格有哪些？

意志过程是指人自觉地确定目的、克服内部和外部困难，力求实现预定目的的心理过程，这也是人和动物的本质区别。军队基层领导干部意志维度上的心理品格，直接关系到任务完成的质量和效率，关系到领导干部自身的发展。军队基层领导干部必须具备良好的意志维度的心理品格，主要包括以下3个方面。

（一）目标的坚定性

行动的坚定和自觉来自目标的坚定。在执行多样化军事任务的过程中，难免会遇到这样那样的困难和挫折，甚至是失败。如果没有坚定的目标，遇到困难就信心动摇，行动退缩，就难以完成任务。军队基层领导干部要有目标的坚定性：首先，要有明确的目标。目标是行动的向导和方向，没有目标的人，行动就会盲目，没有效率。目标越明确，意志对行动的控制力就越大，行动就越有指向性。其次，要有丰富的知识，行动的坚定也源自对事物的了解。人的本能是对未知的事物恐惧，这会导致人对自我目标的怀疑，进而放弃。所以，人要具备丰富的知识来应对未知，从而坚定目标。最后，要有一往无前的勇气。多样化军事任务的执行不可能一帆风顺，有时候甚至冒着生命的危险。狭路相逢勇者胜，勇气是克服困难的绝招，也是军队基层领导干部必备的素质，有了克服困难的勇气才能坚定目标，一往无前。

（二）决策的果断性

决策是军队基层领导干部的一项重要职能，军队基层领导干部在良好的意志维度上的心理品格就是决策果断，善于把握转瞬即逝的机会，充分争取工作的主动权。一方面，军队基层领导干部要科学决策。决策是一个过程，既不能完全凭借经验，也不能主观臆断，而是要关注事物的变化，发现其中的规律，发扬民主，充分听取各方面的意见建议，减少决策失误。通过科学的决策程序和方法，做出科学的决策。另一方面，军队基层领导干部要善于抓住重点和本质。在纷乱复杂的环境面前，必须透过现象看本质，看清事物发展的总趋势，把握事物的重点和重心，敢于在合适的时间做出合适的决策。否则，就会出现"当断不断，反受其乱"的现象，遇事犹豫不决，方寸大乱。

（三）行动的自制性

在执行多样化军事任务时，会遇到各种干扰，甚至是诱惑，如果不慎，就会在干扰和诱惑面前迷失自我。因此，军队基层领导干部必须要有行动的自制性，抗拒外界的干扰和诱惑。心理学中，行动的自制性主要包括自我控制、自我评价、自我监督和自我调节4个方面。

自我控制，就是人通过树立正确的世界观、人生观和价值观，自觉地运用社会规范来检查自己的行为。慎独就是自我控制的最高表现。自我控制好的军队基层领导干部能够在无人监督的时候依然保持自觉，一丝不苟地完成各项任务。自我评价是人对自己的整体判断，正确的自我认识。基层领导干部要时刻通过自我评价，准确地定位自己，保持清醒的头脑，从而克服各种干扰和诱惑。自我监督是人通过自我观察使自身的行为符合一定的道德规范和行为标准。军队基层领导干部要时刻"三省吾身"，按照相应的规范和标准时刻检查自我的言行。自我调节是人通过自我评价和自我监督发现自身的错误，及时改正，时刻调控自身，军队基层领导干部要及时发现自身的问题和不足之处，不断改正，不断进步，从而保持行动的自制性。

测测你的意志力

下列各题中，每题都有 5 个备选答案，根据你的实际情况，选择一个最适合你的答案：a——很符合自己的情况；b——比较符合自己的情况；c——介于符合与不符合之间；d——不大符合自己的情况；e——很不符合自己的情况。

1. 我很喜爱长跑、远足、爬山等体育运动，但并不是因为我的身体条件适应这些项目，而是因为这些运动能够锻炼我的体质和毅力。

2. 我给自己制订的计划，常常因为主观原因不能如期完成。

3. 如没有特殊原因，我每天都按时起床，从不睡懒觉。

4. 我的作息没有什么规律性，经常随自己的情绪和兴致而变化。

5. 我信奉"凡事不干则已，干则必成"的信条，并身体力行。

6. 我认为做事情不必太认真，做得成就做，做不成便罢。

7. 我做一件事情的积极性，主要取决于这件事情的重要性，即该不该做；而不在于对这件事情的兴趣，即不在于想不想做。

8. 有时我躺在床上，下决心第二天要干一件重要的事情，但到第二天这种劲头又消失了。

9. 在学习和娱乐发生冲突的时候，即使这种娱乐很有吸引力，我也会马上决定去学习。

10. 我常因读一本引人入胜的小说或看一出精彩的电视节目而忘记时间。

11. 我下决心办成的事情(如练长跑)，不论遇到什么困难(如腰酸腿疼)，都会坚持下去。

12. 我在学习和工作中遇到了困难，首先想到的就是问问别人有什么办法。

13. 我能长时间做一件事情，即使它枯燥无味。

14. 我的兴趣多变，做事时常常是这山望着那山高。

15. 我决定做一件事时，常常说干就干，绝不拖延或让它落空。

16. 我办事喜欢挑容易的先做，难做的能拖则拖，实在不能拖时，就赶时间做完算数，所以别人不大放心让我干难度大的工作。

17. 对于别人的意见，我从不盲从，总喜欢分析、鉴别一下。

18. 凡是比我能干的人，我不大怀疑他们的看法。

19. 我喜欢遇事自己拿主意，当然也不排斥听取别人的建议。

20. 生活中遇到复杂情况时，我常常举棋不定，拿不定主意。

21. 我不怕做我从来没有做过的事情，也不怕一个人独立负责重要的工作，我认为这是对自己很好的锻炼。

22. 我生来胆怯，没有十二分把握的事情，我从来不敢去做。

23. 我和同事、朋友、家人相处时，很有克制力，从不无缘无故地发脾气。

24. 在和别人争吵时，我有时虽明知自己不对，却忍不住要说一些过头话，甚至骂对方几句。

25. 我希望做一个坚强的、有毅力的人，因为我深信"有志者事竟成"。

26. 我相信机遇，很多事实证明，机遇的作用有时大大超过个人的努力。

评分规则

单数题号，a记5分，b记4分，c记3分，d记2分，e记1分；双数题号a记1分，b记2分，c记3分，d记4分，e记5分。请你将各题得分相加，统计总分。

结果分析

111分以上：说明你意志很坚强。

91～110分：说明你意志力比较坚强。

71～90分：说明你意志力一般。

51～70分：说明你意志比较薄弱。

50分以下：说明你意志力很薄弱。

六、在执行多样化军事任务时，军队基层领导干部如何在认知过程中发挥心理品格的作用？

在执行多样化军事任务的过程中，任务现场复杂多变，任务执行过程中的局面变幻莫测，大量信息蜂拥而至。面对这些明暗相间、真假难辨、层次交错的信息，军队基层领导干部必须在认知中冷静观察，客观分析，积极思考，从而指导多样化军事任务的完成。

首先，分析选择，确定目标。军队基层领导干部在对所获取的信息感知和识别的基础上，要对地形、气候及完成任务对象的政治、经济等诸因素进行综合分析，选定要完成的任务目标，从而使下一步的行动建立在客观事实的基础之上。一般来说，任务目标越明确越具体，心理的指向性就越集中。

其次，推演假设，拟订方案。推演假设实质上是一种超前认识，是基层领导干部对可能出现的各种情况、各种发展趋势的心理应变预演。军队基层领导干部要准确把握各个因素和环境，善于运用创造性思维提出奇谋良策。在执行多样化军事任务的过程中，如护航、抗震救灾等行动中，对任务中每一阶段可能发生的情况进行推演假设，并预先做出充分的应对措施，拟定适当的解决方案，也是军队基层领导干部所必须具备的素质和能力。

再次，比较评估，方案选优。军队基层领导干部要对提出的各种可行方案进行选优，就需要比较和评估。比较就是运用定性、定量等分析方法，依靠"可行性分析"和"决策技术"对预定方案进行评估，然后评估各个方案对实现既定目标的效能价值，预测决策的后果和各方面的反应。

最后，模拟验证，形成决定。军事任务不同于别的领域，预定的计划方案很难通过实战加以检验。但由于科学技术的发展，特别是信息技术的发展，我们可以利用沙盘推演或者进行电子计算机模拟演练，进行间接验证，从而形成最后的执行方案。

七、在执行多样化军事任务时，军队基层领导干部如何在情感过程中发挥心理品格的作用？

在执行多样化军事任务的过程中，军队基层领导干部容易面临相对较新的任务类型以及较为陌生的任务环境。在这种情况下，他们的情绪稳定性受到环境影响的可能性更大，同时其情绪具有影响他人和感染他人的特点。军队基层领导干部的情绪也会潜移默化地影响着战士。因此，在执行多样化军事任务时，关键是军队基层领导干部要克服决策情绪化，保持稳定性。一般消除决策情绪化的基本方法如下。

第一，培养伟大的爱国情感，临危不惧。许多军队基层领导干部临危不惧、从容指挥、处变不惊、镇定决策的一个重要的原因，是其热爱祖国、立志报效祖国的思想占据主导地位。因而，他们能产生制约、克服各种消极、不健康情绪的心理因素和力量，于艰险中生智慧，有效防止决策过程中的情绪化。

第二，通过训练提高心理素质。情绪化倾向反映出军队基层领导干部心理素质较差的问题，他们要克服这种倾向就必须有针对性地加强心理训练。一是进行情绪稳定性训练，通过革命英雄主义教育、意志磨炼等方法，增强军队基层领导干部乐观、自信、镇定等肯定情绪。二是进行战场心理适应训练，军队基层领导干部情绪化的产生，很大程度上是受到突然发生的战场情境的强烈刺激所致。因此，我们可以通过模拟多样化军事任务多种情境的办法，对军队基层领导干部进行适应性心理训练。三是进行心理承受能力训练。军事行动的目的和愿望一再受到阻碍，是军队基层领导干部暴怒情绪产生的主要外部原因，失去所盼望、所追求的东西或有价值的东西，往往引起他们的情绪变化。因此，军队基层领导干部可以通过系统而规范的训练，提高心理承受能力，充分做好接受多样化军事任务中的各种残酷情境刺激的准备。

第三，规范决策原则、程序和纪律。多样化军事任务中的各种决策，都要坚持集体领导原则。尤其是在个别军队基层领导干部情绪起伏很大的情况下，更要用原则来指导决策。加强政策监督，以免其头脑发热时出现决策失误。同时要切实按决策程序办事，使决策民主化、科学化，以此制约个人擅自进行重大决策。重大决策必须报告上级党委和首长，这样可以及时发现和制止下级领导干部因情绪化而产生的决策失误。

★ 小测试

哈佛情商小测试

哈佛心理学系博士戴尼尔·高尔曼为情商的测试做了一些努力，研究出了一些问题，通过对这些问题的回答，您可以获得一个关于自己的 EQ 的粗略的感性印象。问题共 10 个，计分标准见后文，最高分数为 200 分，一般人的平均分为 100 分，如果您得了 25 分以下，最好另找个时间重测一下。现在，请静下心来，诚实地回答下面的测题。一定要按照您真正可能会去做的实际去回答，而不要试图用在学校里获取的做多项选择题的技巧去猜哪一个才是对的。

1. 坐飞机时，飞机突然受到很大的震动，你开始随着机身左右摇摆。这时候，你会怎样做呢？

A. 继续读书或看杂志，或继续看电影，不太注意正在发生的骚乱

B. 注意事态的变化，仔细听播音员的播音，并翻看紧急情况应付手册，以备万一

C. A 和 B 都有一点

D. 不能确定——根本没注意到

2. 你带一群 4 岁的孩子去公园玩，其中一个孩子由于别人都不和他玩而大哭起来。这个时候，你该怎么办呢？

A. 置身事外——让孩子们自己处理

B. 和这个孩子交谈，并帮助他想办法

C. 轻轻地告诉他不要哭

D. 想办法转移这个孩子的注意力，给他一些其他的东西让他玩

3. 假设你是一个大学生，想在某门课程上得优秀，但是在考试时却只得了及格。这时候，你该怎么办呢？

A. 制订一个详细的学习计划，并决心按计划进行

B. 决心以后好好学

C. 告诉自己在这门课上考不好没什么大不了的，把精力集中在其他可能考得好的课程上

D. 去拜访任课教授，试图让他给你高一点的分数

4. 假设你是一个保险推销员，去访问一些有希望成为你的顾客的人。可是一连 15 个人都只是对你敷衍，并不明确表态，你变得很失望。这时候，你会怎么做呢？

A. 认为这只不过是一天的遭遇而已，希望明天会有好运气

B. 考虑一下自己是否适合做推销员

C. 在下一次拜访时再做努力，保持勤勤恳恳工作的状态

D. 考虑去争取其他的顾客

5. 你是一个经理，提倡在公司中不要搞种族歧视。一天，你偶然听到有人正在开有关种族歧视的玩笑。你会怎么办呢？

A. 不理它——这只是一个玩笑而已

B. 把那人叫到办公室去，严厉地斥责他一番

C. 当场大声告诉他，这种玩笑是不恰当的，你是不能容忍的

D. 建议开玩笑的人去参加一个有关反对种族歧视的培训班

6. 你的朋友开车时别人的车突然危险地抢到你们前面，你的朋友勃然大怒，而你试图让他平静下来。你会怎么做呢？

A. 告诉他忘掉它吧——现在没事了，这不是什么大不了的事

B. 放一盘他喜欢听的磁带，转移他的注意力

C. 一起责骂那个司机，表示自己站在他那一边

D. 告诉他你也曾有同样的经历，当时你也一样气得发疯，可是后来你看到那个

司机出了车祸，被送到医院急救室

7．你和伴侣发生了争论，两人激烈地争吵；盛怒之下，你们互相进行人身攻击，虽然你们并不是真的想这样做。这时候，最好怎么办呢？

A．停止20分钟，然后继续争论

B．停止争吵，保持沉默，不管对方说什么

C．向对方说抱歉，并要求他（她）也向你道歉

D．先停一会儿，整理一下自己的想法，然后尽可能清楚地阐明自己的立场

8．你被分到一个单位当领导，想提出一些解决工作中繁难问题的好方法。这时候，你第一件要做的事是什么呢？

A．起草一个议事日程，以便充分利用和大家在一起讨论的时间

B．给人们一定的时间相互了解

C．让每一个人说出如何解决问题的想法

D．采用一种创造性地发表意见的形式，鼓励每一个人说出此时进入他脑子里的任何想法，而不管该想法有多疯狂

9．如果你3岁的儿子非常胆小，实际上，从他出生起就对陌生地方和陌生人有些神经过敏或者说有些恐惧。你该怎么办呢？

A．接受他具有害羞气质的事实，想办法让他避开他感到不安的环境

B．带他去看儿童精神科医生，寻求帮助

C．有目的地让他接触许多人，带他到各种陌生的地方，克服他的恐惧心理

D．设计渐进的系列挑战性计划，每一个挑战相对来说都是容易对付的，从而让他渐渐懂得他能够应付陌生的人和陌生的地方

10．多年以来，你一起想重学一种你在儿时学过的乐器，而现在只是为了娱乐，你又开始学了，你想最有效地利用时间，你该怎么做呢？

A．每天坚持严格的练习

B．选择能稍微扩展能力的有针对性的曲子去练习

C．只有当自己有情绪的时候才去练习

D．选择远远超出你的能力，但通过勤奋的努力能掌握的乐曲去练习

结果分析

1. D 为最佳答案。反映了你在面临压力时经常缺少警觉性。

A=20，B=20，C=20，D=0

2. B 为最佳答案。情商高的父母善于利用孩子情绪状态不好的时机对孩子进行情绪教育，帮助孩子明白是什么使他们感到不安，他们正在感受的情绪状态是怎样的，以及他们能进行的选择。

A=0，B=20，C=0，D=0

3. A 为最佳答案。自我激励的一个标志是能制订一个克服障碍和挫折的计划，并严格执行它。

A=20，B=0，C=20，D=0

4. C 为最佳答案。情商高的一个标志是人面对挫折时，能把它看成一种可以从中学到东西的挑战，坚持下去，尝试新的方法，而不是放弃努力，怨天尤人，变得萎靡不振。

A=0，B=0，C=20，D=0

5. C 为最佳答案。形成一种欢迎多样化的气氛的最有效的方法是：公开挑明你的组织的规范不容许这种情况发生。这不是力图改变这种偏见，而只是让人们遵照规范去行事。

A=0，B=0，C=20，D=0

6. D 为最佳答案。有资料表明，当一个人处于愤怒状态时，使他平静下来的最有效的办法是转移他愤怒的焦点，理解并认可他的感受，用一种不激怒他的方式让他看清现状，并给他以希望。

A=0，B=5，C=5，D=20

7. A 为最佳答案。中断 20 分钟或更长的时间，这是使愤怒引起的生理状态平息下来的最短时间。否则，这种状态会歪曲你的理解力，使你更可能出口伤人。平静了情绪后，你们的讨论才会更富有成效。

A=20，B=0，C=0，D=0

8. B 为最佳答案。当一个组织的成员之间关系融洽、亲善，每一个人都感到心情舒畅时，组织的工作效率才会最高。在这种情况下，人们才能自由地做出他们最大的贡献。

A=0，B=20，C=0，D=0

9. D 为最佳答案。生来带有害羞气质的孩子，如果他们的父母能安排一系列渐进的针对他们害羞的挑战，并且这种挑战是其能逐个应付得了的，那么他们通常会变得喜欢外出。

A=0，B=5，C=0，D=20

10. B 为最佳答案。给自己适度的挑战，最有可能激发自己最大的热情。这既能使你学得愉快，又能使你完成得最好。

A=0，B=20，C=0，D=0

八、在执行多样化军事任务时，军队基层领导干部如何在意志过程中发挥心理品格的作用？

在执行多样化军事任务的过程中，由于各种因素的影响，往往会遇到种种困难。要克服这些困难，军队基层领导干部必须在意志过程中克服冲突，排除干扰，行动坚定。

多样化军事任务的意志过程中，基层领导干部发挥的心理品质的作用主要体现在动机冲突中。心理学中将动机冲突分为 3 种类型：双趋冲突、双避冲突和趋避冲突。所谓趋和避，指的是反映愿望和意图的不同心理状态，即愿意得到和企图拒绝某事物、力求接近或力图排斥某事物的心理。

双趋冲突，指在多样化军事任务执行的过程中，有两个以上并存的目标都需要达到，但是由于客观条件的限制，只能选择其中之一时，军队基层领导干部会产生矛盾心理。双趋冲突之所以产生，主要是因为两个目标对指挥员具有同等强度的吸引力。两个相互斗争的动机越是"势均力敌"，动机冲突也就越激烈、越尖锐，抉择就越困难。当产生双趋冲突时，军队基层领导干部应该冷静分析，根据两利相衡取其重的原则，敢于取舍。一般应先保证实现一个，然后再去实现另一个。或者在实现这一个的同时，为实现另一个创造条件，最后达到两者兼得的目的。切忌瞻前顾后，左顾右盼，犹豫不决，失去主动和优势。

双避冲突，即多样化军事任务当中，当军队基层领导干部面临两个目标的威胁，但迫于情势，必须接受其中一个才能避开另一个时所产生的矛盾心理。双避冲突之所以产生，是因为两个具体目标对军队基层领导干部具有同样的威胁，因而，他们对其具有同等程度的排斥动机。当产生双避冲突时，军队基层领导干部要认真权衡，根据两弊相衡取其轻的原则，果断接受一个，避开另一个，从全局利益着眼，先避其一才能防止造成更大的损失。

趋避冲突，即在多样化军事任务中，军队基层领导干部有时对同一目标产生两种动机：一方面因其可以带来利益而希望接受它；另一方面又因其可能带来危险而企图逃避它。趋避冲突是军队基层领导干部经常遇到的情况，因为事物往往是利弊兼有，一种行动方式所产生的后果总是包含着好坏两种可能。趋避冲突最容易给军队基层领导干部造成巨大的心理压力，常常使其处于进退两难的境地，犹豫徘徊，难以决断。在这种情况下，军队基层领导干部必须全面分析利弊得失，既要防止过于保守，贻误战机，又要防止随意冒险，造成不必要的损失。

第二节 DIERJIE
自我觉察多面镜

一、关心人还是关心工作？

老子在《道德经》第三十三章中写道："知人者智，自知者明。胜人者有力，自胜者强。"通俗地说就是一个能够了解他人的人是有智慧的，但是那些能够了解自己的人才是高明的。一个能够战胜他人的人是有力量的，但是只有那些能够战胜自我的人才是真正的强者。在执行多样化军事任务的过程中，我们经常会遇到各种各样的紧急和意外情况，那么作为一名领导干部就需要具备高超的管理领导能力。而要提高自己的领导管理能力，不仅需要我们"知人、知兵"，更要能够"自知、自觉"。也就是说一个领导者要在执行多样化军事任务的过程中有效地领导部队完成军事任务，就需要具备自知能力，即自我觉察能力，只有这样其才能更好地发挥自己的领导力和影响力，保证多样化军事任务的圆满完成。

自我觉察就是对自我的了解，对于一名军事领导者来说包括对于自己的领导模式、情感、思维模式等各方面的了解。一个具有自我觉察能力的领导者可以认识到自己在各种环境中的强项和弱点，同时也可以利用这些强项来弥补自己的弱点，也能够通过反馈认识到自己的局限性。

那么，与此相对应的是那些缺乏自我觉察能力的领导者。他们常常表现出傲慢，与下属的联系也不够紧密。在技术层面他们可能是称职的，但是他们并不知道自己在下属心目中的形象如何，也就妨碍了他们营造积极的工作环境和高效地完成任务。

作为领导者你究竟关心什么？领导者平时的管理工作千头万绪，既要关心下属又要关心任务的完成情况，很多的领导者往往就会顾此失彼，甚至忙到最后什么都没有抓住，上级交代的任务也没有很好地完成，底下的士兵也是怨声载道、牢骚满腹。那么，作为一名领导者我们如何来看待这个问题呢？

我们首先来了解一下"管理方格理论"。管理方格理论最早是由美国德克萨斯大学的行为科学家罗伯特·布莱克和简·莫顿在《管理方格》一书中提出来的。管理方格理论提出改变以往管理理论当中各种理论"非此即彼"式（要么以生产为中心，要么以人为中心）的绝对化观点，指出在关心生产和关心人的两种领导方式之间，可以进行不同程度的互相结合。这种理论对于军队领导者来说，值得借鉴的就是我们可以在关心士兵和完成军事任务之间寻找一个合理的平衡，以最终确保军事任务高效有序地完成。

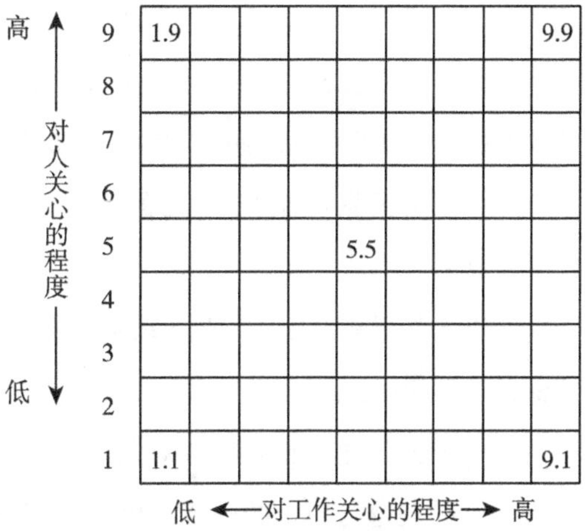

管理方格图（见图 5-1）是一张纵轴和横轴各 9 等分的方格图，纵轴表示领导者对人的关心程度（对于军队来说，包括士

图中纵轴"对人关心的程度"从低（1、2）到高（8、9），横轴"对工作关心的程度"从低到高。方格中标注：左上角 1.9，右上角 9.9，中间 5.5，左下角 1.1，右下角 9.1。

图 5-1　管理方格图

兵对自尊的维护、基于信任而非基于服从来授予职责、提供良好的工作条件和保持良好的人际关系等），横轴表示领导者对业绩的关心程度（对于军队来说，包括政策决议的质量、程序与过程、研究工作的创造性、后勤人员的服务质量、完成任务的效率和满意度），其中，第 1 格表示关心程度最小，第 9 格表示关心程度最大。

管理方格图中，"1.1"方格表示对人和工作都很少关心，这种领导者必然失败。"9.1"方格表示重点放在工作上，而对人很少关心。领导者的权力很大，指挥和控制下属的活动，而下属只能奉命行事，不能发挥积极性和创造性。"1.9"方格表示重点放在满足下属的需要上，而对指挥监督、规章制度却重视不够。"5.5"方格表示领导者对人的关心和对工作的关心两者保持中间状态，只求维持一般的工作效率与士气，不积极促使下属发扬创造革新的精神。只有"9.9"方格表示对人和工作都很关心，能使下属和任务两个方面最理想、最有效地结合起来。这种领导方式要求创造出这样一种管理状况：下属能了解组织的目标并关心其结果，从而自我控制、自我指挥，充分发挥主观积极性，为实现组织的目标而努力工作。

除了那些基本的定向外，还可以找出一些组合。

比如，"5.1"方格表示准生产中心型管理，比较关心生产，不大关心人。对于军队来说就是比较关心任务但是不太关心下属。

"1.5"方格表示准人中心型管理，比较关心人，不大关心生产。对于军队来说就是比较能够做到以人为本，但是对于工作任务抓得不够上心。

"9.5"方格表示以生产为中心的准理想型管理，重点抓生产，也比较关心人。对于军队来说就是重点关心工作任务的完成情况，同时也能够比较好地做到以人为本。

"5.9"方格表示以人为中心的准理想型管理，重点在于关心人，也比较关心生产。对于军队来说就是能够很好地做到以人为本，同时又能够比较注重工作任务的完成情况。

那么，根据领导者"对业绩的关心"和"对人的关心"程度的组合，可以将领导分为5种类型。

贫乏的领导者（1.1）：对业绩和对人关心都少，实际上，他们已放弃自己的职责，只想保住自己的地位。

俱乐部式领导者（1.9）：对业绩关心少，对人关心多，他们努力营造一种人人得以放松，感受友谊与快乐的环境，但对协同努力以实现组织目标并不热心。

小市民式领导者（5.5）：既不偏重于关心业绩，也不偏重于关心人，风格中庸，不设置过高的目标，能够得到一定的士气和适当的产出，但不是卓越的。

专制式领导者（9.1）：对业绩关心多，对人关心少，作风专制，他们眼中没有鲜活的个人，只有需要完成任务的下属，他们唯一关注的只有业绩指标。

理想式领导者（9.9）：对业绩和人都很关心，对工作和人都很投入，在管理过程中把组织需要同个人需要紧密结合起来，既能带来卓越的业绩又能使员工得到事业的成就感与满足感。

当然从实际的军队管理和企业管理的角度来看，这个框架只是为我们理解自己的领导方式提供了一种可供参考和借鉴的框架，实际的领导方式可能是这几种的混合体。该理论对于军事领导者的意义在于我们可以通过这种管理方格理论觉察自己的领导模式，而也正是通过这种对自身领导模式的觉察，可以看清楚自己存在的问题以及改进的可能性。

★ 小测试

你的管理风格是怎么样的？

为了达到人事管理的目的和要求，探讨领导工作的艺术，管理学家把管理方式分为3类：专断、民主、放任。通过下面18道题，看看你大体上是采用哪种方式进行管理的。

1. 你喜欢显示自己的威风吗？

　　A. 喜欢　　　　　　　B. 不

2. 在实施一项决定前，你是否向下属详细说明理由？

    A. 说明   B. 用不着

3. 在你的职责范围内，你愿意从事行政管理工作而不愿负起监督职责或直接同下属一道工作吗？

    A. 是的   B. 不

4. 跟新近调来的下属接触时，你喜欢先问他的姓名，而不是先自我介绍。是这样吗？

    A. 是的   B. 不

5. 你让下属知道有关事情的最新进展情况，并认为这是理所当然的。

    A. 是的   B. 不

6. 交代任务时，你喜欢只讲清目标，由下属人员决定工作方法。

    A. 是的   B. 不

7. 你认为领导应该与下属保持一定的距离，关系密切会使下属养成一种不尊敬你的心理吗？

    A. 是的   B. 不

8. 下级人员选择星期三为集体旅游的日期，但你认为星期四更好。你是把这个问题交给大家表决，还是由自己决定呢？

    A. 大家表决   B. 自己决定

9. 假如你能按自己的意志办事，你将对下级只作"按钮"领导，把个人之间的接触减少到最低限度，是吗？

    A. 是这样的   B. 不是

10. 你认为对下级人员的处理是件容易的事吗？

    A. 是的   B. 不是一件容易事

11. 你认为对下级人员态度越友好，就越容易领导他们？

    A. 是的   B. 否

12. 因为你没有对某一问题给予充分的关注，致使该问题没有得到很好解决。对这种情形，你只感到烦恼，而并不对你的助手生气？

    A. 是的   B. 不是

13. 你一向认为，想避免纪律上的问题，最好的办法是对违纪者予以惩罚？

    A. 是   B. 否

14.你处理问题的方法受到了下属批评时,你能向下属说明你的观点吗?

    A.能的   B.不能

15.在每天非正式的接触中,你希望下级人员主动接近你还是敬畏你?

    A.接近   B.敬畏

16.你认为每一个下属都应该对你表示忠诚吗?

    A.是的   B.不

17.你希望有一个委员会来专门解决某个问题,而不是由你自己一个人处理吗?

    A.是的   B.不

18.你的下属意见不一致,有人认为这是正常现象,你同意这种观点吗?

    A.同意   B.不同意

评分规则

分别计算下面3组的得分,回答"是"记1分,回答"否"记零分。(以下数字代表题号。)

第一组,1、4、7、10、13、16,第一组得分:

第二组,2、5、8、11、14、17,第二组得分:

第三组,3、6、9、12、15、18,第三组得分:

结果分析

如果你在第一组中得分最高,说明你采取的管理方式是较为专断的。因为作为管理者,你只希望下属服从你。结果你的下属经常钩心斗角,对领导依赖性强,领导不在时,工作会陷入瘫痪。

如果你在第二组中得分最高,说明你采取的管理方式是民主的,其理由是你作为管理者能用讨论的方式要求下属提出建议,下级人员参与决策工作。结果是下属之间关系融洽,同领导和睦相处。无论领导在否,工作进展顺利。

如果你在第三组中得分最高,说明你采取的管理方式大多是放任式的。管理有点像问讯台值班工作,对下级督促很少。结果是工作不能按部就班,进展速度缓慢。下属看起来很忙碌,但无多少实事可做。

如果3组的得分都差不多,说明你的管理有三者的特点,希望你在工作中能扬长避短,尽可能民主一些,科学一些。

二、解决问题还是发泄情绪？

在莎士比亚著名的悲剧作品《哈姆雷特》当中，有一句传遍世界的经典语句："生存还是死亡，这是一个值得思考的问题。"这句话表现了主人公在面对人生困境时的生存抉择。同样，我们在管理的过程中也会面临诸多的问题和困境，特别是作为军事领导干部我们往往会遇到一些棘手的问题。比如，有的战士刚到军队不久难以适应军队艰苦的训练而出现逃兵、跑兵现象；有的战士在执行任务之前出现紧张、恐惧甚至临阵脱逃的现象；还有的战士出现打架斗殴、不服从管理等现象。面对这些现象，特别是在执行任务的特殊情况下，领导者的表现决定了任务的完成情况。如果一个领导者能够保持冷静、沉着，迅速地找到解决问题的方法，那么这种良好的氛围就会迅速扩展到整个集体，从而有助于问题的解决。反之，如果一个领导者在遇到问题时，阵脚大乱，甚至气急败坏，那么，这种不良的情绪也会影响到整个军队的军心士气，甚至最终导致任务的失败，集体凝聚力下降。因此，"先解决问题还是先发泄情绪"这是值得每一个军事领导者深思的问题。其核心是一个领导者的情商管理问题。

那么什么是情商呢？不同的人对于情商的认识不同，但是一般来看情商主要包括以下5个主要的方面。

第一，了解自我，也就是人能够监视自己情绪的变化，觉察自身某种情绪的出现。这种能力是情商的核心，只有充分地认识和觉察自己的情绪才能够更好地掌控自己的情绪。

第二，自我管理，也就是人能够管理和调控自己的情绪，使情绪在合适的场合、合适的机会适度地表达出来。

第三，自我激励，也就是人能够根据目标任务的需要，调动和激发自己的情绪，特别是当情绪处于低谷时能够重新激发自我前进的动力。

第四，识别他人的情绪，这是情商很重要的一个方面，也就是个人可以通过别人的身体动作、面部表情、语言等方面的线索觉察出他人的真实情绪，从而实现顺利的沟通。

第五，处理人际关系，主要是人要具备调整自己与他人情绪反应的方法和技巧。

以上5个方面既是情商的主要内容，同时也是我们提高自己情商的主要方面。那么，作为一名军事领导者，应该如何提高自己的情商呢？

作为一名军事领导者要提高自己的情商，管理好自己的情绪。第一，要能够认识自己的情绪。一个具有高情商的人能够充分地认识清楚自己的情绪来源、情绪的强度、时间变化以及其与环境的关系。一个人只有充分地认识自己情绪的各个方面才能够实现更好的情绪管理。

第二，要提高自我掌控能力。也就是人要适当地调节、控制、引导和改善自己与他人的情绪。试想一下如果在战场上遇到了危机，你作为一名领导干部比战士还要慌张，那么你的战士还怎么有信心打仗呢？因此，在遇到危机的时候，你即使没有把握仍然需要保持镇静和淡定，这就是一个军事领导者的自我掌控能力。

第三，自励，特别是对于军事领导者来说，这是很重要的一个能力。自励就是能够利用情绪信息、整合情绪，调动自己的活力和精力，不断鼓励自己朝着既定的目标前进。军事领导者在日常执行任务的过程中经常会遇到各种各样的问题，甚至有的时候因为客观现实的问题整个团队都处于一种无助、无力、无聊的情绪氛围之中，而往往因此迷失了方向。因此，军事领导者首先要调整好自己的情绪状态，然后才能带动提高组织的情绪状态。

第四，要通情达理。从心理学的角度看，就是要具有同理心。所谓同理心，通俗地讲就是能够设身处地地为他人着想，能够换位思考，理解和认同彼此之间情感上的差异，能够与那些与自己观念不一致的人和谐相处。当前官兵之间一个重要的分歧就是思想观念上的区别。特别是"90后""95后"等新一代士兵群体入伍后，这种分歧就显得越发明显，从而也导致一部分单位官兵矛盾突出，甚至关系紧张。当然，要求领导者理解下属的观念和情绪并不意味着领导者要认同下属的观念和行为，但是这种理解为合理引导和调整下属的行为提供了某种可能性，否则对抗的状态是很难引起对方观念和行为的改变的。退一步来说，即使在某些外在压力的条件下下属的外部行为有所改变，但是一旦遇到危机情况，这种高压或者强制条件下的改变就会表现出负面作用，如团体凝聚力下降、集体战斗力下降等。因此，领导者首先要理解下属的观念和情绪。

第五，对人宽容豁达，特别是作为领导不要斤斤计较。对于军队来说主要就是发扬三大民主，充分发扬下属的积极主动性，同时，领导者不要因为下属与自己的意见不一致就觉得别人故意针对自己或是让自己难堪。古人常说"将军额上能骑马，宰相肚里能撑船"，讲的就是作为一个领导者要具有豁达的气度和宽广的胸襟，要有容人之量。所谓"腹有良谋，包藏宇内"，就是指一个成功军事领导者应该具备的优秀品质和能力。

"纸上得来终觉浅，绝知此事要躬行"，理论终究是纸上的东西，实际的效果要看我们是否能够有意识地践行理论，真正做到知行合一。唯有如此，我们才能够不断地提高自己的情商，提高自己的能力。

国际标准情商测试题

这是一组欧洲流行的测试题，可口可乐公司、麦当劳公司等众多世界500强企业，曾以此为员工情商测试的模板。帮助员工了解自己的情商状况。本测题共33题，测试时间25分钟，最大情商为174分。如果你已经准备就绪，请开始计时。

第1～9题：请从下面的问题中，选择一个和自己最切合的答案。

1. 我有能力克服各种困难。

    A. 是的   B. 不一定   C. 不是的

2. 如果我能到一个新的环境，我要把生活安排得_____。

    A. 和从前相仿   B. 不一定   C. 和从前不一样

3. 一生中，我觉得自己能达到我所预想的目标。

    A. 是的   B. 不一定   C. 不是的

4. 不知为什么，有些人总是回避或冷淡我。

    A. 不是的   B. 不一定   C. 是的

5. 在大街上，我常常避开我不愿打招呼的人。

    A. 从未如此   B. 偶尔如此   C. 有时如此

6. 当我集中精力工作时，假使有人在旁边高谈阔论_____。

    A. 我仍能专心工作   B. 介于A与C之间   C. 我不能专心且感到愤怒

7. 我不论到什么地方，都能清楚地辨别方向。

    A. 是的   B. 不一定   C. 不是的

8. 我热爱所学的专业和所从事的工作。

    A. 是的   B. 不一定   C. 不是的

9. 气候的变化不会影响我的情绪。

    A. 是的   B. 介于A与C之间   C. 不是的

10. 我从不因流言蜚语而生气。

    A. 是的   B. 介于A与C之间   C. 不是的

11. 我善于控制自己的面部表情。

A. 是的　　　　　　　　B. 不太确定　　　　　　C. 不是的

12. 在就寝时，我常常_____。

　　A. 极易入睡　　　　　　B. 介于 A 与 C 之间　　C. 不易入睡

13. 有人侵扰我时，我_____。

　　A. 不露声色　　　　　　B. 介于 A 与 C 之间　　C. 大声抗议，以泄己愤

14. 在和人争辩或工作出现失误后，我常常感到震颤，精疲力竭，而不能继续安心工作。

　　A. 不是的　　　　　　　B. 介于 A 与 C 之间　　C. 是的

15. 我常常被一些无谓的小事困扰。

　　A. 不是的　　　　　　　B. 介于 A 与 C 之间　　C. 是的

16. 我宁愿住在僻静的郊区，也不愿住在嘈杂的市区。

　　A. 不是的　　　　　　　B. 不太确定　　　　　　C. 是的

17. 我被朋友、同事起过绰号、挖苦过。

　　A. 从来没有　　　　　　B. 偶尔有过　　　　　　C. 这是常有的事

18. 有一种食物使我吃后呕吐。

　　A. 没有　　　　　　　　B. 记不清　　　　　　　C. 有

19. 除去看见的世界外，我的心中没有另外的世界。

　　A. 没有　　　　　　　　B. 记不清　　　　　　　C. 有

20. 我会想到若干年后有什么使自己极为不安的事。

　　A. 从来没有想过　　　　B. 偶尔想到过　　　　　C. 经常想到

21. 我常常觉得自己的家庭对自己不好，但是我又确切地知道他们的确对我好。

　　A. 否　　　　　　　　　B. 说不清楚　　　　　　C. 是

22. 每天我一回家就立刻把门关上。

　　A. 否　　　　　　　　　B. 不清楚　　　　　　　C. 是

23. 我坐在小房间里把门关上，但我仍觉得心里不安。

　　A. 否　　　　　　　　　B. 偶尔是　　　　　　　C. 是

24. 当一件事需要我做决定时，我常觉得很难。

　　A. 否　　　　　　　　　B. 偶尔是　　　　　　　C. 是

25. 我常常用抛硬币、抽签之类的游戏来预测凶吉。

　　A. 否　　　　　　　　　B. 偶尔是　　　　　　　C. 是

第26～29题：下面各题，请你按实际情况如实回答，仅须回答"是"或"否"即可，在你选择的答案下打"√"

26. 为了工作我早出晚归，早晨起床我常常感到疲惫不堪。

　　是_____　　　　　否_____

27. 在某种心境下，我会因为困惑陷入空想，将工作搁置下来。

　　是_____　　　　　否_____

28. 我的神经脆弱，稍有刺激就会使我战栗。

　　是_____　　　　　否_____

29. 睡梦中，我常常被噩梦惊醒。

　　是_____　　　　　否_____

第30～33题：本组测试共4题，每题有5种答案，请你选择与自己最切合的答案，在你选择的答案下打"√"。

答案标准如下：

1	2	3	4	5
从不	几乎不	一半时间	大多数时间	总是

30. 工作中我愿意挑战艰巨的任务。　　　　　　　　1　2　3　4　5

31. 我常发现别人好的意愿。　　　　　　　　　　　1　2　3　4　5

32. 我能听取不同的意见，包括对自己的批评。　　　1　2　3　4　5

33. 我时常勉励自己，对未来充满希望。　　　　　　1　2　3　4　5

评分规则

计分时请按照记分标准，先算出各部分得分，最后将几部分得分相加，得到的分值即为你的最终得分。

第1～9题，每回答一个A得6分，回答一个B得3分，回答一个C得0分。计____分。

第10～16题，每回答一个A得5分，回答一个B得2分，回答一个C得0分。计____分。

第17～25题，每回答一个A得5分，回答一个B得2分，回答一个C得0分。计____分。

第26～29题，每回答一个"是"得0分，回答一个"否"得5分。计____分。

第30～33题，从左至右分数分别为1分、2分、3分、4分、5分。计____分。

总计为____分。

结果分析

90分以下：你的情商较低，你常常不能控制自己，你极易被自己的情绪影响。很多时候，你容易被激怒、动火、发脾气，这是非常危险的信号——你的事业可能会毁于你的急躁，对于此，最好的解决办法是你能够给不好的东西一个好的解释，保持头脑冷静，使自己心情开朗，正如富兰克林所说："任何人生气都是有理的，但很少有令人信服的理由。"

90～129分：你的情商一般，对于一件事，你不同时候的表现可能不一，这与你的意识有关，你比前者更具有情商意识，但这种意识不是常常都有，因此，你需要多加注意、时时提醒。

130～149分：你的情商较高，是一个快乐的人，不易恐惧担忧，对于工作你热情投入、敢于负责，你为人更是正义正直、同情关怀，这是你的优点，应该努力保持。

150分以上：你就是个情商高手，你的情绪智慧不但是你事业的助力，更是你事业有成的一个重要前提条件。

三、积极化解还是消极处理？

在我国海军编队执行某某批次护航任务的过程中发生了一件值得深思的事情。当时我国海军编队执行护航任务已经有3个月了。长期的海上航行、艰苦的生活环境、复杂的海况水文条件、艰巨的使命任务无一不在考验着战士们的战斗力。一天，某船政委到食堂吃饭，结果刚走到食堂就发现很多人围在一起，议论纷纷。政委感到很好奇，因为从来没有在食堂里发生过这样的情形。于是政委就走上前去，发现在人群中间的墙上贴

图5-2 亚丁湾护航

着一张纸，上面写了几句牢骚话，发泄对于食堂伙食的不满意。我们没有人能够想到当时政委到底经历了怎么样的心理过程，都产生了哪些想法。大概就像我们很多人认为的那样：政委看到这种公然的挑衅行为大发雷霆，然后责令找出那个张贴这个东西的人，最后对这个人进行处理以警示教育大家；或者什么也不说，什么也不做，假装没有看到，就当这件事情没有发生。当然我们还可以设想很多的处理方式，但是大概不外乎这两种类似的反应，只是在程度上可能有所区别。

这名政委是这样处理的。当时，他仔细看了这个纸上写的话，发现很多内容确实写得很有道理，也是现实。然后就让人将这个纸撕下来，自己带走了。大家都不理解政委这样的举动到底是什么意思？到底是查这件事情还是就这样算了，总得有个说法啊。

在大家的期望和等待中这件事情终于有了结果。让大家很意外的是政委既没有追究这个人到底是谁，也没有对这件事情放任自流，而是很巧妙地处理了这件事情。他专门让人在靠近食堂门口的走廊上清理出一块宣传橱窗，然后将这个纸贴在了上面，并且告诉大家以后谁有什么牢骚、不满、意见都可以在这个上面贴，在这里发泄。政委这样的举动着实出乎大家的意料。就在很多人都以为这件事情就这样画上一个圆满的句号的时候，事情再一次出乎人们的意料，再生波澜。

原来，船上总共也没有几个人，大家低头不见抬头见的，谁有什么想法都一清二楚。所以谁也不敢往墙上贴东西，于是那里就只有那一张纸，久而久之连这一张纸也不知道丢到哪里去了。虽然表面上看大家都不发牢骚、说怪话了，但是政委心里清楚，那些牢骚、意见并没有消失，仍然留在大家的心里，有些甚至已经影响到了军队的稳定和战斗力。于是，政委想出了一个新的办法，既然贴纸这种行为被认为是一种负面的行为，那么，就引导大家通过正面的渠道反映自己的意见和建议。于是，政委在全船发起了"我为护航献一计"的活动，鼓励大家勇敢地发表自己的意见和建议，为圆满完成护航任务贡献自己的力量。这果然调动了大家的积极性，很多的问题和建议被收集上来，随之一些相应的解决措施也逐步到位，这极大地鼓舞了全船官兵的军心士气，保证了护航任务的圆满完成。

到这里，一件负面事件在政委的巧妙处理下变成了一件提高部队战斗力的好事情，消极与积极在辗转腾挪之间尽显了领导智慧。

很多军事领导者在工作中经常会进入这样一个误区：发生一件事情，特别是发生了不好的事情往往会盯着这件事情的负面效果不放，而看不到或者很少看到这件事情可以通过哪些方式产生正面的效果。就像上面这个案例中所介绍的一样，相信很多领导者在遇到这样的事情时，第一个反应就是要找出这个战士好好教育一番，更有甚者会采取更为激进的措施，如全船通报批评，对相关责任人进行处理。当然这些措施最终的目的都是为了保证部队的安全稳定和战斗力，但是实际上则未必会达到预期的效果，有的时候甚至适得其反。因为归根到底这些措施都是在"堵"，而不是"疏"，是一种消极被动的领导思维和理念。《国语·周语上》说道："防民之口，甚于防川，川壅而溃，伤人必多，民亦如之。是故为川者，决之使导；为民者，宣之使言。"说的就是一味地"堵"往往会产生极为严重的后果。因此，一个智慧的领导者必须学会因势利导，学会看到事情积极的一面。

关于思维方式最著名的例子莫过于"半杯水的故事"。桌子上放着半杯水，具有积极思维倾向、乐观的人看到的是"杯子里还有半杯水"，而消极的人看到的是"杯子里只剩半杯水了"。那么，作为一名军事领导者你自己看到的是哪"半杯水"呢？

当然消极的思维方式也有其积极的一面。从进化心理学的角度来看，我们所有人都是"消极思维者"的后代。因为，在远古时期恶劣的气候条件下，那些乐观者往往都因为盲目乐观而缺少食物等生活必需品而死亡了，只有那些悲观者才会因为对世界的消极看法而贮存必要的食物等生活必需品，从而可以保证他们在剧烈变化的环境条件下生存下来。当今社会我们虽然不会因为缺少食物等问题而死亡，但是那些悲观者往往更加会未雨绸缪。因此，他们可以更加有效地应对变化。这可以说是消极思维背后的积极资源。对于军事领导者来说，在执行任务的过程当中他首先要具有消极思维，即要预见到可能发生的各种情况，做好妥善的应对。但是我们也应该适时转换，特别是在面对军队组织内部、军人集体内部发生的一些事件的时候，更加应该采取积极的思维方式。

那么，我们应该如何将消极思维转换为积极思维呢？当然有很多的方法可以采用，在这里我们仅详细介绍一种方法，它是结合神经语言学中的"闪变模式"和"记忆连锁"的方法形成的。

在学习这种方法之前，我们需要在心理上做以下几个准备。首先，这种方法的核心就是用一种新的模式来代替旧的模式，也就是说本来我们习惯的是消极的思维模式，但是现在我们用一种新的积极的思维模式来代替这种消极的思维模式。其次，不要试图抗拒消极的思维模式，否则就会适得其反。因为当我们在抗拒消极思维模式的时候，我们越是会将注意力放在这上面，结果反而强化了这种消极的思维模式。最后，这种新的思维模式的建立从心理学上讲是一种条件反射的形成。通俗地讲，就像我们看到好吃的会流口水一样，我们将要达到的效果就是当我们想到一件事情的时候，就会不由自主地使用积极的思维方式。

还要补充的一点是，这种方法不仅适用于我们对下属或者一些消极事件的看法，如对某个问题战士的消极看法，还适用于我们对自己的一些消极看法。为了更加形象直观，我们就以对自己的消极看法为例具体说明这种方法。具体步骤如下。

第一，把消极思维图像化。如果在你的心里总是有一个声音说"我是一个严苛的领导者"，那么你就想象一个严苛领导者的形象。尽可能的具体，越具体越好，甚至你可以想象你在军人大会上疾言厉色地批评下属，然后一遍又一遍地演练，直到每当你有这种消极念头时，这个场景就会自动浮现出来。

第二，选择一种替代的想法。现在我们决定用一种积极的想法来代替这种消极想法。比如，你可以用"我可以以一种更好的方式与下属交流"来代替原来的想法。

第三，把积极想法图像化。也就是重复第一步的过程，你根据自己的积极想法想象一个具体的场景，还是同样的要求，越具体越好。重复练习这个场景，直到每当你浮现出那个积极的想法时，这个图像就会自动浮现。

第四，在心里将这两幅图联系起来。这时你可以通过一些想象将第一幅图中的场景逐渐转变为第二幅场景，还是和之前一样重复地演练这个场景，直到让他们成为一种自动的反应。

第五，测试这种方法是否有效。你可以看一下当你的消极想法出现的时候是否自动转换为积极想法。如果你前面的步骤没有做错的话，那么你心中积极的念头和场景想抑制都抑制不了。

这种条件反射式的方法，可以让我们更加有效地控制自己的观念，特别是由于这种想法已经自动化，无论什么时候你冒出那个消极的念头，它都会转变为积极的想法，而且随着练习次数的增加你还会进一步内化这种想法。因此，这是一种有效的改变思考方式的办法。

小贴士

逆向思维帮助朱可夫获得战争胜利

第二次世界大战期间，苏（联）德（国）双方激战正酣。一天，正在前线指挥作战的名将朱可夫，接到苏联武装力量最高统帅斯大林的密令，要求他必须在一周内的某个夜晚，对人数远超过苏军的德军发起袭击。

接到密令后，朱可夫立即要参谋们查看一下本周内的天气情况，发现有一天晚上为阴雨天气，非常适合进攻。于是，朱可夫便将偷袭的日子定在那天晚上，并将决定上报苏军统帅部。

然而，天有不测风云。苏军万事俱备，只待晚上进攻时，老天爷给他们开了个大玩笑。当天的天气由阴转晴，皎洁的月光照亮了整个夜空。苏军如果此时出击，定会被德军发现。但此时已是箭在弦上，不得不发了。贻误战机，斯大林的处置是很严厉的。有参谋向朱可夫建议，既然偷袭不成，那就只能正面交火了。狭路相逢勇者胜。但参谋的这一提议，立即遭到苏军其他将领的反对，因为德军人数众多，这样做无异于以卵击石，自取灭亡。朱可夫也不同意此提议。

就在大家一筹莫展时，朱可夫脑中灵光一闪："各位，我们为什么要选择夜晚进攻德军？"大家异口同声地说："因为天黑，对方看不清我们。"朱可夫断然地说："回答得好。那么，我们现在就想办法，让我们的敌人看不清我们，不就行了？何必非得等到天黑！"听他这样一说，大家茅塞顿开。可是，用什么方法才能把苏军掩藏起来，不被德军发现呢？朱可夫思虑再三，最终一拍大腿，有了！他立即传令：将前线部队的所有大功率的探照灯集中起来，然后将它们分配给打前阵的冲锋连。

当天，苏军偷袭的战役正式打响。刚开始，德军以为苏军不可能有所行动，因为天气晴朗，能见度很高，苏军的风吹草动，都会被德军看个一清二楚。有老天帮忙，苏军肯定不敢轻举妄动。然而，当苏军冲锋连将几百盏探照灯同时打开，射向德军阵地时，形势一下子发生了逆转——刹那间，极强的灯光将隐蔽在防御工事里的德军照得什么也看不见，更别说开枪了。趁着德军发懵的时机，苏军在"为了斯大林"的呼啸声中，一拥而上，很快就赢得了胜利。

——摘自凤凰博报《运用逆向思维，苏军名将朱可夫对德军实施强光阵，赢得胜利》

自我发展方向盘

在执行多样化军事任务的过程中，军事领导者必须注重自我的发展，通过不断地自我提高和发展来增强应对变化的能力，增强带领团队的能力，增强执行任务的能力。那么作为一名领导者，应该在哪些方面不断地提高和发展呢？

一、为什么要保持身心健康？

在信息化条件下执行多样化军事任务，我们往往会陷入一种认识上的误区，即在信息化的条件下执行作战任务，需要具备信息化素养，而身心健康已经不像以前那么重要了。特别是在我们平时的准备过程中，往往重视知识、技能的准备而忽视了身心的准备，特别是忽视了心理上的准备。对于一部分领导者来说，由于对身心健康的重要性认识不够，因此，其更加容易忽视这方面。那么，为什么对一名军事领导者来说，身心健康很重要呢？

首先，多样化军事任务执行的复杂性、艰巨性、紧急性等方面的特点超过了以往的作战行动。我们前面已经看到多样化军事任务包括护航、救灾、维和、反恐等多种任务，每一种任务都有其突出的特点和对军人素质的要求，因此，我们如果不能保持良好的身心状态，就难以适应不同任务环境的需要。另一方面，在执行多样化军事任务的过程中，我们往往面临短时间内高强度体力、心力消耗的情况，如执行抗震救灾任务的部队往往需要连续奋战十几天甚至几十天，期间还要面对缺水、缺粮、高强度劳动、强烈心理冲击等问题。因此，如果我们平时没有一个好的身心准备往往难以应付这些情况。

其次，在执行任务的过程中，对于普通军人来说，虽然也面临着严峻的身心考验，但是对于领导者来说，还要根据具体的任务变化做出决策，同时保证决策的科学性、可行性等，面临更加严峻的身心考验。因此，如果领导者缺乏良好的身心准备，就会很容易在巨大的压力之下垮掉，从而失去正确的判断而给部队造成重大损失。

最后，对于一名领导者来说，拥有健康的体魄可以使其感觉更加自信、更加有能力，从而更好地应对压力和努力工作。特别是在困难的环境当中，领导者的身心状态对于下属具有显著的影响。一个昂扬向上的领导能够带出一个积极乐观的团队，而一个萎靡不振的领导则会将已经陷入困境的部队带入深渊。

那么领导者如何保持自己的身心健康呢？

首先，要定期锻炼。对于领导者来说，其平时面临较多的工作，但是也应该定期安排出时间进行锻炼以保证身体健康。

其次，反省自己行为中的不恰当和不平衡的地方。作为一名领导者，要善于及时反省自己的行为，特别是自己行为中不恰当的地方，通过对自己行为的反省摆脱不良行为模式对自身的影响，从而实现不断地进步。

最后，明确压力的来源并且保持适度的危机感，不断激励自己进步。我们在日常工作或者是执行任务的过程中会感受到很多的压力。日常工作中的压力经常是弥散性的，我们如果不注意，经常找不到明确的压力来源。而任务执行过程中的压力应激事件则是比较明显的，同时强度也比较高。领导者要增强对工作压力的觉察，明确造成压力的源头，及时调整自己的心态。

二、执行多样化军事任务的领导者需要具备哪些知识？

关于多样化军事任务的知识是领导者进行有效领导所必须掌握的。对于一名军事领导者来说，在执行多样化军事任务的过程中，要掌握的知识一般包括战术知识、技术知识以及民族文化知识等。

战术知识要求领导者领悟军事策略，然后通过特定军事手段的运用达成目标。比如，

图5-3　在黎巴嫩维和的中国军人和当地百姓

执行反恐维稳、维和以及护航等任务时，我们都需要通过特定军事手段的运用达成一定的目标；技术知识则涉及特定的武器装备、系统的运用，如跳伞等技术动作；民族文化知识则是涉及特定的民族甚至种族的风俗习惯、地理和政治等的差异性以及敏感性，如执行维和任务时，就需要具备足够的文化敏感性，否则就会造成纠纷，甚至引发难以预料的后果。由于执行多样化军事任务时，往往涉及不同的地域、民族、文化、自然环境等，因此，我们需要重点了解关于民族文化知识的一些内容。对于领导者来说，需要具备的民族文化知识包括以下几个方面。

一是自己群体内部的文化差异。我国是一个多民族的国家，不同的民族在饮食等方面具有显著的差异，有的民族战士还有着自己独特的宗教信仰。因此，在执行多样化军事任务之前，我们必须掌握自己群体内部的基本情况，考察群体成员的不同民族、身份背景，了解其民族的军事文化传统和追求等方面，以便避开文化禁忌，做到人尽其才。

二是在与他国联合行动执行任务的过程中，要考虑并且评估他们国家的军队习俗、传统、纪律条令等对于执行任务的影响。比如，我们在执行多国联合军事演习任务时，就需要考虑不同国家军队的习俗、纪律、战术等对联合演习任务的影响。

三是当我们面对对手的时候，要了解他们的文化。比如，在执行反恐维稳的任务时，领导者应该了解恐怖分子的文化习俗、宗教信仰、传统等情况。比如，有的恐怖分子属于顽固到底、坚持到底型的，而有的恐怖分子则有可能被转化。因此，不同的情况需要区别对待，而这些都建立在领导者的文化敏感性上。

那么，作为一名领导者，如何进行有效的知识学习呢？领导者要保持终身学习，通过不断地学习和思考获取新知识，并思考如何在需要的时候有效地运用这些知识。作为一个好的学习者应该遵循以下一些要求。第一，执行明确的学习计划。第二，将精力集中于那些具体的、可以实现的目标。第三，定期抽出时间检验自己的学习效果。第四，不断获取新的知识。第五，保持学习过程的连续性，持之以恒地坚持。

小贴士

巧用思维工具

我们在学习的过程中可以借助一些思维工具帮助我们实现高效学习，那么就让我们来看一看都有哪些可以帮助我们的思维工具。鲁特·伯恩斯坦说："伟大的思想家使用过

13种'思维工具'，使用这些工具可以使人成为天才。"

观察：通过观察磨炼所有的感官，从而使思维变得非常敏锐。

想象：使用某些或全部感官在心里创造各种形象。

抽象：观看或思考某种复杂事物，去粗取精、化繁为简，把唯一本质的东西找出来。

模式认知：观察和研究不同的事物，找出它们在结构上或性能上的相似之处。

模式形成：找到或创立新的方法，将事物清理出头绪，纳入规范。

类比：虽然两件事物迥然不同，但可以从功能上找到相同点。

躯体思维：使用肌肉、肠胃的感觉以及各种感情状态。

感情投入：将自己设想为自己所研究、绘画或写作的对象，与之合而为一。

层次思维：能把情绪变成不同的层次，就像把素描改成雕塑一样。

模型化：能将复杂的事物简化成一个模型。

游戏中的创造力：能从毫无目的的游戏活动中演化出技术、知识和本能。

转化：使用新获得的思维技巧，形成新发明的基本构图，然后制出模型。

综合：使用各种帮助思维的工具得出结果便是综合。能用各种不同的方式对事物进行思考，如身体、直觉、感官、精神和智力等。

三、如何发挥对下属的影响力？

影响力是军官领导力的核心。所谓的影响力就是领导者（当然不仅局限于领导者）能够带动他人做必须做的事情的能力。军队领导者的影响力不仅局限于命令，其自身的言行与示范更加重要。

从影响力的来源来看，影响力可以分为权力影响力和魅力影响力。权力影响力来源于组织的授予，如作为一名基层的排长，自然拥有对其排内成员的影响；而魅力影响力来源于领导者的个人魅力，特别是领导者独特的人格魅力。关于魅力影响力最典型的例子就是电视连续剧《亮剑》中的主人公李云龙。关于权力影响力与魅力影响力的关系，我国古代有着十分凝练的总结："其身正，不令而行；其身不正，虽令不从。"而我们的人民军队也有着领导率先垂范的优良传统，在抗日战争、解放战争、抗美援朝战争等历次战争中，我军的指战员从来都是冲锋在第一线，形成了人民军队"战必胜、攻必取"的辉煌历史。

由此可见，权力是影响力的基础，而魅力则是影响力的效能"倍增器"，可以起到放大作用。

当然，我们可以通过一些影响力技巧更好地发挥和利用自己的影响力，那么都有哪些影响力技巧可以帮助我们呢？我们可以将强制服从与基于承诺的人际关系构建形成一个连续体，这些技巧分布在这个连续体上，既有靠近服从一端的压力施加，也有靠近承诺一端的关系构建。

影响力的第一个技巧是压力施加。也就是说，领导者根据组织授予自己的职权向下属下达命令，并且要求下属执行命令。此外，领导者还可以通过不断的提醒和检查施加压力。当然这种方法应该少用，因为这种方法往往会激起下属的不满与怨恨，并且从执行命令的效果来看，这种方法往往也是不理想的，最终会伤害部队的军心士气。

影响力的第二个技巧是合法的要求。也就是说，当上级下达命令的时候，不管下属怎么想都应该坚决执行上级的命令。否则，其就应该承担相应的后果。

影响力的第三个技巧就是交换。领导者可以通过满足下属的某些需要来换取他人的服从。也就是说，领导者手中有某些下属需要的资源。比如，有些战士非常看重领导的认可，那么对于那些表现突出的战士，领导者就不应该吝啬自己的肯定和鼓励。

影响力的第四个技巧是发挥领导者的个人号召力。这种领导者的个人号召力基于领导者与下属的良好关系或者信任。这种领导者的个人号召力在部队面临困境的时候非常有效。比如，在困难的情境下领导者可以授予下属执行某些任务的权力，从而激发下属的积极性和主动性。

影响力的第五个技巧是配合与合作。也就是说，领导者与下属一起共同完成某项任务，而这往往能够起到示范的良好效果，也会增强下属对任务的理解和任务的完成效果。

影响力的第六个技巧是解释或者说服。领导者通过合理的逻辑，通过提供证据来说明为什么某一要求对下属是有益的或者是必需的。比如，他们可以在执行光荣的任务的过程中获得价值感和满足感等。

影响力的第七个技巧是激励人心。激励人心是领导者很重要的影响技巧。领导者通过激发下属强烈的情绪，帮助其树立坚定的信念，从而激发起下属执行任务的热情。比如，毛主席在战争年代提出的著名论断——"一切反动派都是纸老虎"，就极大地激发了广大官兵的战斗热情和信心。

影响力的第八个技巧就是让下属参与。领导者可以通过让下属参与到任务规划、讨论、命令制定的过程中，以此激发下属的主动性和积极性。这点在我们以往的工作当中最典型的例子就是"三大民主"，通过让战士参与到部队军事、政治、经济事务的讨论中，来激发战士的主人翁意识。

影响力的第九个技巧就是建立良好的人际关系。也就是说，领导者与下属之间建立起积极和谐、相互信任的良好人际关系。特别是领导者要主动采取措施与下属建立良好的人际关系。比如，领导者要关心下属的福利待遇，保证下属的合法权益不受侵害，要能够换位思考，站在下属的角度理解和帮助他们解决问题。当然这是一个长期的过程，因此，领导者要在平时就一点一点地做好，否则临时抱佛脚是很难起到作用的。

★ 小测试

影响力测试

1. 在哪种情况下，人们更有可能被缺乏说服力而不是更具说服力的证据所说服？

    A. 赶时间

    B. 对该话题根本不感兴趣

    C. 对该话题的兴趣一般

    D. A 和 B.

2. 假设你正试着将拥有 3 种不同价位的同一种商品（经济型、普通型、豪华型）推销给顾客。研究表明在哪种情况下，你的销售额更高？

    A. 从价格最便宜的商品开始，然后向上销售

    B. 从价格最贵的商品开始，然后向下销售

    C. 从价格适中的商品开始，然后让顾客自己决定需要哪一种

3. 人们对政治竞选进行了多年的追踪调查，结果表明，最有可能赢得胜利的候选人是？

    A. 外表最有吸引力的候选人

    B. 制造大量负面的或带有攻击性的新闻来防御竞争对手的候选人

    C. 拥有最有活力、最卖力的志愿者的候选人

4. 研究表明，通常情况下，自尊与被劝服之间的关系是？

    A. 自尊心不强的人，最容易被说服

    B. 自尊心一般的人，最容易被说服

    C. 自尊心强的人，最容易被说服

5. 假设有一位政治候选人最近刚刚失去民众的信任。不幸的是，你是这位候选人的竞选班子的负责人。如果这位候选人欲借严厉打击犯罪重树他的声望，你认为在他开始下一站宣传时，哪一个选项是最好的方式？

　　A.我的对手在打击犯罪方面做得很不够

　　B.很多民众支持我打击犯罪的意愿，并且他们相信我有这个能力

　　C.我的对手在打击犯罪方面有着不俗的表现

6. 假设你是一位理财顾问，你认为你的一位顾客在投资方面太过保守。为了说服他投资风险较高、回报也较高的项目，你应该注重讲述下述什么内容？

　　A.与他相似的人是如何犯同样的错误的

　　B.如果他在那些风险更大的项目上投资，他会得到什么

　　C.如果他没有在那些风险较大的项目上投资，他会失去什么

7. 研究表明，陪审员最有可能被以下哪种人说服？

　　A.讲话简明易懂的证人

　　B.讲述时使用令人难以理解的术语的证人

　　C.讲述的内容有说服力的证人

8. 如果你有一则新消息，你会在什么时候说出它是新消息？

　　A.在讲述这则消息之前

　　B.在讲述这则消息当中

　　C.在讲完这则消息之后

　　D.你不会提到这是一则新消息

9. 假设你正在介绍你的方案，而且你马上就要讲到关键内容了，这一部分包括那些极具说服力的用以支持你观点的论据。请问，讲到这一部分时，你的语速会有多快？

　　A.你的语速特别快

　　B.你的语速稍微快一点

　　C.你的语速适中

　　D.你的语速很慢

10. 社会心理学的研究表明，6个最基本的影响他人的原理是？

　　A.热情，愉悦，不和谐，回忆，关注，正面联想

　　B.参与，调整，催眠，反射，原型，潜意识的说服

C. 一致，权威，互惠，喜好，社会认同，短缺

答案

1	2	3	4	5	6	7	8	9	10
B	B	A	B	C	C	B	A	D	C

结果分析

如果你答对了8~10个问题，你绝对是一个让人顺从的天才。我没有什么可以教给你的了。所以你不要在这里浪费时间了，赶快去写一本说服力方面的书吧!

如果你答对了6~8个问题，说明你的说服力令人印象深刻。

如果你答对了4~6个问题，说明你很擅长说服他人。

如果你答对了2~4个甚至更少问题，说明你需要采取一些改进措施。

四、哪些方面会影响你对下属的指导效果?

马克思说"人在本质上是社会关系的总和"，也就是说我们都处在一定的社会关系之中，因此，难免会遇到各种各样的问题。特别是在执行多样化军事任务的过程中，官兵们会遇到各种各样的问题。比如，在护航的过程中，某个战士的亲人突然去世了，这个时候作为一名领导者你应该怎么办?再如，在抗震救灾的过程中，某些战士因为目睹了灾区的惨状而产生了急性的应激障碍反应，那么作为一名领导者你应该如何应对?又如，在演习过程中，有两个战士因为某件小事情打了起来，你应该如何处理?还有很多类似的问题。领导者会遇到很多具体的问题，虽然帮助下属的具体方式不同，但是在这背后有一些共性的东西会影响我们对下属的指导效果。那么，究竟领导者的哪些技巧会影响下属呢?

领导者很多方面的特质都会影响其对于下属的指导和帮助效果，其中包括对下属的尊重、自我意识、同理心、可信度、文化敏感性等，这些领导者的特质会影响其指导的效果。除此之外，还有一些通用的技巧会影响指导和帮助的效果，主要有积极倾听、提问和回应等。

（一）积极倾听

积极倾听可以向我们的帮助对象表明我们已经理解和掌握了他们传达给我们的信息。

其中积极倾听的要素主要包括以下几个方面。

一是保持眼神交流。当然保持眼神交流并不是要我们长时间盯着对方看，偶尔将目光移开是正常的。我们保持眼神交流主要是向对方表明我们很关注对方，我们很真诚地在听他们的讲话。但是长时间地不看对方，或者是频繁地看手表，

图 5-4　武警某部队在开展心理服务

或者是拨弄手里的笔等物品，都有可能被对方认为我们是漫不经心、不感兴趣或者是缺乏诚意，不利于我们和对方的交流。

二是注意肢体语言。我们需要通过肢体语言来创造一个轻松的交流氛围。因此，放松并保持舒适的姿态可以让对方也感觉到放松。同时可以通过偶尔的点头、微笑等行为鼓励对方继续表达自己的想法，通过上身前倾等动作表达出自己对对方的说话很感兴趣等。我们还要关注对方的肢体语言，比如，如果对方将双臂抱在胸前可能表达的是一种自我保护，或者对于谈话内容的不信服、不屑一顾；当对方轻轻地敲打桌子或者是漫不经心地涂画或者玩弄手中的笔等物品时，可能你们的谈话让对方感觉很无聊；对方呼吸急促、握紧或者扭动双手、面部变红可能是你们的谈话让对方感觉到紧张或者沮丧等。注意这些肢体语言，可以有效地帮助我们捕捉聊天过程中的关键点，从而有效地推动指导过程的进行。

积极倾听还意味着要主动、仔细地聆听，特别是要注意对方的语言表达中的微妙之处。对方在谈话过程中反复提及的话题或者是遮遮掩掩的话题，往往就是我们要关注的焦点，并且谈话中的矛盾和停顿会反映出他们对真实问题的回避，这些问题也是我们应该重点关注的。

（二）提问

所谓提问就是在恰当的时机通过巧妙地提问推动谈话的进行。提问的时机，我们可以通过谈话过程中下属表情的变化、身体动作的变化、身体的紧张、语言语调的变化来判断，也可以通过捕捉谈话过程中的重点信息来进行提问。但是，应该注意的一点是：尽

管提问是一项重要的技巧，但是在指导帮助下属的过程中还是应该慎重使用。因为提问的主要目的是获得信息，而如果领导者过多地进行提问则会激起下属的自我保护机制，甚至导致对抗，因此，我们要慎重使用提问技巧。

（三）回应

所谓回应就是领导者通过语言的、非语言的方式对下属的信息进行反馈，表达自己已经接收到对方的信息。积极回应与积极倾听有相似之处，都是表达对对方的理解和支持，但是积极回应还包括了对接收到的对方信息的澄清、确认和解释。比如，在执行抗震救灾的过程中某一个战士来找你寻求帮助，他说："看到那些灾民悲惨的状况，自己感到非常难受和痛苦，真的不知道该怎么办。"这个时候我们需要对对方的感受做一个澄清和确认，我们可以采取这种回应方式："你是因为看到他们的悲惨状况而痛苦，还是因为自己无法帮助他们而痛苦呢？"通过这种回应我们就澄清了对方的感受，知道其到底是因为什么而感到痛苦。

小贴士

专业咨询师的提问技巧

艾维等人曾列举了在会谈中找出来访者问题所在的、有关言语引导的基本技巧，这些技巧是：开放式问题、封闭式问题、鼓励、说明、对来访者感情的反映和总结等。

1. 开放式问题

这类问题被一些治疗者认为是最有用的倾听技巧之一。开放式问题常常运用包括"什么""怎么""为什么"等词在内的语句发问。让来访者对有关的问题、事件给予较为详细的反应，而不是仅仅以"是"或"不是"等几个简单的词来回答。这样的问题是引起对方话题的一种方式，使对方能更多地讲出有关情况、想法、情绪等。

在这类问题中，每一种问题都可能引出对方较为特殊的反应，使治疗者得到想要了解的有关资料。例如，"能不能告诉我，这事为什么使你感到那么生气？""能告诉我，你是怎样想的吗？"以"能不能……""能……"开始的这类问题，可以说是最为开放的问题了，这种问题有助于来访者给予自己独特的回答。这类问题一般都会得到一个较为满意的答复，但也可能有的来访者会说"不能"或"现在我还不想说"等。如果发生这种情况，治疗者还可以进一步使用其他开放式的问题，如"为什么……"等。当然，这样的情况可能很少发生。"对这件事你是怎样看的？""你是怎么知道别人的这些看法的呢？"这类带"怎么"一词的问题往往会引导出对方对事情经过的描述，当问题涉及对方自己的想法、看法时，治疗者所要了解的就是来访者个人对问题的考虑了。"为什么你觉得这样做不公平？""为什么你说别人都看不起你？""你当时为什么那样做？"与"为什么"有关的问题的任务，通常需要治疗者找出来访者对某事所产生的看法、情绪及做法等的原因，这可能会得到多种较为具体的解释与回答。

从上述对开放式问题的分析，我们可以很明确地了解到，虽然开放式问题给来访者的回答以较大的自由度，可能会得到不同来访者千百种不同的答复，但开放式问题的目标都始终趋向于来访者问题的特殊性。通过这类问题的提问，实际上治疗者非常可能获得对来访者问题的一般性了解，对与问题有关的具体事实的掌握，以及对来访者的情绪反应和他对此事的看法及推理过程的了解。

2. 封闭式问题

这类问题的特征就是可以"是"或者"不是"、"有"或者"没有"、"对"或者"不对"等一两个字给予回答。比如，"你现在最关心的就是这件事了，是吗？""他当时没有表示同意？""你确实这样想过了？"等问题就是封闭式问题。这类问题在会谈中具有收集信息、澄清事实、缩小讨论范围、使会谈能集中探讨某些特定问题等功效。封闭式问题也可帮助治疗者把来访者偏离某主要问题的话头牵引回正题上。譬如："我们还接着讨论刚才的问题，好吗？"

不过治疗者对封闭式问题的采用要适当。所谓适当就是不要过多地采用这类问题而仅在必要时应用。因为来访者前来治疗时，总是带有希望别人分担自己的问题、理解自己的情感等愿望，而心理治疗会谈恰恰是他得以表达自己的一个时机。因为没有人愿意自己在谈话中总处于被动回答的地位，所以封闭式问题的采用如果超过一定的限度，就有可能对治疗关系产生破坏性影响。

3. 鼓励和重复语句

鼓励是指对来访者所说的话的简短的重复或仅以某些词语如"嗯……嗯……""噢，是这样……"或"后来呢？"来鼓励对方进一步讲下去或强调对方所讲的某部分内容。这是最简单的技巧之一，可能因其简单，所以常常被认为是细枝末节而予以忽视。然而正是这一简单的技巧，使治疗者得以进入来访者的精神世界，并且被研究者们认为是成功的治疗所具有的一个特征。这是因为鼓励是一种积极的方式，它能使来访者了解到治疗者在认真地听他讲话，并希望他继续讲下去。

以重复语句作为鼓励对方的一种反应，是一种很有效的反应方式，这可以表明治疗者对来访者所说的话中关键词语的注意。通过这样的鼓励，可引导来访者的谈话向某一方向的纵深部位进行。

可以这样说，每一个哪怕是最简短的鼓励都可以看作是对来访者的一种强化，这种强化会影响到来访者进一步谈话的内容。鼓励或重复看上去简单，但它对来访者的影响却是不容忽视的。

在运用鼓励语句的同时，治疗者还要注意自己身体语言的运用，如专注于对方的神情、倾听的姿势以及点头示意等。专注的神情和倾听的姿势对对方的谈话也是一种无声的鼓励，而点头所表示的含义就更为明确了。

4. 说明语句

这就是对来访者在谈话中所讲的主要内容及其思想的实质进行复述，简而言之就是对其谈话进行实质性的说明。治疗者可以用自己的词汇对来访者的话进行复述，但某些带有敏感性的词汇和一些重要的词语仍以来访者用过的词汇为好。说明语句可以帮助治疗者检查其对来访者的问题的理解程度，把一些分散讲出的事情联系起来。治疗者的说明语句也给了来访者以重新解释自己的思想的机会，同时也是其重新探索自己的问题，重新思考事物之间的关系及深化所谈话题的内容的机会。治疗者对问题本质的说明及对关键的观点的重复，对于某些需要对一些困难的问题做出选择的来访者来说，可能更为有益。

5. 对感情的反映

仅仅明确一些具体信息与事实对治疗者来说还是不够的。对感情的反映技巧为治疗者提供了一个探查来访者的感情卷入的程度的机会。一般说来，对来访者感情的反映常常包括这样一些内容："你……"或对方的名字和情绪的名称，"你觉得……""你心里感到……"等这样的句子。此外还常有与情绪有关的人物、事件。（如"每次你说话时，你丈夫心不在焉就会使你感到特别恼火。"）单纯的对感情的反映可能只包括前面3个部分的内容，但在实际运用中常涉及第4部分的内容，这可以看作是对感情的反映与说明语句的结合。例如，"你感到很伤心？""这件事你现在想起来仍然很气愤？""你笑了，你真觉得好笑？"事实上，在具体的心理治疗实践中，有时要想把说明语句与对感情的反映区别开来实在是很困难的。对治疗者来说，他对来访者感情的反映也只有借助口头的说明。如果一定要对二者进行区分的话，只能这样理解：说明语句所关心的更多的是对事实本质的了解，而对感情的反映则注重的是对对方情绪情感的认识。二者常常会在治疗者的话语中同时出现。

在运用对来访者的感情的反映这一技巧时，首先治疗者自身必须对人类丰富的情感有较好的认识，要能够比较正确地定义某些常见情绪、情感，如愤怒、恐惧、高兴、悲哀、孤独感等。有时你所面对的来访者可能根本说不清他的复杂而丰富的内心体验，也有时来访者只是叙述了某件事，并没有说出他的主观情绪体验，但治疗者感到了他内心的强烈情绪。对这样的来访者就需要治疗者能够较准确地对这些情感进行反映，甚至于说清对方说不清的情绪体验。能做到这一点，来访者会深切体验到被人理解的感觉，而治疗者也才有可能向着共情的境界迈进。

此外，心理学中对于长时记忆与短时记忆的研究表明，人的记忆是有选择性的，而这种选择性又与人的情感有关。事实上我们人类所了解、认识、感受的各种事物都与我们当时的情绪、情感有关。许多事情人们都忘了，而某些带有特殊情绪色彩的事件会在人们的记忆中长久保存，重新回忆时仍会有类似于事件发生时的情绪体验。治疗者如果能很好地体察来访者的情绪，那么很多来访者的情绪体验就会成为我们了解对方问题为什么产生，为什么会对他有那么大的影响的重要线索。这样看来，对来访者的情绪体验，不论是过去的还是现在的，治疗者都要进行准确而及时的反映，使之成为了解对方、打开对方心扉的一把钥匙。

6.总结

总结与我们日常所理解的意义相同。在心理治疗会谈中，总结就是把来访者所谈所讲的事实、信息、情感、行为反应等经过治疗者的分析综合后以概括的形式表述出来。总结可以说是会谈中治疗者倾听活动的结晶。总结有些像串珠子，把来访者表述出来的信息的主要内容清理成串，分门别类。总结是治疗者每次会谈必用的技巧之一。例如，在收集资料式会谈结束后，治疗者可以给来访者概括一下对方目前存在的几个问题，如"从我们前面的谈话可以看出你现在主要有这样几个问题：自己学习上感到力不从心的问题以及和女友是否继交往的问题。除此以外，还有其他问题吗？"当然，总结并非只有在结束会谈时才用，在会谈中治疗者可以随时运用，只要是判定对对方所说的某件事情的有关内容已基本掌握即可。这可以说是划出了会谈的一个小段落。

看了上述专业咨询师的提问技巧，你有什么感触吗？

五、如何与下属进行沟通？

我们每天都在和别人进行沟通，但是未必都是有效的沟通。很多时候我们的沟通并没有达到预定的目的，甚至有的时候对方可能并不知道我们想要表达的中心意思。因此，我们有必要重新认识一下什么是有效的沟通。那么，什么是有效的沟通呢？

一般认为，领导者通过清晰明确地表达自己的观点和意见以及善于听取他人的意见进行有效的沟通。也就是说有效的沟通是双向的，而不是单向的。领导者必须通过下属的反馈确认下属已经明白自己的观点。这一点对于部队来说尤其重要，因为这涉及我们能否顺利地达成预定的任务目标。对于领导者来说，明确沟通的本质和重要性，并且通过使用有效的沟通技巧，可以让其与下属的联系更为紧密，同时也可以使工作更加容易贯彻落实。那么，都有哪些沟通技巧呢？

（一）领导者在交流过程中要吸引人心

作为一名领导者必须能够吸引对方的注意力和兴趣，然后才能确保信息有效地传达给对方。比如，领导者需要在讲话的过程中充满热情和激情，同时还应该与下属有适当的眼神交流，特别是通过适当的肢体语言来吸引下属的注意力，如适时地挥手、身体前倾等。当然，在需要的时候领导者也可以使用一些直观的物品呈现任务信息。

（二）确保信息被下属准确理解

在执行多样化军事任务的过程中，特别是执行一些高危险性的作战任务的过程中一定要确保下属真正理解作战命令和指示。因此，对于领导者来说，要把想法和观点清晰准确地传达给下属，特别是要注意使用规范准确的军事语言和符合条令条例规定的表达；采用适当的方法传递信息，包括电话、传真、信件等不同的形式；了解那些可能产生误会的地方，及时澄清任务、目标、计划、预期，以及职责分工等。这些都是在沟通的过程中领导者应该注意的问题。

（三）保持敏锐性

作为一个领导者，一方面，既要保持对环境的敏锐性也要保持对于人的敏锐性，也就是说，领导者要在合适的环境中采用恰当的语言表达方式，如果任务紧急就要简明扼要，如果任务准备时间比较充足就可以详细说明；另一方面，还需要保持对于下属的敏感性，特别是文化敏感性，首先要做到尊重下属，要能够站在对方的立场进行考虑，还要做到注意交流中的习俗、表达方式、行为举止的差异。

测测你的沟通风格

每个人的沟通风格都不一样，所以首先你应该了解自己是怎样的一个沟通风格，然后了解你的上级、同级是怎样的沟通风格。

1. 当我与他人谈话时，我喜欢：

    A. 一针见血

    B. 说话

    C. 只告之我想让别人知道的部分

    D. 具细非遗

2. 有时候我可能会：

    A. 粗心

    B. 延迟给别人资料

    C. 过于严厉地对待别人

    D. 对事很乐观

3. 我的大部分谈话内容导向为：

    A. 友善性

    B. 精确性

    C. 合作性

    D. 结论性

4. 有时我被指责：

    A. 过于假设性

    B. 没有倾听他人谈话

    C. 拖延

    D. 多嘴

5. 当我与他人在讨论时，他们：

    A. 知道我渴望事实真相

    B. 知道我不喜欢意外惊喜

    C. 知道我的立场

D. 知道我很热忱

6. 我喜欢的沟通方式是:

    A. 正面性的

    B. 逻辑性的

    C. 直接的

    D. 冷静的

7. 我喜欢的谈话方式是:

    A. 启发性的

    B. 乐观的

    C. 诚恳的

    D. 主控的

8. 我不喜欢的谈话方式是:

    A. 制造压力的

    B. 不合作的

    C. 不接受我的观点的

    D. 我无法控制场面的

9. 我感觉最好,当我:

    A. 倾听他人谈话时

    B. 遵照规定行事时

    C. 指挥他人时

    D. 顺畅及平静时

10. 我在与他人沟通时的最大弱点为:

    A. 要求细节

    B. 反应太快

    C. 渴望成为焦点人物

    D. 说话前未做足够的准备

11. 大多数与我共事的人认为我是:

    A. 友善的

B. 谨慎的

C 接受改变的

D 诚恳的

12. 我最大的希望是：

　　A. 与他人相处

　　B. 预留时间调整变化的环境

　　C. 被激励

　　D. 清楚地指示及评估

13. 沟通的基本观念是：

　　A. 与他人合作

　　B. 从他人身上得到力量

　　C. 说服他人

　　D. 事事在抵制之下

14. 当我书面沟通时，我希望：

　　A. 尽量简短甚至不需要

　　B. 夸大本意

　　C. 照本宣科

　　D. 长篇大论

15. 在什么样的环境下工作：

　　A. 自由的

　　B. 有工作伙伴的

　　C. 组织性的

　　D. 愉快的

16. 给予我最大激励的谈话给我的是：

　　A. 挑战

　　B. 安慰

　　C. 友谊

　　D. 肯定

17. 当我四周的朋友遇到压力时，我告诉他们：

A. 正面的信息

B. 如何面对压力

C. 随情况而改变

D. 保持冷静

18. 在与人交谈中我的最大特点是：

A. 有良知的

B. 外向的

C. 果断的

D. 愿意倾听他的谈话

沟通风格评分表

提示：圈选你的答案，并统计每一行的分数。

	一	二	三	四
1	A	B	C	D
2	A	B	C	D
3	A	B	C	D
4	A	B	C	D
5	A	B	C	D
6	A	B	C	D
7	A	B	C	D
8	A	B	C	D
9	A	B	C	D
10	A	B	C	D
11	A	B	C	D
12	A	B	C	D
13	A	B	C	D
14	A	B	C	D
15	A	B	C	D
16	A	B	C	D
17	A	B	C	D
18	A	B	C	D
合计	（　）	（　）	（　）	（　）

评分规则

计算每一列的分数，有一个相同的得1分。

结果分析

最终的结果分为4种，分别是从注重结果、注重过程、注重人和注重事4个方面来进行分析的。结果分成4个项限，哪一项限分数得分高则是属于哪一项限。一个人可能并不是只属于一个项限，一般是会是其中的两个都高，说明你注重其中的几个方面。当然，如果有人比较均衡，那就说明你的沟通风格并不明显。

第一列得分高：属老虎型、驾驭型。注重事和结果。这样的人关注结果，沟通强势；经常会在沟通过程中打断别人的说话，沟通目的性极强；会是比较善于把握宏观的人，不喜细节。

第二列得分高：属孔雀型、表达型。注重结果和人。这样的人擅长表达、对沟通对方有反应和回应；关注别人的感觉；喜欢群体和倾听；所有的沟通中要尽量带有感情色彩；在沟通确认某些事情中，以带有感情的理由为主。

第三列得分高：属考拉型、亲和型。关注人和过程。这样的人是一个很好的听众，善于倾听，冷静少言，关注过程，信奉"以和为贵"，敏感，会考虑别人的情绪，换位思考能力强，讲求细节。

第四列得分高：属猫头鹰型、关注数据。关注事情和过程，这样的人不太关注人，擅长分析；讲求秩序和逻辑、细节；不喜欢杂乱无章的沟通方式；喜欢系统化的管理方式，严肃认真，略有完美主义倾向；话较少，时间观念强，逻辑性强。和这样的人沟通，事前要想好表达顺序，在表述中用数字来核定你的结论，可以得到支持。

六、如何增强自己的适应能力？

执行多样化军事任务的过程中，官兵往往面临复杂多变的情境，因此，作为部队中的领导者能否适应任务环境的变化和灵活地应对各种情况，就具有十分重要的意义，特别是对于部队的战斗力有着直接的影响。

简单地说，适应能力就是为了应对变化的形式而采取的有效的行为改变。对于那些适应能力强的军队领导者来说，他会审视环境，发现其所处环境的重要特征，并且知道如何在变化的环境中采取行动。同时，适应能力强的领导者可以轻松进入陌生的环境，并且保持心态的稳定，镇定地指挥部队开展行动。此外，适应能力强的领导者，可以帮助团队内的其他成员认识到环境的变化并且达成共识，从而推动任务的完成。但是，那些缺乏适应能力的领导者，往往很难意识到环境的变化，或者是虽然意识到环境的变化但是仍然采取以前的应对方式，并且期望以前的应对方式可以使用到当前的环境中，而缺乏适应力的结果就是任务完成情况不佳甚至是任务失败。

对于多样化军事任务的执行来说，领导者的适应力包括两个重要的方面：第一个方面，领导者需要意识到每种任务环境中对于完成任务至关重要的影响因素，比如，抗震救灾的关键因素就是时间和恶劣环境，而执行安保任务的关键因素则是随时会出现的意外事件；第二个方面，领导者迅速利用优势，尽量减少弱项以改变自身的能力。领导者适应力的培养需要围绕以上两个方面来进行，具体做法如下。

一是领导者要自身付出努力。任何获得都需要有付出。因此，领导者想要培养自己的适应力就必须不断地寻求新的、变化的环境、情况或者挑战，通过变化的环境来挑战自己的适应力，离开自己的舒适区。这一点是至关重要的，那些舍不得离开自己的舒适区，总是安于现状的领导者是很难培养出适应力的。

二是要保持开放的心态。对于领导者来说，培养自己的适应力需要保持一个开放的心态，要开阔自己的思维，善于从多角度思考问题，善于发现变化中的关键点。

三是要接受相关的训练。对于很多领导者来说，在执行任务前可能没有机会进行适应，因此，就需要通过一些相关的训练和培训来增强其适应力，如相关的学习辅导、假定作业等。

参考文献

1.梁建宁.普通心理学.上海：上海教育出版社，2010.

2.伊莱恩·比奇.团队建设49件经典工具.管新潮，译.上海：上海科学技术出版社，2006.

3.盖伊·拉姆斯登，唐纳德·拉姆斯登.群体与团队沟通.冯云霞，等，译.北京：机械工业出版社，2001.

4.肯尼迪.军事心理学临床与作战中的应用.贺岭峰，等，译.上海：华东师范大学出版社，2008.

5.罗伯特·西奥迪尼.影响力.闾佳，译.沈阳：万卷出版公司，2011.

6.侯玉波.社会心理学.北京：北京大学出版社，2012.

7.雷晓燕.多样化军事任务的内涵界定.法制与经济，2012（2）.

8.王一彬，龚耘.正确理解核心军事能力建设与完成多样化军事任务的辩证关系.海军工程大学学报（综合版），2009（3）.

9.戴邦云，杨树良，刘伟.注重军事演习中的心理卫生服务.解放军健康，2010（6）.

10.何毅.做好遂行重大任务中的心理调控.政工学刊，2011（2）.

11.杨艳贞.心理服务在提高军人战斗力中的作用探讨.东南国防医药，2014（5）.

12.余浩，徐灵活.亚丁湾护航中开展心理服务工作的几点思考.海军医学杂志，2011（6）.

13.石晓.完成多样化军事任务对军事人才素质培养的新要求.军队政工理论研究，2008（5）.

14.陈媚娜.近年来非战争军事行动理论研究综述.南京政治学院院报，2009（2）.

15.蒋一斌.非战争军事行动心理服务研究.西安政治学院学报，2010（2）.

16.郭真.试论美军非战争军事行动的特点及其启示.海军工程大学学报（综合

版），2010（2）．

17.兰芬．心理服务在军队抢险救灾思想政治工作中的地位作用．军队政工理论研究，2008（6）．

18.周胜刚，王建伟．抗震救灾斗争对执行多样化军事任务的启示．军队政治工作理论研究，2008（3）．

19.孙月娟．基于管理方格理论的辅导员工作满意度提升策略研究．淮海学院学报（人文科学版），2013（22）．

20.叶亚飞．管理方格理论在员工满意度管理中的应用．河南社会科学，2009(5)．

21.王新珍．巧用管理方格图．经济管理，2001（2）．

22.王君．不合理信念及其形成原因．社会心理科学，2013（4）．

23.刘金丽．理性——情绪疗法介绍．中国职业技术教育，2009（34）．

24.王顺天．你有不合理的信念吗．心理世界，2003（9）．

25.费宇行，李靖，等．长时间海上航行人员身体睡眠状况的调查分析．军事医学，2012（8）．

26.李权超，谢玉茹，等．多样化军事任务中军人心理应激的应对与管理．现代医院，2010（11）．

27.王芙蓉，陈林．美国陆军心理韧性培育——军人综合健康计划研究综述．中国临床心理学杂志，2014（3）．